임성민 컨설턴트가 자세히 알려주는

전략적 구매혁신 가이드

개정판

임성민

삼성, LG, 현대차

그들은 어떻게 구매혁신을 적용했나?

박영사

개정판 추천사

AI 공급망 관리 솔루션 전문기업 (주)엠로
송재민 대표(CEO)

기업 구매와 관련된 전문 서적과 유용한 정보들이 많지 않은 우리나라에서 임성민 컨설턴트의 『전략적 구매혁신 가이드』 책이 오랫동안 사랑받고 이번에 개정판까지 출간하게 된 것을 진심으로 축하드립니다. 저자의 초판 책은 삼성전자, SK하이닉스, 현대차 등 기업에서 실제 컨설팅을 수행한 경험을 바탕으로 기업이 전략적 구매혁신을 어떻게 실행해야 하는지를 가장 잘 설명했던 책으로 기억하고 있습니다.

이번 개정판은 글로벌 공급망이 급변하는 시기에 딱 맞는 공급망 관리 방안과 무섭게 발전하고 있는 AI 기술이 구매 분야에 어떻게 적용되고 있는지를 가장 잘 설명하고 있는 책이라고 생각됩니다. 특히 구매 업무 영역에서도 AI 기술의 도입은 이제 선택이 아닌 필수가 되어가고 있는 시기 입니다. 이러한 때에 국내는 물론 해외의 구매 및 공급망 관리 영역에서 AI 기술 도입 사례를 잘 정리한 개정판의 내용은 인상적이었습니다. 이 책은 현재 구매 담당자분들께 실질적인 도움이 될 뿐만 아니라, 미래를 준비하는 데에도 유용한 내용을 담고 있어 많은 사랑을 받을 것으로 기대됩니다.

미래 모빌리티 기술 선도기업 (주)HL만도
김성일 부사장(CPO, 구매최고책임자)

저자 임성민 컨설턴트와는 ㈜HL만도 구매통합시스템(MAPS) 프로젝트를 통해 인연을 맺게 되었습니다. 구매통합시스템 전체 프로젝트를 리드하며 그 과정에서 보여주신 치밀함, 성실함, 노련함 덕분에 프로젝트 진행이 순조로웠습니다.

『전략적 구매혁신 가이드』 초판 책을 선물 받고 잘 읽었는데 5년 만에 개정판이 준비된다고 하여 많은 기대를 하였습니다. 초판의 내용도 훌륭하였지만 개정판의 내용도 기업 구매 현장의 담당자는 꼭 알아야 하는 글로벌 공급망에 관한 최신 트렌드를 반영한 내용들이 잘 정리되어 있어 매우 인상적이었습니다.

이번 개정판 또한 구매 담당자들이 오랫동안 두고두고 읽을 교재 수준의 책이 완성되었다고 생각됩니다. ㈜HL만도 구매통합시스템의 성공적 구축과 개정판 책 출간에 열정을 다한 임성민 컨설턴트에게 축하와 응원의 박수를 전합니다.

기준정보 표준화 전문 기업 (주)인포와이즈
이휘정 대표(CEO)

아끼는 후배 임성민 컨설턴트의 『전략적 구매혁신 가이드』 개정판 출간을 진심으로 축하합니다. 이 책은 글로벌 공급망의 대변혁과 지속되는 복합 위기 속에서 기업 구매 부문이 단순한 조달 기능을 넘어 기업 생존 전략의 핵심 축으로 부상한 현 시대에 실질적인 해법을 제시하고 있습니다. 특히 국내 기업의 맥락에 최적화된 사례 기반 접근과 Global Best Practice 및 한국형 전략 구매 실행 프레임을 자세하고 깊이 있게 설명하여 현장성과 전략성을 겸비한 통찰력을 제공합니다.

개정판에서는 책의 내용을 더욱 보강하여 전 세계적인 팬데믹을 기점으로 급변하는 구매 환경에 대한 최신 내용이 강화되어 독자들이 "구매 담당자로서 글로벌 공급망 격변의 시기, AI 기술 발전의 시기에 향후 어떻게 변화해야 할까?"에 대해 스스로 고민하게 해주는 책이 완성된 것 같습니다.

가장 인상 깊었던 것은 저자가 구매 컨설팅 분야에 처음 뛰어들었을 당시 국내 구매 관련 서적과 정보가 부족하여 겪었던 어려움에도 불구하고 현장의 생생한 경험을 바탕으로 직접 책을 쓰겠다는 열정을 오롯이 느낄 수 있었다는 점입니다. 이러한 저자의 진솔한 경험과 깊은 고민이 이 책에 잘 담겨 있습니다. 이 책은 기업 내에서 구매 현업 담당자들이 겪는 어려움에 진정으로 공감하고 실질적인 해답을 찾아나갈 수 있도록 도울 수 있다고 믿습니다. 구매 업무를 담당하는 독자 여러분의 곁에 가까이 두고 해답이 필요할 때 읽어보는 책이 되어줄 것입니다.

SK그룹 AI 혁신기업 SK AX Ackerton
홍의식 상무

제가 기억하는 저자는 컨설팅 과정에서도 고객사에게 제대로 된 길을 제시하는 진실한 구매 공급망 전문 컨설턴트입니다. 이번 개정판은 임성민 컨설턴트가 다양한 기업들과 다양한 산업현장에서 구매 PI 컨설팅을 하며 고객사의 구매 담당자나 경영진이 궁금해하고 고민하던 '현장'의 이야기를 실질적이고 생생한 사례들을 제시하며, 구매 업무에서 흔히 간과되거나 미처 언어로 표현되지 못했던 현장의 이야기를 담아서 실무에 적용 가능하도록 잘 표현해 놓은 실무서 성격의 책입니다. 최근의 미·중 관세 전쟁, 전 세계에서 벌어지고 있는 공급망 Risk들을 보며 새삼 생각해 보면, 비단 지금만이 아니라 Global 공급시장은 한 번도 평온했던 시절이 없었던 듯합니다. 이러한 공급망 대변혁의 시대에 이 책이 많은 구매실무자는 물론 경영진들에게도 유용한 Global 공급망 전략 수립에 관한 좋은 지침서가 될 것이라 생각됩니다.

EY한영(Ernst & Young) 컨설팅본부
최진우 상무(SCM 전문 컨설턴트)

글로벌 공급망 대변혁의 시기와 지속되는 복합 위기 상황 속에서, 기업에서 구매부문의 역할은 단순한 조달 기능을 넘어 기업 생존 전략의 핵심 축으로 부상했습니다. 『전략적 구매혁신 가이드』 개정판은 이러한 변화의 최전선에서 현장성과 전략성을 겸비한 실질적 해법을 제시하는 방법에 관해 잘 정리된 책입니다. 특히 국내 기업의 맥락에 최적화된 사례 기반 접근은 구매·SCM 조직뿐 아니라 전사 전략 수립에도 의미 있는 시사점을 제공합니다. Global Best Practice와 한국형 전략 구매 실행 프레임을 자세하고 깊이 있게 설명한 이 책은 기업 내에서 구매 리더를 꿈꾸는 구매 담당자라면 반드시 읽어보고 참고할 만한 가치가 있는 책이라고 생각합니다. 독자 여러분들도 가깝게 두고 읽으며 전략적 구매 업무 실무를 위한 교과서로 활용할 수 있을 것으로 기대됩니다.

반도체·디스플레이 장비 기업 (주)원익IPS 구매팀
곽재식 과장(SCM 기획 담당)

임성민 컨설턴트와 구매 공급망 시스템구축 컨설팅을 1년여간 함께 진행하며 목격한 것은 깊이 있는 이론적 토대 위에 풍부한 경험이 결합된 구매 공급망 분야의 탁월한 전문성이었습니다. 그 경험이 고스란히 녹아 있는 이번 개정판은 기존의 전략적 구매혁신 방법과 더불어 최신 공급망 이슈와 리스크 관리 방안, AI 시대의 구매 혁신 가이드를 실제 사례 중심으로 심도 있게 다루고 있습니다.

『전략적 구매혁신 가이드』 개정판을 읽는 내내 컨설팅 현장의 치열한 고민과 혁신 과정을 마치 직접 체험하는 듯한 생생함을 느낄 수 있었습니다. 이 책은 공부하는 구매 담당자에게는 나아가야 할 방향을 명확히 제시해주는 나침반 같은 역할을 하며, 경영진에게는 구매와 공급망 운영의 전략적 인사이트를 제공할 것입니다. AI 시대의 구매와 SCM 혁신을 꿈꾸는 모든 분들께 적극 추천합니다.

LG그룹 LG인화원 경영교육센터
전지혜 책임(비즈니스 코치)

불확실성이 일상이 된 지금, 기업의 구매 부문은 생존과 지속가능성을 동시에 고민해야 하는 공급망 대전환기에 서 있습니다. 전쟁과 보호무역주의의 확산, 기술 패권 경쟁, 그리고 AI의 급격한 도입까지, 이제는 과거의 방식으로는 생존할 수 없는 시대가 도래했습니다. 변화의 속도와 방향을 예측하기 어려운 지금, 기업 경쟁력의 핵심은 바로 구매와 공급망 전략에 있다고 해도 과언이 아닙니다.

저자의 초판 책 출간 이후 5년, 우리는 얼마나 큰 변화를 경험했을까요? 이러한 급격한 변화를 과연 얼마나 예측할 수 있었을까요? 그 거대한 변화의 흐름 속에서도 임성민 컨설턴트는 수많은 독자들의 피드백을 바탕으로 책을 끊임없이 발전시켜 왔으며, 그 노력의 결실이 이번 개정판에서 고스란히 드러납니다.

이 책은 급변하는 비즈니스 환경 속에서 구매 혁신을 통해 기업 경쟁력을 한 단계 끌어올리고자 하는 모든 분들께 강력히 추천할 만한 책입니다. 위기 속에서도 흔들리지 않을 전략적 기준이 필요한 분, 복잡한 변화 속에서도 새로운 기회를 창출하고자 하는 분이라면 반드시 읽어야 할 책이라고 생각합니다.

글로벌 주방설비 전문업체 블루닉스(주) 구매팀
이욱재 차장(닉네임 가치구매)

임성민 컨설턴트와의 첫 만남은 초판본 책이 나왔을 때였습니다. 우리는 함께 이 책을 사랑하는 독자들 모임 성격의 구매 현직자 커뮤니티를 만들었습니다. 처음에는 소수의 인원으로 시작한 커뮤니티는 현재 400명이 넘는 모임으로 성장했습니다. 책으로만 끝나지 않고 독자들과 늘 소통하고 싶어 하시는 임성민 컨설턴트의 구매 업무에 관한 열정 덕분이었다고 생각합니다. 이번 개정판에서도 그러한 열정이 느껴집니다. 개정판에서 새롭게 정리된 내용들도 단순히 이론의 나열이 아니라, 책을 읽는 내내 "나는 구매담당자로서 어디쯤 와 있고, 향후 어떻게 나아가야 할까?"를 스스로 고민하게 하는 내용이었습니다. 또한 '막연한 불안보다는 도전'이라는 긍정적인 메시지를 전하는 점이 이 책의 가장 큰 매력이라고 생각합니다. 이 책을 읽는 모든 분들에게 공급망 붕괴와 AI 시대의 불안한 미래 앞에서도 광활한 항해의 닻을 올리는 멋진 구매 전문가로 성장하는 데 좋은 길잡이와 같은 책이 되어줄 것입니다.

글로벌 SCM IoT 솔루션 기업 (주)eMoldino
SCM 총괄 양호열(닉네임 전략구매)

5년 전 처음 초판 책을 접하고, 한 번 읽고는 신기하게 생각했고 두 번째 읽고 나서는 구매 업무 현직자들이 꼭 읽으면 좋겠다는 생각을 했습니다. 저 또한, 책과의 인연으로 구매 현업직무 커뮤니티 활동을 하며, 구매 담당자들의 고민과 주제에 대해서 이야기하고, 서로 돕는 변화를 경험하게 해준 책이었습니다. 임성민 컨설턴트를 통해 개정판이 나온다는 소식을 듣고 개정판도 읽고 나니, 설레기도 하고 그만큼 빠르게 구매혁신에 대한 방향성이 바뀌고 변화해가는 중요한 시기가 시작되고 있음을 느낄 수 있었습니다. 글로벌 공급망 체계 붕괴와 미·중 간 경쟁에서 천연자원이 부족하고 중간재를 제조, 생산하는 우리나라 기업들에게 구매혁신은 필수이며, 꼭 실천해야 하는 기업전략이라고 생각합니다. 전략적 구매혁신에 대해 고민해 보고, 구매 SCM 공급만 전문가를 꿈꾸는 분들이라면 이번 개정판이 길잡이가 되어줄 것입니다. 그러니 주저 말고 꼭 읽어보시길 추천합니다.

구매 현직자 커뮤니티 플랫폼 바이블(Buyble)
이미지 프로

국내 최대 구매 현업 담당자들을 위한 바이블 플랫폼을 운영하면서, 구매 담당자들을 위한 콘텐츠와 서비스를 기획하다 보니 임성민 컨설턴트의 『전략적 구매혁신 가이드』와 같은 구매 현직자들을 위한 책이 얼마나 소중한지 더 잘 알 수 있었습니다.

이번 개정판의 경우도 단순히 저자의 경험을 나열하는 데 그치지 않고, 구매 및 글로벌 공급망 관리 트렌드는 물론 구매 업무의 이론, 실제 사례, 미래의 구매혁신 기술까지 유기적으로 잘 정리되어 있는 책입니다. 구매 담당자들은 자신의 경험과 이해 수준에 따라 본인의 관심영역을 먼저 읽더라도 그 흐름이 자연스럽게 이어집니다. 덕분에 항상 바쁜 업무에 쫓기는 구매업무 실무자들도 짧은 시간 안에 전략적 구매혁신에 관한 핵심을 포착하고, 자신만의 인사이트를 얻을 수 있는 책이라고 생각합니다. 더불어 이 책은 한 번 읽고 끝나는 책이 아니라, 읽은 후 구매 전략 및 실천을 고민하게 만드는 책입니다. 지금 내가 일하고 있는 자리에서, 새로운 구매 관련 인사이트를 얻고 싶은 분이라면 이 책을 강력하게 추천드립니다.

개정판 머리말

처음 '전략적 구매혁신 가이드' 초판을 출간하며 기업의 구매 관련 서적이 많지 않은 국내 현실에서 과연 독자들에게 읽히는 책이 될 수 있을지 그리고 실제로 기업 구매 현장에서 활용이 가능하게 될지 필자인 나로서도 매우 궁금했다.

다행스럽게도 책을 출간하고 나서 많은 독자분들이 부족한 책이지만 기대 이상으로 사랑해 주셨고 기업의 구매부서 담당자들이 책 내용을 읽어 보고 큰 도움이 되었다는 메시지를 직접 보내주었다. 또한 구매 분야 취업을 준비하는 취업 준비생이나 이직을 준비하는 분들도 구매업무에 관한 지식과 인사이트를 얻을 수 있었다고 감사의 말을 전해왔다. 5년여의 시간이 지난 현재도 꾸준하게 관심을 보내주시고 기업 현장에서 구매전략 매뉴얼처럼 잘 읽고 활용하고 있다는 독자들의 반응을 보게 될 때마다 저자로서 나는 항상 감사하는 마음을 가졌다. 이러한 감사의 마음을 바탕으로 독자와 직접 만날 수 있는 강의나 토론의 장이 열리면 언제든 달려가서 부족한 지식이지만 함께 나누고 강의할 수 있는 기회를 누렸다.

초판을 출간할 당시와 현재 개정판을 출간하는 시점의 기업의 구매 환경에는 너무나 많은 변화가 발생했다. 그 첫 번째로는 전 세계적인 팬데믹으로 인해 글로벌 공급망의 붕괴라 부를 정도의 모든 공급망 물류가 중단되는 큰 충격을 경험한 것이다. 두 번째로 미국의 트럼프 2기 정권으로부터 시작된 관세 전쟁과 자국주의 중심의 글로벌 공급망 재편은 그야말로 전 세계적으로 구매 담당자들에게 완전히 새로운 시각과 전략으로 기업 구매전략을 수립해야 하는 도전의 시대를 맞이하고 있다. 세 번째로 반도체 산업과 자동차 산업에서 만큼은 중국을 크게 앞서고 있다는 안도감과 자부심이 있었지만 이제는 반도체와 자동차 산업 분야에 있어서도 이미 중국에게 추월당했거나 턱밑까지 추격을 허락한 상황이다.

이러한 이유로 기업의 현장에서 구매를 담당하는 구매 담당자들에게는 보다 새롭게 글로벌 공급망을 이해하고, 새로운 구매전략을 수립하고, 단순히 원가절감 수준이 아닌 기업의 사활을 걸고 구매혁신을 시도해야 하는 시대에 직면하고 있다. 따라서 기업의 구매혁신의 방향을 새롭게 수립해야 하는 이 시점에서 기존의 책 내용을 수정 보완하여 개정판을 작성해야만 한다는 필요성을 깊이 고민해왔다.

이번 개정판에서는 기존의 책 내용에 더해 크게 세 가지 내용을 강화하여 기업 구매의 현장 담당자들에게 직접적인 도움이 되고자 내용을 보완하게 되었다.

첫 번째, 시시각각 급변하고 있는 글로벌 공급망의 변화사항 및 트럼프 2.0으로 대변되는 자국우선주의에 기반한 글로벌 SCM의 변화에 대한 내용을 추가하였다. 두 번째, 팬데믹과 우크라이나 전쟁 등과 같은 전 세계적 이슈들로 인해 공급망 중단을 겪었던 모든 구매 담당자들에게 도움이 되고자 공급망 및 협력사 Risk 관리 전략에 대한 내용을 다루고 현장에서 적용가능한 방법을 설명하였다. 세 번째, AI 혁명이라고 할 만큼 빠르게 변화하고 있는 AI 기술이 구매 현장에서 어떻게 반영되고 있는지에 관한 내용까지 추가하였다. 마지막으로, 초판의 내용 중에 일부 독자분들께서 도움이 많이 되었다는 구매 관련 도서 소개 내용과 기업구매 관련 해외 웹사이트 내용을 최신화하여 보완하였다.

초판뿐만 아니라 이번 개정판 출간의 기회를 만들어 주시고 책이 나오기까지 가장 많은 수고와 도움을 주신 박영사 담당자분들께 감사드린다. 초판이 출간된 후 저의 책을 사랑해 주신 독자들 중심으로 시작된 카톡 소통방에서 큰 역할을 담당해 주시고 다양한 오프라인 활동까지 힘써주고 계시는 이욱재 님, 유경식 님, 김병주 님, 김세라 님, 박해욱 님, 임정식 님, 양호열 님을 비롯한 모든 분들께 감사드린다. 그리고 제가 기업구매 컨설턴트로서 기업의 구매혁신에 조금이나마 일조할 수 있는 기회를 만들어준 ㈜HL만도의 구매통합 MAPS 프로젝트 담당자분들과 원익IPS 구매 담당자분들께 감사와 존경의 마음을 전한다. 끝으로 제가 진정한 기업 구매전문 컨설턴트로 성장할 수 있게 기반을 만들어 주고 많은 선후배들과 함께 성장하는 장이 되어준 ㈜엠로의 송재민 대표님, 국내 최대 구매직무 커뮤니티로 성장해 나가고 있는 ㈜엠로 바이블팀의 모든 담당자분들께 감사의 말씀을 전한다.

2025년 9월

저자 **임성민**

초판 추천사

국민대학교 경영대학 최정욱 교수

이번에 출간되는 '전략적 구매혁신' 가이드는 실제 한국의 기업들이 어떻게 구매혁신을 만들어가고 성공적인 결과를 이루었는지를 체계적으로 잘 구성하고 서술하였다고 생각합니다. 특히 한국을 대표하는 삼성, LG 현대차 기업들의 구매혁신과 성공사례들을 살펴보면서, 어떻게 기업들이 구매 분야를 전략적으로 활용하여 기업 경쟁력에 공헌할 수 있는 우수한 결과를 만들어 가는지를 잘 알려주고 있는 책이라 생각됩니다. 이 책의 출판이 한국 구매분야의 성장과 발전에 도움을 줄 것이라고 생각됩니다.

호텔신라 상생협력 그룹 홍영빈 책임

전략구매 부문의 전문 컨설턴트인 저자의 구매 업무에 대한 열정과 깊이를 느끼게 해주는 책이다.

구매전략의 중요성과 구매혁신에 관하여 국내 추천도서뿐만 아니라 해외의 최신 정보들을 쉽고 명료하게 정리해주고 있어서 실제 구매업무를 진행할 때 회사의 자원을 효과적으로 운영하고 관리하는 데 좋은 지침서가 되어 주는 책이다.

LG 인화원 구매대학 리더 정보원 책임

구매현장의 이슈해결에 도움이 되는 실전적 방법론과 실무자가 구매 전문가로 성장하는 데 필요한 내용이 잘 어우러진 '현장 맞춤형 구매방법론' 서적이 나온 것에 구매전문가를 육성하는 현장에 있는 한 사람으로서 매우 반갑게 생각한다.

저자와 함께 구매교육을 통해서 책에 설명된 내용의 유용성을 검증해 보았기에, 한 번이라도 '구매를 더 잘하는 것'을 고민을 해본 분들에게는 '일단 이 책을 읽어보고 현업에 적용해 보시라'고 말씀드리고 싶다.

이 책을 통해 구매현장 곳곳에서 구매전문가를 넘어 구매 전략가, 구매혁신가와 같은 구매의 슈퍼스타들이 배출되기를 기대해 본다.

행복나래 SCM 기획실 김영준 실장

지난 20년간 기업에서 구매부서는 그 어떤 영역보다 많은 변화가 있었다. 구매부서는 단순히 정해진 품목을 가장 낮은 가격으로 사는 것을 넘어 기업의 비즈니스 경쟁력과 지속가능성을 결정하는 SCM의 핵심 영역으로 진화했다.

구매 전문 컨설턴트로서 이러한 혁신의 여정의 한가운데 있었던 저자의 경험이 잘 녹아 있는 이 책이 구매 부문의 과거와 현재를 넘어 미래의 충실한 길잡이가 되기를 기원해 본다.

초판 머리말

구매 전략 및 협력사 관리 컨설팅 분야에 발을 들이고 일을 시작한 지 어느덧 10여 년이 지났다. 이전까지 나는 마케팅과 고객관리 컨설팅 분야에서 일하고 있었고 대학원 동기인 친구 A를 통해서 구매 컨설팅 분야로의 이직을 권유받았다.

그때 처음 가진 생각은 "구매 분야도 컨설팅을 한다고?"라는 의문이었다. 그만큼 컨설팅 업계에서 일하고 있던 나조차도 기업의 구매부문에 대한 컨설팅을 전문적으로 수행하는 컨설턴트들과 전문회사가 있다는 걸 알지 못했다. 나는 상대적으로 마케팅과 고객관리 컨설턴트보다는 희소성이 있겠다는 생각에 덜컥 이직을 결정하고 구매 컨설턴트가 되기로 했다.

나의 신입 구매 컨설턴트 시절은 그 희소성으로 인해 고난의 연속이었다. 해외에서는 구매 분야의 컨설팅이 확산되고 자리를 잡아가고 있는 시기였지만 우리나라의 경우는 아직 그렇지 못했다. 게다가 구매 전략 컨설팅에 관한 정보들이나 방법론 등은 완벽하지도, 모든 기업에 적용할 만큼 일반적이지도 못했다. 이러한 환경이다 보니 구매 컨설팅 노하우와 방법론 등은 선배 컨설턴트들과 함께 프로젝트를 진행하며 도제식 훈련을 통해서만 습득할 수 있었다. 구매 업무에 대한 정보를 얻기 위해 많은 노력을 했지만 국내에는 관련 서적도 거의 없고 웹사이트 검색을 통해서도 얻을 수 있는 정보가 매우 제한적이었던 시기였다.

나는 전투준비가 안 된 채 전장에 투입된 병사처럼 낮에는 구매 현업 담당자들과 씨름하고 밤에는 부족한 부분을 채우기 위해 밤을 새워 가며 구매 컨설팅 관련 공부와 준비를 해야만 했다. 난 그때부터 구매 컨설팅에 관한 책을 써 봐야겠다는 아니, 꼭 쓰겠다는 마음을 먹었다.

그 이유는 서점에 가보면 마케팅, 인사, 회계 등의 업무에 관한 서적들은 다양한 시도와 함께 지속적으로 출간되는 데 반해 구매 부문의 책들은 그렇지 못한 상황이 늘 아쉬웠다. 그래서 나는 구매 현장에서 직접 컨설팅한 경험을 바탕으로 구매혁신 및 실행 사례들을 생생하게 전달할 수 있는 책을 저술하고 싶었다.

그렇게 책을 쓰기로 마음은 먹었지만 하루하루 바쁜 컨설팅 프로젝트와 처음에 가졌던 열정이 작아지면서 목차만 만든 자료는 슬그머니 방치되었다. 이제 10년이라는 시간을 보내고 나서야 조금이나마 제대로 된 글을 쓸 수 있겠다는 생각에 글을 마무리하고 책으로 엮어낼 수 있게 되어 다행이고 감사하게 생각한다.

부디 이 책이 지금도 정신없이 돌아가는 기업의 현장에서 궂은 일을 도맡아 하는 구매부서의 업무 담당자들에게 조금이나마 도움이 될 수 있기를 희망한다. 그리고 더 나아가 진정한 의미의 구매혁신 전문가가 되는 길에 작은 이정표가 되어 줄 수 있다면 책을 쓴 저자로서 가장 큰 보람을 얻을 수 있을 것이다.

책 내용 중에 공급사, 협력사, 업체 등의 단어들이 혼재되어 사용되고 있다. 해외의 경우는 Supplier라는 표현으로 통일이 가능한데 우리나라의 경우는 약간의 뉘앙스의 차이가 있어서 어떤 상황에서는 공급사, 어떤 상황에서는 협력사 또는 업체라는 표현으로 다뤄지고 있으므로 이러한 점을 독자 여러분께서 인지하시고 읽어 주시기를 부탁드린다.

구매 컨설팅 전문가의 길을 시작하고 계속해서 일할 수 있게 도와준 ㈜엠로의 컨설팅팀의 선/후배 컨설턴트들에게 늘 감사드린다.

구매교육 분야에 대한 열정과 노력으로 항상 나를 일깨워 주는, 나에게는 멘토와도 같은 LG인화원 구매대학의 정보원 책임님께 감사와 존경의 마음을 전한다.

구매에 관한 책을 쓰고자 했을 때 마음속의 롤 모델이 되어 주셨고 회사 자문교수님으로 계실 때 많은 질문에 답변 주시고 아낌없이 칭찬을 해주셨던 국민대학교의 최정욱 교수님께도 책의 지면을 빌어서 감사드립니다.

출간할 수 있는 기회를 마련해 주시고 책이 나오기까지 많은 수고를 해준 출판사 박영사의 임재무 이사님, 오치웅 대리님, 배근하 님께 고마움을 전합니다.

책을 쓴다는 핑계로 많이 놀아주지 못한 나의 딸 유이, 그리고 항상 내가 하는 모든 일들을 진심으로 응원해주는 나의 아내 현정에게 고마움과 사랑을 전한다.

끝으로 이렇게 책을 쓰고 맡은 바 자리에서 열심히 일할 수 있도록 내 삶의 지표가 되어 주시고 오늘의 나를 있게 해 주신 부모님께 이 책을 바칩니다.

2020년 6월

저자 **임성민**

책의 구성

초판 이후 개정판을 통해 이 책은 총 9개의 장으로 구성하였다. 글의 순서는 중요치 않다. 순서와 상관없이 독자 여러분이 관심있는 부분을 먼저 읽어도 좋다.

특히 기업구매 현장에서 업무를 하고 있는 구매 담당자라면 자신이 담당하고 있는 일과 연관성이 높은 부분부터 읽어보는 것이 효율적이다. 하지만 독자 여러분이 현직 구매 담당자가 아니라면 제1장의 내용부터 가벼운 마음으로 읽어 나가면 전략적 구매혁신의 이론과 실제 방법에 대해서 쉽게 이해할 수 있을 것이다.

제1장 공급망 대변혁의 시대, 어떻게 대응할 것인가?

제1장에서는 최근에 글로벌 공급망이 붕괴에 가까운 변화가 왜 일어났는지 알아보고, 미국의 자국 중심의 공급망 체재 개편의 내용을 알아보고, 중국 제조업의 획기적인 성장으로 우리나라 반도체 산업과 자동차산업에 대한 위협과 대응을 알아보았다. 전략적 구매혁신을 이루기 위해서는 급변하는 글로벌 공급망의 변화를 기본으로 이해해야 하기 때문에 이 책의 맨 앞에서 다루었다.

제2장 삼성, LG, 현대차는 어떻게 구매혁신을 적용했을까?

제2장에서는 전략적 구매혁신이 기업을 운영하는 데 있어서 경쟁력 창출의 핵심이 되었는지에 관한 이야기를 다루었다. 그리고 삼성, LG, 현대차에서는 어떻게 누가 구매혁신을 이끌었고 적용했는지에 관한

내용을 살펴볼 수 있다.

추가적으로 독자 여러분들이 몸담고 있는 회사들의 구매 역량수준을 평가할 수 있는 평가표를 마련해 놓았으니 한번 객관적인 평가를 수행해 보기 바란다.

제3장 전략구매 기획과 실행하기

제3장에서는 구매혁신의 첫 번째 단계인 전략구매의 의미와 이를 실행하기 위한 수행 절차를 다루었다. 실제로 구매전략 컨설턴트들이 프로젝트에 투입되어 수행하는 컨설팅 절차와 동일하게 품목군의 선정부터 내·외부 분석 그리고 전략구매의 적용과 실행에 관한 내용을 살펴볼 수 있다.

여기에 더해 구매혁신을 통해 실제로 효과를 거둔 기업들의 정량 효과 내용을 추가적으로 담았다.

제4장 구매혁신 전문가를 위한 참고 도서 목록

제4장에서는 독자 여러분 스스로 공부를 통해 구매혁신 전문가가 되기 위해서는 기본적으로 읽어야 할 국내에 나와 있는 구매관리 관련 서적들을 정리하였다. 또한 공급망(SCM) 관리에 대한 책들도 최근에 발간된 책들까지 정리해 놓았다. 끝으로 원가관리 등과 같은 구매와 떨어질 수 없는 관계의 유익한 책들도 함께 살펴볼 수 있도록 정리했다.

제5장 공급사 관리체계 수립하기 또는 개선하기

제5장에서는 최근에 크게 화두가 되고 있는 공급사(협력사) 관계 관리에 대한 내용을 다루었다. 공급사들을 어떻게 평가하고 세분화해야

하는지 그리고 공급사들을 체계적으로 관리하기 위해서는 어떤 육성/지원 정책들을 만들어야 하는지를 살펴볼 수 있다. 추가적으로 삼성, LG, 현대차의 공급사 육성/지원 체계를 간략하게 정리하였다.

제6장 구매혁신 전문가를 위한 해외 정보 웹사이트 목록

구매혁신에 관한 국내 전문가를 뛰어넘어 세계적인 전문가가 되고자 한다면 보다 빠르고 보다 깊이 있는 관련 정보들을 자주 접할 필요가 있다. 이러한 부분을 채워줄 수 있는 구매와 관련된 우수한 콘텐츠들을 보유하고 있는 Global Web Site들을 정리하였다. 외국계 기업이나 다국적 기업에서 구매를 담당하고 있는 담당자들이라면 한 번씩 꼭 확인해봐야 하는 웹사이트를 살펴볼 수 있다.

제7장 개발구매의 기획과 적용하기

제7장에서는 구매혁신의 단계에서 가장 수준 높은 단계의 완성된 형태라고 할 수 있는 개발구매에 관하여 다루었다. 가장 적극적으로 제품개발의 초기부터 구매가 참여하여 원가절감과 많은 시너지를 창출할 수 있는 방안을 정리하였다.

그리고 개발구매 부문에서 앞서 나가는 삼성전자 개발구매 사례를 추가하였다.

제8장 공급망 Risk 관리 방안 수립하기

제8장에서는 지리적, 정치적 이슈는 물론 최근 관세 전쟁과 같이 점점 더 일상화되어 가는 공급망 Risk가 발생했을 때 구매 전문가로서 어떻게 준비하고 대응해야 하는지에 대한 내용을 정리하였다. 공급망

Risk를 발생하지 않게 할 수는 없지만 그 위험을 대비하는 체계적인 방법을 알아보고 실행 가능한 방법을 정리하였다. 또한 삼성전자의 공급망 Risk 관리 사례를 통해 선진기업들의 Risk 대응에 관한 실제 대응을 알아볼 수 있게 정리하였다.

제9장 구매혁신의 미래

제9장에서는 전 산업 분야에 걸쳐서 더욱더 영향력을 넓혀가고 있는 신기술, 특히 AI 기술의 발전방향을 살펴보고 실제 기업 구매 현장에서 어떤 방식으로 적용되는지 적용 사례들을 중심으로 알아 보았다. 그리고 궁극적으로 사람이 하고 있는 구매 업무를 얼마나 로봇과 AI 프로그램들이 대체할 수 있는지 알아보고 AI 기술과 구매 전문가가 어떻게 함께 공존하며 구매혁신을 달성할 수 있는지에 대해 정리하였다.

차례

CHAPTER 01

공급망 대변혁의 시대, 어떻게 대응할 것인가?

CHAPTER 02

삼성, LG, 현대차는 어떻게 구매혁신을 적용했을까?

CHAPTER 03

전략구매의 기획과 실행은 어떻게 하는가?

CHAPTER 04

구매혁신 전문가로 가는 길

CHAPTER 05

체계적 공급사 관계 관리는 어떻게 만들어지는가?

CHAPTER 06

구매혁신 글로벌 리더로 가는 길

CHAPTER 07

구매혁신의 완성 - 개발구매의 이해와 적용

CHAPTER 08

공급망 Risk 관리를 위해 무엇을 해야 하나?

CHAPTER 09

AI가 이끄는 구매혁신의 미래, 어떻게 대비할 것인가?

CHAPTER 01

공급망 대변혁의 시대, 어떻게 대응할 것인가?

1. 트럼프 2.0 시대의 글로벌 공급망 변화
2. 차이나 쇼크 with 중국제조 2025
3. 일상화된 글로벌 공급망 위기의 시대
4. 더 이상 비용절감을 위한 저비용 국가는 없다
5. 공급망 대변혁의 시대, 구매 전략의 변화 방향
6. 현대차, 삼성전자의 공급망 대변혁의 시대 대응 전략

BUY

CHAPTER 01

공급망 대변혁의 시대, 어떻게 대응할 것인가?

1 트럼프 2.0 시대의 글로벌 공급망 변화

트럼프는 2025년 1월에 미국의 제47대 대통령으로 취임했다. 그의 취임은 2021년 퇴임 이후 4년 만에 다시 대통령의 자리에 올라 새로운 임기를 시작한 것이다. 정치적 시각을 모두 배제하고 구매 및 공급망 관리 전문가인 나의 입장에서 보면 트럼프 2.0의 시대는 우리나라에게 위기와 기회를 모두 가져다 주는 동전의 양면을 갖는 이슈라고 판단된다. 특히 일부 산업에 있어서는 새로운 도전이자 기회가 될 것이고, 일부 산업에서는 그야말로 뼈를 깎는 고통을 가지고 올 수 있는 위기의 시기가 될 것으로 예상된다.

트럼프 2기 출범에 따른 글로벌 공급망의 재편 필요성

- MAGA(Make America Great Again)
- 관세장벽 25%, 고립주의
- 리쇼어링: 억울하면 미국에 와서 사업해!
- 기후협약 탈퇴 선언! → 제조업 지속할래!
- 그린란드, 수에즈 운하 등 해상교역 장악
- Korea 결정해. 중국이야? 미국이야?

트럼프 2기 정부가 출범하며 내세우는 가장 두드러진 정책은 MAGA(Make America Great Again)로 설명된다. 전 세계가 지속적 저성장 국면에 빠져들고 있는 시기에 미국을 다시 위대하게 만들겠다는 MAGA 목표는 산업적 측면에서 미국을 다시 제조업 강국으로 변화시키겠다는 미국의 의도를 읽을 수 있다면 쉽게 이해가 된다.

전 세계 국가 중에 미국에게 무역 적자를 가장 많이 유발하는 국가들을 대상으로 고율의 관세를 부담하게 하고, 유럽이 오랫동안 공을 들여온 기후 협약에서 탈퇴하고, 제조업 공장들의 미국 유턴을 강력하게 요구하는 정책들 하나하나가 미국의 제조업 르네상스를 만들어 내기 위한 하나하나의 기반에 해당한다.

이것은 트럼프 대통령 1인의 판단보다는 미국의 모든 국민들이 미국을 다시 제조업 1위 국가로 만들고 싶다는 열망이 반영된 것이며 이러한 변화가 글로벌 공급망에 어떠한 영향을 미칠 것이며, 제조업 강국의 자리를 계속해서 이어나가야 하는 대한민국은 어떠한 전략을 펼쳐 나가야 하는지 깊은 고민과 생각을 해야 하는 단계에 와있다.

트럼프 2.0의 시대적 특징은 3不의 시대라고 전문가들은 예상하고 있다.

1. **예측 불가의 시대:** 미국 우선주의 정책간 상충 및 정책 예측 가능성 저하
2. **불확실 증가의 시대:** 글로벌 무역과 상업적 교류에 있어 게임의 룰 불확실
3. **불안정 상존의 시대:** 거시경제와 금융시장의 불안정성 증대 및 지속

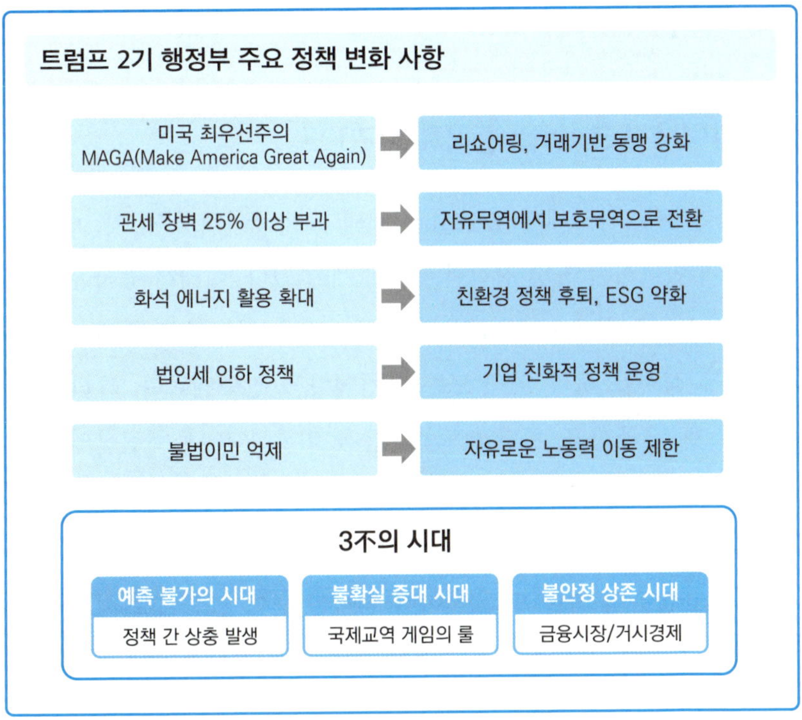

미국 우선주의에 따라 기존의 상호 평등과 세계적 분업체계를 기반으로 운영되던 공급망 정책은 이제는 미국을 중심으로 하는 미국 중심의 거래기반의 동맹관계를 더욱더 중요하게 하고 있다. 한마디로 이제는 미국의 제조업 발전에 기여할 수 있는 국가와 산업을 정책적으로 지원하고 오히려 이에 반대되는 국가 또는 산업기반은 철저하게 정책적 불이익을 주겠다는 의미이다.

이러한 커다란 움직임 속에서 기업의 구매담당자들은 기존의 비용 중심, 원가 인하 중심의 구매전략 수립 방식에서 보다 다차원적이고 지속 가능한 구매 전략들을 수립하고 미국이 주도하는 공급망 급변의 시대에 대응해야 하는 새로운 국면을 맞이하고 있다고 봐야 할 것이다.

2 차이나 쇼크 with 중국제조 2025

중국은 우리나라에게 있어서 최대의 교역국이며, 자동차, 반도체 산업군에 있어서는 가장 강력한 경쟁관계에 있다. 이러한 중국은 이미 "중국 제조 2025"라는 국가적 목표와 비전을 선포하고 세계 최고의 제조강국 실현을 하기 위해 모든 국가역량을 집중해왔다. 특히 전기차, 신소재, 우주항공, 첨단 IT 산업 등을 비롯한 10대 핵심산업을 지정하고 이를 세계 최고 수준으로 끌어올리기 위한 노력을 지속해오고 있다. 미국이 중국을 고립의 수준까지 견제하고 다양한 방법을 적용하고 있지만 중국의 기술 수준은 이미 한국을 넘어서고 세계 최고의 수준에 올라서는 분야가 하나씩 늘어나고 있는 것이 사실이다.

중국제조 2025 목표

10대 핵심과제 중심 세계 최고 제조 강국 실현

3단계를 통해 제조업 강국화라는 전략적 목표 달성

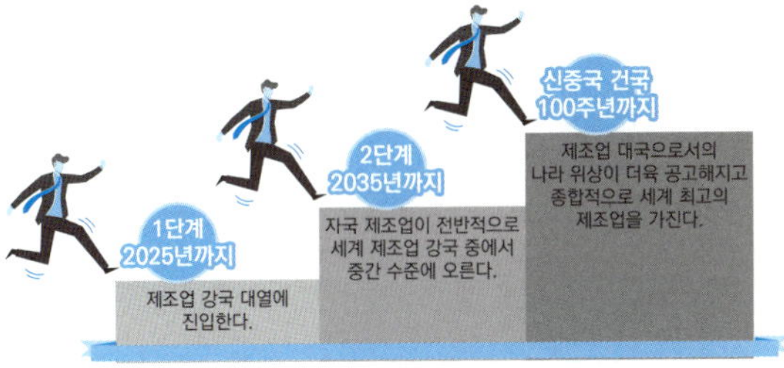

'중국제조 2025'의 10가지 핵심 산업

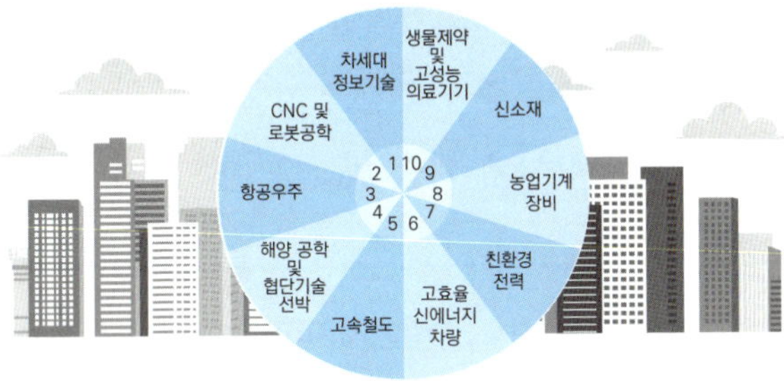

중국제조 2025 목표 달성률 측정

'중국제조 2025'에서 선정한 9개 품목별 성장목표 달성률

단위: %, 2020~2030년 사이 성장 목표기준

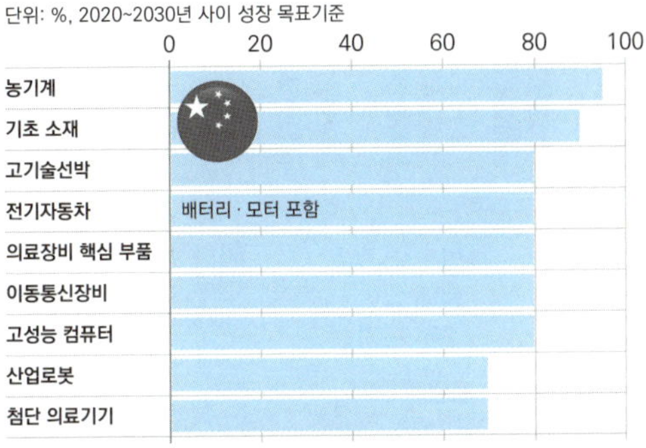

자료: 미중경제위원회(USCBC), 미의회조사국(CRS)　　The JoongAng

이러한 움직임에 한국은 중국의 반도체 굴기 등을 바라보면서 단기간에 중국에게 따라잡히지 않을 수준의 기술우위를 가지고 있다고 자신하고 있었지만 최근의 반도체 기술역량은 중국이 이미 한국을 넘어선 것이 아닌가 하는 조사들이 다양한 분야에서 조사되고 있다.

미국은 Chips Act와 같은 대응을 통해서 최첨단 반도체 장비에 대한 중국 수출을 막는 등의 다양한 조치를 단행하였다. 이러한 조치를 통해서 중국의 반도체 굴기 및 반도체 산업자체의 발전 속도를 늦출 수 있으리라 기대했다. 그러나 이러한 정책들은 단기간에 있어서는 일부 효과를 보이는 것으로 파악되었지만 일부 전문가들은 이러한 미국의 중국 제재활동이 오히려 중국의 자국 기술을 활용한 반도체 산업발전의 속도를 높이고 중국자체 기술 발전을 가속화시켰다는 의견들도

반도체 기초역량 및 설계 기술 수준에서 이미 한국을 앞지르기 시작함

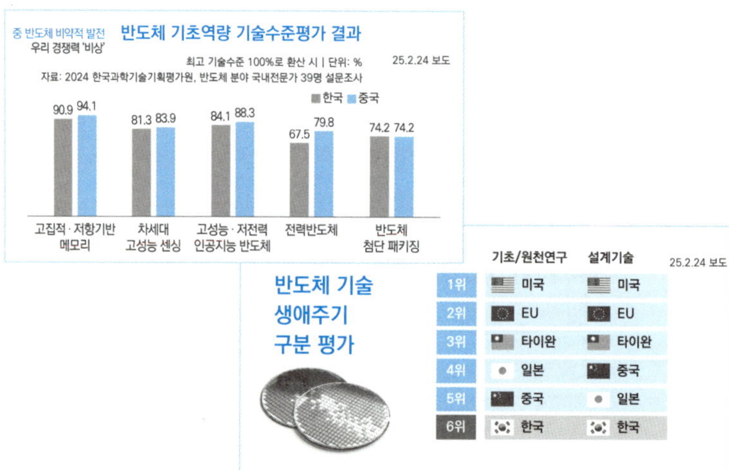

많이 존재한다. 한국의 가장 중요한 수출 효자 상품에 해당하는 반도체 분야에서 중국과의 경쟁 심화는 점점 더 현실적인 위협이 되고 있다.

자동차 산업은 어떠한가? 자랑스러운 우리의 현대/기아차 그룹은 강력한 글로벌 자동차 메이커들을 제치고 전 세계 3위의 자리에 올랐다. 개인적으로 자동차를 생산한 지 50~60년의 짧은 역사를 가진 우리나라가 전 세계 3위의 순위에 올랐다는 것은 충분히 자긍심을 가져도 좋지만 현실에 안주하는 것으로는 더욱 치열해진 경쟁 상황에서 순식간에 뒤처질 수 있는 분위기가 감지되고 있다.

전기차 시대가 도래하면서 중국에는 자동차 제조 및 부품 기업이 수만 개에 이른다는 조사가 있으며, 실제로 전 세계 10위 내의 순위권에 BYD와 지리자동차 그룹이 순위권에 올라왔다. 더욱이 이 글을 쓰고 있는 2025년을 기점으로 본다면 다른 자동차 메이커들은 성장세가 둔화되거나 판매량이 줄고 있는 시점인데 중국의 자동차 메이커들은 여전히 성장세를 나타내고 있다. 물론 전기차 캐즘이 발생하며 중국 자동차 업계 역시 부침을 겪고 있다. 이러한 시기에는 경쟁력이 부족한 기업들은 도태되겠지만 전 세계적 전기차 캐즘을 이겨낸 기업들은 더욱 수준 높은 경쟁력으로 현대차와 경쟁하게 될 것이고 이에 대한 준비가 충분하지 않다면 현대차가 이끌고 있는 우리나라의 자동차 제조 경쟁력은 빠른 시간 내에 우월적 지위를 상실할 수도 있다.

중국 자동차 기업 BYD, GEELY 자동차의 약진

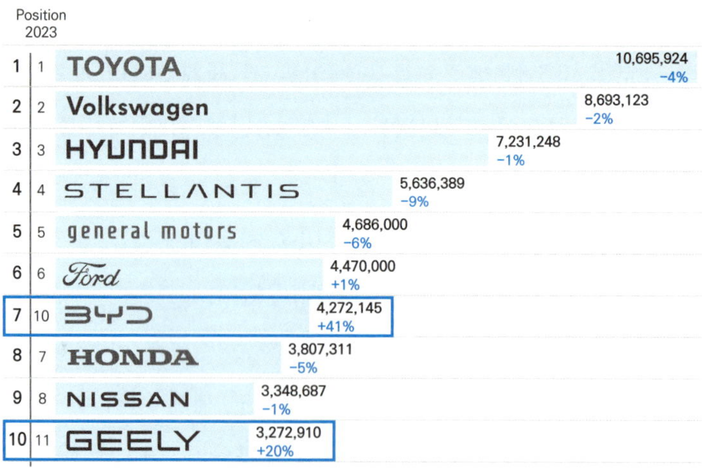

중국은 이제는 한국과의 경쟁이 아닌 전 세계 시장 장악을 위한 목표를 향해 가고 있다. 이러한 시대에 우리나라 기업들의 준비도 한층 강화되어야 한다.

3 일상화된 글로벌 공급망 위기의 시대

수출 위주의 경제구조인 우리나라는 그동안 글로벌 공급망의 태동기 시절부터 글로벌 공급망 절정기를 이루는 시기까지 빠르게 발전했다. WTO라는 국제무역 기구를 중심으로 세계의 모든 국가들이 각각 자국이 가지고 있는 특성들을 최대한 발휘하여 세계를 상대로 교역을 하며 부가가치를 올리는 방식이 대부분의 국가들에게 받아들여졌고

또한 이를 통해 많은 국가들이 중진국으로, 그리고 선진국으로 발전할 수 있었다.

1 글로벌 공급망 태동기	1960~1990년대 **아시아의 수출주도형 경제체제:** 4마리 용(한국, 대만, 홍콩, 싱가포르) 신화
2 글로벌 공급망 전환기	1995년 **WTO 설립:** 오프쇼어링 (해외 이전) 본격화
3 글로벌 공급망 절정기	2001년 **중국의 WTO 가입:** 다국적 기업의 중국 진출로 글로벌 공급망 본격
4 글로벌 공급망 위협기	2008년 **글로벌 금융위기:** 글로벌 무역량 급감 2011년 **동일본 대지진:** 반도체 등 주요 부품 수급 차질로 자동차 · IT 공급망 타격
5 글로벌 공급망 쇠퇴기	2017년 **미국 · 중국 무역분쟁:** 자국중심주의 확산하며 글로벌 공급망 재편 조짐 2020년 **COVID-19 팬데믹:** 전 세계 생산시설 마비, 핵심 물자 부족으로 글로벌 공급망 타격 2021년 **수에즈운하 '에버 기븐호' 좌초:** 수에즈운하를 통한 해상운송 폐쇄로 글로벌 원자재 공급 차질 2022년 **러시아-우크라이나 전쟁(지정학적 리스크 부각):** 원자재 및 식료품 공급 차질로 글로벌 물가 상승 및 경기에 악영향

그러나 영원히 유지될 것만 같았던 "자유주의적 국제질서"라고 받아들여졌던 글로벌 공급망의 위기가 시작되면서 가장 큰 수혜국에 해당되었던 한국에게 있어서 가장 큰 위협이 되고 있다. 더 우려되는 것은 이러한 글로벌 공급망의 쇠퇴기가 일시적인 것이 아니라 지속적으로 길게 이어질 것이라는 전망이 지배적이라는 것이다.

따라서 기업들의 공급망 전략, 구매전략은 큰 변화를 맞이하고 있는 상황이다. 더 이상 세계시장을 하나의 시장으로 보고 최대한 글로벌 공급망 사슬체계를 적극적으로 활용하여 원가를 낮추고 적기납품(Just-In-Time)의 구조를 만들어 내고 운영하는 것이 점점 더 어려워지고 있다. 또한 글로벌 공급망에서 벌어지는 위기가 점점 더 빈번하게 발생하고 있으며, 그 영향범위 또한 기업의 생산라인을 중단하게 되는 수준에서부터 일부 기업들의 생사를 가를 수도 있는 리스크들이 끊임없이 발생하고 있다.

글로벌 공급망 리스크의 빈도와 영향 범위 증가

공급망 리스크 발생이력

과거에도 공급망 리스크는 있어왔으나 최근 리스크의 유형이 다양해지고 빈도가 증가하고 있음

출처: SCFI Index

독자 여러분이 과거 글로벌 기업에 속한 구매 담당자였다면 원가(Cost)와 납기(Delivery)만 신경 쓰면 되는 2차 방정식의 문제를 해결하는 시대였다고 할 수 있다. 그러나 최근의 글로벌 구매 담당자라면 이

제부터는 공급망과 협력사들의 1) 지리적 리스크, 2) 정치적 리스크, 3) 환경/ESG 리스크 관리까지 추가로 고민해야 하는 4차, 5차 방정식을 풀어야 하는 어려운 시기를 맞이하고 있다.

4 더 이상 비용절감을 위한 저비용 국가는 없다

글로벌 공급망 환경에서 구매담당자들은 오랫동안 그리고 지금도 저비용 국가(LCC: Low Cost Country)를 활용한 구매원가 절감의 기회를 찾아내는 데 많은 인력과 자원을 투자하고 있다. 예전에는 저비용 국가의 대표적인 모델은 중국이었다. 따라서 많은 기업들이 중국에 투자하고 생산설비를 마련하였으며 값싼 중국 내 노동력과 풍부한 에너지 자원 등을 활용하여 생산 품목들의 경쟁력 있는 가격구조를 만들어 낼 수 있었다. 전 세계의 많은 글로벌 기업들이 중국 이후로 베트남, 말레이시아, 태국 등의 동아시아로 생산의 공장의 중심을 옮겼으며, 멕시코, 브라질 등의 남미로 새로운 기회를 찾아냈다.

삼성전자의 경우를 보더라도 스마트폰과 상당수의 생활가전들은 저비용 국가에 해당하는 중국, 인도를 비롯한 동남아에서 생산하고 있으며, 북미시장에서 많은 수요가 발생하는 냉장고, 세탁기, 에어컨 등을 멕시코와 브라질에서 생산을 하여 지속적인 가격경쟁력을 유지하고 지리적 효율성을 극대화하는 글로벌 공급망 확장 전략을 펼쳐왔다.

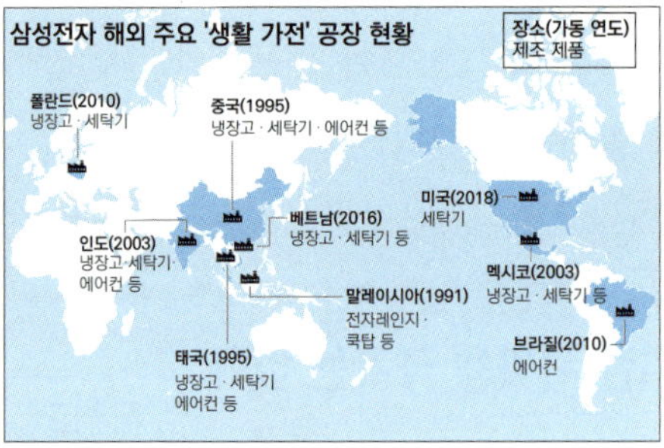

삼성전자 제품 위탁 생산 현황

분류	스마트폰		태블릿PC	선풍기	의류관리기	김치냉장고
제품	갤럭시 A6s	갤럭시 A60	갤럭시탭 A8.0	전 모델	에어드레서	저가형 일부 모델
생산 방식	ODM	ODM	ODM	ODM	OEM	OEM

삼성 스마트폰 글로벌 공장별 생산 비중

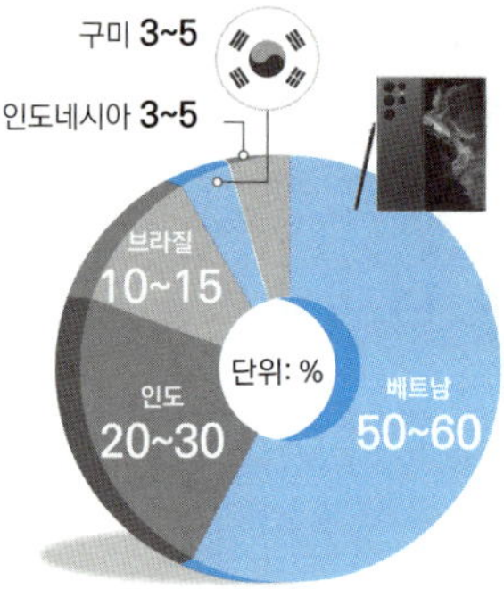

그러나 이러한 저비용 국가를 활용하는 구매 전략, 글로벌 공급망 전략은 이제 더 이상 효과를 거둘 수 없는 시기가 도래하고 있다. 그 이유는 첫 번째로는 이미 저비용 국가의 실질임금들의 상승 속도가 기존의 저임금이라는 상대적 비교우위를 더 이상 가져갈 수 없을 수준으로 크게 오르고 있다. 두 번째로는 트럼프 2기 정부가 들어서면서 우리나라가 저비용국가 활용정책으로 생산시설을 대규모 이전한 국가들에 대하여 미국은 모든 수출품목에 대해 엄청난 수준의 상호관세를 부과하기로 결정했기 때문이다.

미국의 이러한 상호관세 정책이 실제로 수행되고 얼마나 지속적으로 유지될지 여러 가지 변수가 있을 수 있겠지만 그러한 관세 구조가 한 번 결정되고 나면 기존의 저비용 국가를 활용한 원가 경쟁력을 확보했던 경쟁 우위는 상실되고 말 것이다. 아니, 실제로는 미국 본토에서 제조/생산하는 품목이 아니라면 더 이상 저비용 국가를 활용한 글로벌 구매 전략의 시대는 종말을 맞이했다고 봐도 되는 수준이다.

저비용 국가의 임금상승률 및 미국 상호관세 영향 기업

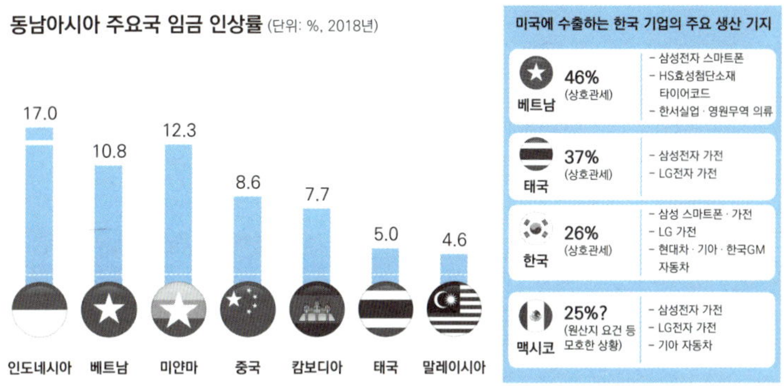

오랫동안 구매 전략 수립과 글로벌 공급망 관리 분야에서 컨설팅을 해온 나의 견해를 밝힌다면 이제는 글로벌 자유무역 주의와 관세완화를 통해 꽃을 피웠던 Globalization의 시대가 끝나고 이와는 정반대되는 Localization의 시대가 다가오고 있는 것이라고 생각된다. 많은 국가들이 앞다투어 다양한 형태의 경제 공동체를 만들어내고 그러한 경제 공동체를 기반으로 공급망 활용 전략과 글로벌 소싱전략을 수립하던 단계는 막을 내리고 있는 것이다. 미국을 시작으로 하여 이제 많은 나라들이 더욱더 자국 사업보호를 위한 관세를 강화하고 자국우선 주의에 기반한 글로벌 소싱 전략들을 펼쳐 나갈 것으로 예상된다.

기존에는 세계 시장을 하나로 보고 제조/원가/무역의 효율을 창출해 내는 시대에서 이제는 자국 중심의 나의 Team을 하나로 하는 "각국도생"의 시대가 온 것으로 나는 판단하고 있다.

Globalization의 시대에서 → 다시 Localization의 시대로

관세 완화 & 자유무역 주의

세계 경제를 하나로 제조/원가/무역 효율의 시대

- 국제적 관세 완화 정책을 통한 교역 증가
- 각 권역별 무역협정 트렌드
- LCC(Low Cost Country) 전략 우선주의

예: NAFTA, CPTPP, ASEAN, EFTA 등

Vs

관세 강화 & 자국우선 주의

나만을 위한, 나의 Team 하나로 각국도생의 시대

- 고립주의, 정치 공동체 중심/교역량 감소
- 미국발 관세 인상 정책(상호관세 25% 인상)
- 리쇼어링, 니어쇼어링, 미국우선주의

예: 니어쇼어링, 프렌드쇼어링, 리쇼어링

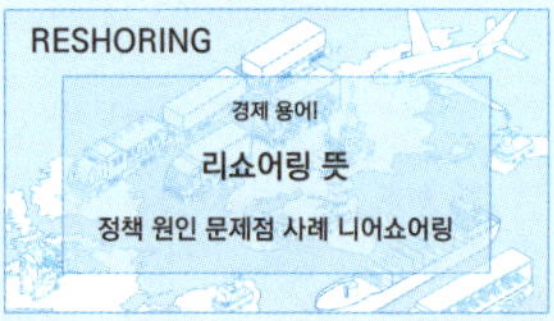

따라서 이제는 모든 생산기지들이 비용 효율 차원이 아니라 자국의 경쟁력을 다른 나라에 빼앗기지 않기 위해 모든 노력과 자원을 집중할 것이며, 미국을 중심으로 니어쇼어링과 리쇼어링이 더욱더 가속화될 수밖에 없으리라고 쉽게 예상할 수 있다.

5 공급망 대변혁의 시대, 구매 전략의 변화 방향

앞에서 살펴본 것과 같이 최근 글로벌 공급망은 빠르게 변화하고 있으며 기존의 안정적인 구조는 서서히 쇠퇴하고 있는 것이 명확하다. 특히 우크라이나-러시아 전쟁의 장기화 같은 글로벌 공급망을 위협하는 다양한 이벤트들로 인해서 많은 기업들은 기존의 공급망 관리체계의 원칙을 포기하거나 변화해야 한다는 압박이 지속적으로 유발되고 있다.

이러한 상황에서 제조업 중심의 수출주도형 산업구조를 가지고 있

는 우리나라는 더욱더 냉철한 현실 인식을 바탕으로 새로운 공급망 관리 전략을 수립해야 하는 당위성을 가지고 있다.

삼성전자, 현대차 등은 발빠르게 공급망 대변혁의 시대에 적응하려는 노력과 결과들이 감지되고 있다. 그러나 다른 우리나라 대기업들은 기존의 Old Version의 공급망 전략에 해당하는 원가절감(Cost Down) 중심의 글로벌 소싱 및 구매전략에 큰 변화를 주지 못하고 있는 것이 사실이다. 또한 대부분의 생산 거점의 중심과 전략적 판단의 근거를 한국 중심의 사고로 대응하려고 하다 보니 그 해결책이 쉽게 보이지 않는 것이 사실이다.

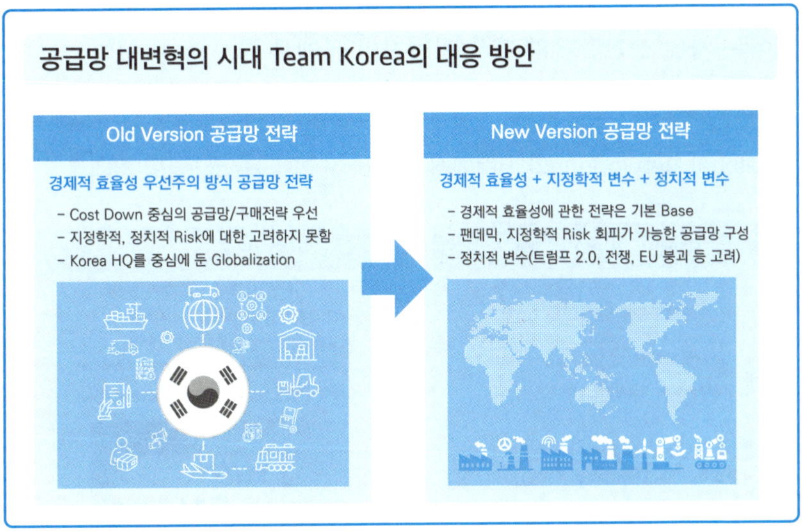

급변하는 공급망 변혁의 시대에 New Version의 새로운 공급망 전략은 비단 경제적 효율성뿐만 아니라 지정학적 변수는 물론 정치적 변수까지 다양하게 고려하여야 한다. 여기에서 조금 더 시각을 넓혀보면

환경 및 ESG 관련 변수 그리고 에너지 및 희귀자원 대응 등의 변수까지 고려한다면 더욱 효율적인 글로벌 공급망 대응 전략을 수립할 수 있으리라고 본다.

지금 이 순간 구매전략 컨설턴트인 나에게 공급망 대응전략 변화 중에서 가장 크게 변화해야 하는 핵심을 하나 고르라고 한다면 나는 주저없이 "적기납품 방식 Just in Time" 체계에서 "적기대응 방식 Just in Case" 체계로의 전환이 중요하다는 지적을 하고 싶다. 재고를 최소화하고 납품을 가장 효율적인 기간까지 단축해서 운영하며 원가와 제조효율화에 크게 기여했던 Just In Time 방식은 오늘날과 같이 다양한 공급망 변수가 발생하고 정치적·지리적 불안이 상시화된 시대에는 자칫 생산중단과 같은 치명적인 문제를 일으킬 수 있다.

Global Networking의 시대에서 → Global Risk Hedging의 시대로

Just In Time

글로벌 SCM을 활용한 원가/제조 효율화

- 전 세계 해운 물동 비용 최소화, 효율화
- Lean 경영 방식, Just In Time 경영 방식
- SCM의 복잡성 상관 없음. 효율이 최우선

예: 토요타 자동차, 수직계열화, VMI

Vs

Just In Case

글로벌 SCM 위기 발생 대응 준비 상시화

- 글로벌 공급망 붕괴, 실패의 상시화
- Just In Case 경영 방식(적기 대응)
- 재고, 납기 패러다임 변화, Game Changer

예: 팬데믹 발생, 우크라이나 전쟁, 수에즈운하 이슈

이제는 Global Networking을 통해서 최적의 효율화를 만들어 내는 것보다 글로벌 공급망 위기 발생 대응을 상시화하는 Just in Case 체계로의 전환이 필요하다. 이러한 Just In case 방식으로 공급망 관리 전략의 변화는 재고관리, 납기관리의 패러다임을 바꾸고 위기 상황에 따라 의도적인 과잉재고를 유지한다거나 납기관리가 어려운 장납기 자재에 대한 선행발주를 일상화하는 등의 방식으로 과거와의 관리 방식과는 반대되는 의사결정도 수용하게 될 수 있다. 단기적 관점에서 보면 일부 손해가 발생할 수 있더라도 공급망 붕괴 또는 갑작스러운 국제 정세불안 등이 발생했을 때 피해를 최소화할 수 있는 준비를 상시적으로 해야 하는 것이다. 이로써 Global Risk를 회피 또는 상시적으로 대비하고 지속적 모니터링 체계와 실질적으로 대응 가능한 시나리오를 기업들은 미리 준비하는 것이 바람직하다.

코로나19 팬데믹을 경험하고 우리나라뿐만 아니라 전 세계 많은 기업들이 주목했던 단어는 회복탄력성(Resilience)"이었다. 팬데믹으로 인한 전 세계 공급망의 일시적 중단은 생산을 위한 핵심부품뿐만 아니라 사소한 작은 비핵심 부품의 공급 차질만으로도 기업들이 가장 치명적이라고 할 수 있는 생산중단을 경험한 기업들이 많았다.

우리나라의 현대자동차의 경우에도 중국에서 생산해서 항만 이동을 통해 납품이 되어야 하는 하네스 부품들이 생산과 물동 이동이 중단되면서 국내 자동차 라인을 중단해야 하는 치명적인 손해를 입은 바 있다. 하네스라는 부품은 사실 제작 난이도가 높지도, 부품가격이 비싸지도 않은 자동차 부품에 해당하지만 조금이라도 더 싼 임금으로 제작하기 위해 공급망 전반을 중국으로 옮기게 되면서 벌어진 피할 수

회복탄력성 & 지속가능성을 최우선으로

회복탄력성(Resilience)

코로나19 팬데믹, 항만 및 물류 Shut-Down

- 단일 공급업체 활용, 이원화/다각화 실패
- 적정 재고 최소화, 재고 비용 고려 우선
- 비용효율성으로 인한 과도한 아웃소싱 정책

예: 하네스 재고 이슈에 따른 현대차 생산 중단

➕

지속가능성(Sustainability)

ESG/환경 이슈 대응 및 노동 인권 문제 해결

- 공급망 전체에 대한 사회적/경제적 책임 요구
- 2~3차 하위 협력업체에 대한 관리감독 강화
- 분쟁광물, 노동인권 등 지속가능 규정 강화

예: 글로벌 분쟁광물 규제 강화

없는 불상사였다. 이렇게 핵심 부품이 아닌 비핵심 부품들까지 빠르게 해외 아웃소싱으로 전환한 결과 코로나19 팬데믹과 같은 전 세계적 공급망 붕괴 시점에 제대로 된 대응이 불가능하다. 따라서 기업의 구매 전략 담당자들은 가능한 단일 공급사 구조보다는 이원화 공급사를 지속적으로 발굴하고 관리하는 노력을 기울여야 한다.

ESG 기반의 공급망 지속가능성 영역에 대해서도 체계적인 관리가 필요하다. 공급망 지속가능성은 기업들이 제품 또는 서비스를 생산하고 판매하는 모든 과정에서 경제·사회·환경에 미치는 부정적 영향을 최소화해야 하는 전 세계적 규제 또는 준수해야 하는 국제 기준이라고 하겠다. 유럽을 비롯한 선진국 등은 이와 관련된 규제들을 더욱더 강화하고 있으며 다양한 규제 기준을 통과하지 못하는 경우에는 생산한 제품들을 판매할 수 없는 최악의 경우도 발생할 수 있다. 그러므로 기업들은 담당 부서를 만들고 전문인력을 양성하고 이에 대한 지속적 대비가 반드시 필요하다. 우리 회사가 생산하는 제품에서 국제적으로 사용해서는 안 되는 분쟁광물이 사용되었는지, 제품을 생산 조립하는 과정에서 아동인권 침해, 환경파괴 등과 같은 이슈들이 없었는지를 면밀히 챙겨야 하는 시대인 것이다. 이제 ESG에 관한 대비는 "하는 척"을 하던 시대에서 "진짜로 해야 하는" 시대가 되었으며 넓은 시각에서 보면 기업의 브랜드 신뢰도와 직결되는 부분이므로 구매 담당자들과 기업의 임직원들 모두가 함께 챙기고 관리해야 하는 필수관리 요소라고 하겠다.

6 현대차, 삼성전자의 공급망 대변혁의 시대 대응 전략

트럼프 2기 행정부가 들어선 이후 촉발된 "관세전쟁"에서 살아남기 위해 모든 국가와 기업들은 저마다의 생존 방법을 찾기 위해 전력을 다하고 있다. 이러한 상황에서 현대차 그룹을 이끌고 있는 정의선 회장은 2025년 3월 백악관에 등장하여 2028년까지 미국에 210억 달러(KRW 31조)에 해당하는 어마어마한 자금을 미국 현지 투자한다는 정책을 발표하였다. 이날의 발표자리에는 트럼프 대통령도 함께하였으며 마치 자신의 관세정책의 가장 큰 성과를 자랑하는 자리로 만들어 세계의 모든 사람들에게 미국 제조업 부활의 메시지를 강력하게 보여 주었다.

현대자동차 그룹의 새로운 공급망 대응 전략 → HMGMA + 31조

현대차그룹 대미투자 규모

총 210억 달러
(약 31조 원)

규모	분야	내용
86억	자동차생산분야	• 미국 내 3호 공장인 "현대차그룹 메타 플랜트 아메리카"(HMGMA)의 생산 역량을 현재 연간 30만 대에서 50만 대로 증설
61억	부품 · 물류 · 철강분야	• 루이지애나에 저탄소 자동차 강판특화전기로 제철소 건설 (연간 270만t 생산)
63억	미래산업 및 에너지분야	• 자율주행 · 로봇 · 인공지능(AI) · 미래항공모빌리티(AAM) 등 미래 신기술 관련 미국 유수의 기업과 협력 • 2025년 말 미국 미시간주에 소형원전모듈(SMR) 착공 추진 미국산 액화천연가스(LNG) 구입(30억 달러 상당)

HMGMA

일반 사람들은 당연히 투자규모에 가장 크게 관심을 보였겠지만 구매전략 컨설턴트인 나의 관심은 과연 그러한 대규모 투자와 동반되는 현대차의 미국중심의 공급망 체계의 구축에 어떤 기업들이 동참하는지가 가장 궁금했다.

현대차는 미국의 조지아주에 여의도 3배 규모의 전기차 공장을 만들면서 글로벌 공급망 체계를 버리고 미국 중심 Localization의 새로운 공급망 체계를 만들어가고 있음을 증명했다. 현대차를 만들기 위한 핵심 협력사들은 모두 미국에 모이게 하는 것이 아닌가 하는 생각이 들 정도로 자동차 생산 공급망 전체를 미국에 모아 놓는 것이라고 이해해도 좋을 정도의 내용이었다.

현대그룹 자동차 그룹의 주요 계열사에 해당하는 현대모비스, 현대트랜시스, 현대제철, 현대글로비스, 현대위아, 현대로템 등의 모든 계열사들이 HMGMA에 함께 위치하며 그야말로 한 몸처럼 움직이는 공급망 체계를 구축하였다. 단순히 계열사들만 함께 이동하는 것이 아니라 자동차 도어 모듈을 생산하는 PHA, 브레이크 시스템을 만드는 서한 오토, 도어트림과 콘솔 등 부품기업, 서연이화 등 현대차 그룹의 핵심 1차 협력사들도 새로운 미국 중심의 공급망 체계 구축에 동참했다. 이런 변화는 단순히 자동차 부품협력사에게만 해당하는 것이 아니다. 전기차 생산에 필수 불가결한 배터리 LG에너지솔루션, 에코프로 등의 기업들도 미국 조지아주 공장설립을 진행 또는 계획하고 있다.

자동차뿐만 아니라 당연히 우리나라의 주력 산업인 반도체 산업의 리딩 기업 삼성전자 역시 미국 중심의 공급망 재구축에 모든 노력을 집중하고 있으며 배터리 기업 SDI도 협력사들과 함께 미국으로 동반 진출을 하고 있는 상황이다.

현대차 그룹, 삼성전자의 미국 현지 동반진출 협력사

현대차 협력업체

자동차

- 모비스: 미국 조지아주 공장 건설 중
- PHA: 미국 조지아주 공장 설립
- 서연이화: 미국 조지아주 공장 설립

배터리

- LG에너지솔루션: 미국 조지아주 현대차 합장 공장 설립
- 에코프로: 미국 진출 가능성

타이어

- 금호타이어: 미국 조지아주 공장 설립, 공급 강화
- 한국타이어: 미국 테네시주 공장 설립, 북미시장 대응 추가 증설

삼성전자 협력업체

반도체

- 한양이엔지: 미국텍사스주로 본사이전 및 확장
- 동진세미캠: 미국텍사스주 공장 건설 중
- 코미코: 미국 오리건주, 텍사스주 공장 설립
- 가온칩스: 중국 내 영업 거점 설립 추진
- 에이디테크놀로지: 중국 내 영업 거점 설립 추진
- 오픈엣지테크놀로지: 중국 내 영업 거점 설립 추진

삼성SDI 협력업체

배터리

- 솔브레인: 미국 인디애나주 공장 완공, 텍사스주 공장 건설 중
- 상신이디피: 미국 인디애나주 공장 건설 중
- 재원산업: 미국 인디애나주 공장 건설 중

급변하는 미국 중심의 새로운 통상질서에 따라 빠르게 대응하는 것이 기업의 입장에서 당연하고 중요한 것임에 틀림없다. 그러나 미국발 관세정책으로 촉발된 이러한 움직임은 그야말로 "제조업 중심의 한국 산업의 공동화"라는 나비효과를 가져오는 것이 아닌가 하는 우려를 고민해야 하는 수준이다.

이제 미국중심의 공급망 재편 움직임은 단순한 비용효율 차원을 넘어서 그야말로 기업의 사활이 걸려 있는 상황이므로 국내 제조업 공동화를 걱정하여 미국진출을 무턱대고 비판하거나 막을 수 있는 상황도 아니다. 특히 미국과 중국 간의 전 산업영역에서 거세게 충돌하는 통상환경에서 대한민국의 공급망 체계, 즉 K-공급망 지각변동이 이미

시작되었으며 더욱 빠르고 폭넓게 진행될 것이 체계는 지각변동의 수준으로 변화하고 있다.

제조강국 대한민국의 핵심 산업 공급망의 지각변동

지역	트럼프 이전		
중국/러시아	삼성전자	중국	반도체
중국/러시아	SK하이닉스	중국	반도체
중국/러시아	삼성전자	중국	가전
중국/러시아	LG전자	중국	가전
중국/러시아	LS그룹	중국	전력 인프라
중국/러시아	현대차	중국	완성차
중국/러시아	LG엔솔	중국	배터리
중국/러시아	SK온	중국	배터리
중국/러시아	삼성SDI	중국	배터리
중국/러시아	현대차	러시아	완성차
동남아	삼성전자	베트남	가전, 스마트폰, 태블릿
동남아	LG전자	베트남	가전
동남아	삼성SDI	말레이시아	배터리

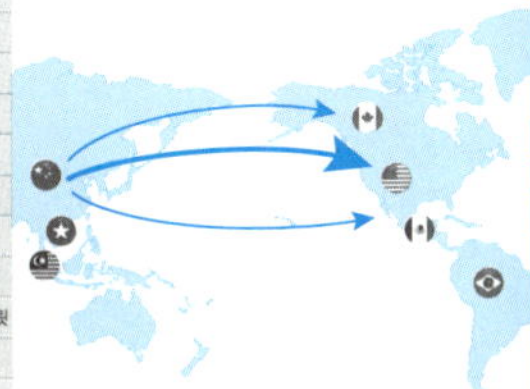

트럼프 이후			지역
삼성전자	미국	반도체	북미
SK하이닉스	미국	반도체	북미
삼성전자	미국	가전	북미
LG전자	미국	가전	북미
LS그룹	미국	전력 인프라	북미
현대차	미국	완성차	북미
LG엔솔	미국	배터리	북미
SK온	미국	배터리	북미
삼성SDI	미국	배터리	북미
LG엔솔	캐나다	배터리	북미
삼성전자	멕시코	가전	중남미
LG전자	멕시코	가전	중남미
삼성전자	브라질	가전, 스마트폰, 태블릿	중남미
LG전자	브라질	가전	중남미
LS그룹	멕시코	전력 인프라	중남미
LG전자	멕시코	전장 부품	중남미
LS그룹	멕시코	전장 부품	중남미

범례: 반도체 / 가전제품 / 전력기기 / 자동차 / 배터리

지금 이 책을 읽고 있는 독자 여러분들이 몸담고 있는 기업이 위에 보이는 것과 같이 모기업과 함께 미국으로의 공급망 전체를 이동할 수 있는 상황이라면 커다란 기회가 열릴 것이다. 그러나 정반대의 경우로 미국 중심 Localization에 기반한 공급망 변화의 흐름에 동참하기 어려운 상황이라면 그야말로 뼈를 깎는 고통의 시간이 시작되거나 미국 이외에 다양한 국가들의 시장을 개척해야 하는 새로운 도전의 상황이 펼쳐질 것으로 예상된다.

CHAPTER 02

삼성, LG, 현대차는 어떻게 구매혁신을 적용했을까?

BUY

CHAPTER 02

삼성, LG, 현대차는 어떻게 구매혁신을 적용했을까?

1 전략적 구매혁신, 왜 기업경쟁력 창출의 핵심이 되었나?

오늘날 많은 기업 들에서 전략적 구매혁신이 경쟁력 창출의 핵심으로 떠오른 이유는 여러 가지가 있을 수 있다. 나는 이러한 이유를 알아보기 위해 국내 외의 관련 서적들과 웹사이트 등을 통해 많은 자료들을 보았다. 이 과정에서 생각보다 국내의 서적들과 웹사이트를 통해서는 사실 내가 원하는 수준의 정보들을 찾기가 어려웠고 찾아진 정보들도 만족스러울 만큼의 깊이를 가지고 있지 않았다. 그래서 부족한 부분들은 삼성, LG, 현대차 등에서 구매혁신 컨설팅을 수행했던 선후배 컨설턴트의 의견들을 듣고 공통분모를 찾아보았다. 나는 이러한 과정을 통해서 기업의 전략적 구매혁신이 중요해진 이유를 크게 두 가지로 정의할 수 있게 되었다.

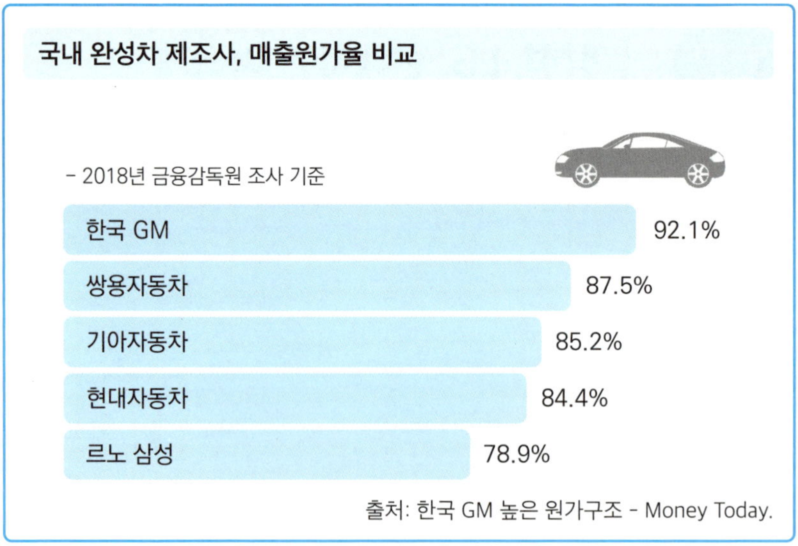

첫 번째 가장 중요한 이유는 구매 부문이 기업의 수익성에 끼치는 영향이 매우 크기 때문이다. 일반적인 제조업의 경우, 제품의 가격 중에서 매출원가비율은 최소 60% 수준이다. 특히 현대차 그룹이 속해 있는 자동차 산업군의 경우 일반적으로 매출원가의 비율은 80%를 넘어서고 있다. 그리고 삼성과 LG 등이 속한 전자제품 등 소비재의 부문도 전반적으로 70~80% 수준의 높은 원가 비율을 보이는 것이 일반적이다.

앞에서 설명한 원가의 비중이 최소 80%에 해당하는 자동차 산업군에 A라는 기업이 있다고 하자. A기업은 전략적 구매혁신을 통해 원가 비용을 10% 절감할 수 있다면 이론적으로는 수익성을 8% 개선할 수 있다. 물론 수익성 8%를 개선하기 위하여 A라는 기업은 판매가격 인상이라는 전략적 선택을 할 수도 있다. 그러나 최근 극한에 가까워

진 글로벌 경쟁 환경 속에서 판매가격 인상이라는 전략은 섣불리 선택할 수는 없다. 이러한 이유로 실현 가능성 측면에서는 판매가격 인상보다는 원가 절감에 기업들이 집중하는 것이 현명한 판단이다. 결국 원가 절감을 위해 전략적 구매혁신에 기업 역량을 집중할 수밖에 없으며 이는 경쟁력 향상을 추구하는 모든 기업들의 필수 전략이 될 수밖에 없다.

기업의 전략적 구매혁신이 중요해진 두 번째 이유는 전 세계적으로 기업에서 구매부서가 담당하는 업무의 역할이 빠르게 변화하고 있기 때문이다. 현재도 국내 기업 대부분에서 구매 부서의 역할은 조달과 납기를 책임지고 있는 후방지원(Post Support) 성격의 업무들이 대부분을 차지하고 있다. 그러나 이러한 구매 부서의 업무 역할이 2000년 이후부터는 Global 소싱, 개발구매 참여(EPI: Early Procurement Involvement) 등과 같은 기획성 업무 또는 전략 수립과 같은 선행적 대응(Pro Active)에 해당하는 업무로 빠르게 변화하고 있다. 특히 세계 시장의 글로벌화가 가속화되면서 원자재의 가격변화, 환율 대응, 글로벌 소싱, 전략적 공급사 관리 여기서 더 나아가 공급망 Risk 관리에 이르기까지 구매 부서의 외부환경 대응 역량이 해당 기업의 성과를 결정하는 시대가 되었다.

이제 구매부서의 역할은 후방지원의 역할이 아니라 가장 앞선 전방에 나서서 선행 지원(Pro Active) 성격의 역할에 집중해야 하는 첨병의 역할이 추가되었다.

또한 구매 부서는 해당 기업의 내부 요구와 공급사의 요구를 효과적으로 연결하기 위한 구매전략 수립과 실행을 모두 책임져야 한다.

그리고 더 나아가 Supply Chain 전체를 조망하며 통찰력을 바탕으로 구매혁신에 집중하여야만 한다. 이렇게 구매혁신을 위한 전사적 노력이 집중될 때에만 가격/기술/품질에서 경쟁우위를 가져갈 수 있는 상황이 된 것이다.

구매 부문의 역할 변화와 가치상승

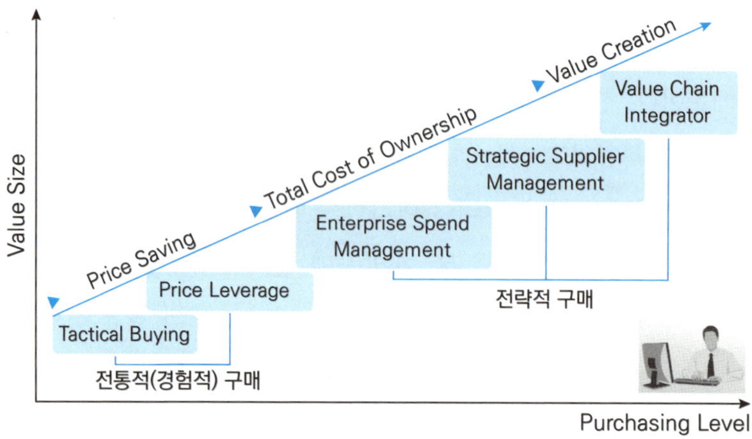

출처: IBM Global CPO Survery 결과.

한국의 대표기업인 삼성, LG, 현대차가 이렇게 첨예한 글로벌 경쟁체제 하에서도 지속적으로 성장하고 잘 버티고 있는 이면에는 여러 가지 요소들이 있을 수 있다. 10년차 전략구매 컨설턴트인 나는 3개 회사 모두 끊임없는 전략적 구매혁신에 대한 지속적인 노력을 기울인 것이 지금의 경쟁력을 유지하고 있는 핵심 요소 중의 하나라고 믿어 의심치 않는다.

2 전략적 구매혁신. 무엇을, 어떻게 하는 것인가?

나는 아직 경험이 충분치 않았던 비교적 신입 컨설턴트 시절에 B기업의 전략구매 컨설팅 프로젝트에 대한 착수보고를 하는 자리에서 구매 담당 임원으로부터 구매혁신에 관한 돌직구와 같은 질문을 받았다.

질문: "착수보고 내용은 잘 들었습니다. 그래서 전략적 구매혁신은 간단히 말해서 무엇을 어떻게 하는 것입니까?"

답변: "네? 그건 지금까지 보고드린 바와 같이 전략품목과 공급사들을 세분화하여 관리하고…"

질문: "아니요, 심플하게 전략적 구매혁신은 뭘 하냐구요?"

답변: "……"

지금 다시 생각해 보면 내가 어떻게 답변했는지 정확히 기억이 나지 않는다. 다만 그 질문에 대한 답변을 하면서 식은땀을 꽤나 흘렸던 아찔한 기억이 선명하게 남아 있을 뿐이다.

그 질문은 전략구매 전문 컨설턴트라면 길을 걷다가 지나가는 행인이 물어봐도 그 자리에서 바로 답변해야 하는 명제라고 하겠다. 하지만 나는 한동안 해당 질문에 대해 어느 누구에게나 쉽게 이해시킬 수 있는 심플하고 직관적인 답변을 찾지 못했다. 그리고 답변을 찾기 위해 수많은 관련 서적과 컨설팅 산출물들을 다시 공부하고 동료 및 선배 컨설턴트들과 대화 속에서 답변을 찾고자 노력했다. 그러나 최고의 답변은 수년 동안 여전히 찾기 어려웠다.

그러던 중 내가 찾은 가장 최적의 답변은 세계적인 구매혁신 전문가이자 LG전자에서 최고구매책임자(CPO)로 일했던 토마스 린튼 부사장이 LG전자에 뿌리내리게 했던 4P 정책이었다.

구매혁신이란 4P 전략을 수립하고 지속적으로 실행해 나가는 과정이다.

1) Policy: 전사 차원에서 하나의 구매전략으로 공급사와 커뮤니케이션 할 수 있도록 방침(Policy)을 수립하는 것
2) Price: 원부자재 구매는 물론 일반(간접)구매 영역까지 확대 적용을 통해 원가(Cost) 절감을 극대화하는 것
3) Process: 월드클래스 수준까지 구매 Process를 표준화 & 정비하는 것
4) People: 구매 전문가 집단으로 서의 구매 담당 직원들(People)의 역량을 강화하는 것

LG 전자 구매혁신 개념도

World Class Procurement Organization

Procurement Performance

Policy(정책)	Price(원가)	Process(업무절차)	People(인재)
• LG전자 구매 정책 Build-up • Global Communication • 간접구매혁신 -General Procurement	• Global Commodity Management	• 구매 업무 혁신 - Process Innovation • Procurement Engineering Improvment	• 구매 담당자 역량 강화 - Procurement Capability Development

Strategic Organization

• Supplier Perception	• Cost Saving (Material/General)	• Process Cost Reduction	• Capability Enhancement

출처: LG 전자.

이러한 전략적 구매혁신을 가장 성공적으로 적용한 것으로 평가되는 글로벌 기업들은 IBM, Toyota, P&G, Intel, Apple 등이 있다. 이들 기업은 미국, 아시아, 아프리카 등 전 세계의 수많은 생산 공장에서 필요로 하는 원부자재에 대한 세부 전략을 수립하고 체계적인 구매혁신 전략의 적용과 지속적인 모니터링을 통해 생산성 향상과 거래 비용 절감에서 가시적인 성과를 이루었다.

가장 유명한 사례로는 전 세계 핸드폰 시장에서 생산공장을 하나도 갖추지 않고서도 팍스콘이라는 협력사를 전략적으로 활용하여 최고의 수익률을 거두고 있는 애플의 사례는 독자 여러분들도 많이 접해 보았을 것이다. 오티스, 캐리어 등의 유수의 전자계열사를 보유하고 있는 글로벌 기업 UTC도 전략적 구매혁신의 사례로 종종 다루어 진다. 이 기업은 전략적 구매혁신을 통해 기존의 경우보다 단위 사업장을 기준으로 구매비용절감을 5~10%, 생산성은 10~15%, 재고회전율은 3회전에서 10회전, 적시 배송률은 96~98%를 달성하였다고 한다. 그리고 전략구매의 Best Case로 컨설팅 분야에서 가장 많이 다뤄지는 IBM의 경우 원류 단계에서부터 전략적으로 구매가 참여하는 적극적인 전략구매 정책으로 최적 부품 활용률 증가를 통해 7%의 원가절감을 달성하고 시장이 원하는 시점에 제품을 출시할 수 있는 Time to Market 대응능력이 향상되었다.

이는 모두 전략적 구매혁신을 통해 경쟁력 있는 공급업체의 육성 및 단일화, 외부 공급업체를 통한 전략적 아웃소싱, 구매 표준 프로세스 정립과 혁신을 통해 이룩한 성과이다. 이와 같은 많은 사례들이 증명한 바와 같이 기업의 구매혁신의 적용과 확산은 이제 선택이 아닌 필수적인 상황이다.

3 삼성 구매혁신의 어제와 오늘

나는 2014, 2015년 삼성 그룹의 구매 부서 과장, 차장급 진급자를 대상으로 하는 구매 담당자 교육에 초청 강사로 전략구매 및 구매원가 관리에 관한 강의를 부탁받았다. 'World Best 삼성'이라 일컬어지는 최고의 구매 전문가들 앞에서 강의를 하는 자리이기에 많은 스트레스를 받고 있었다. 게다가 낮에는 컨설팅 프로젝트를 위해 일을 하고 저녁에 퇴근해서 밤을 세우거나 주말을 이용해서 강의 준비를 하는 시간은 괴로움의 연속이었다. 하지만 일단 강의를 하기로 삼성 측 교육 담당자와 일정까지 확정한 이상 강의 진행 약속을 꼭 지켜야만 했다.

고민의 시간을 보내고 있던 중에 '피할 수 없으면 즐기라'라고 했던가. 강의를 준비하는 과정에서 나는 삼성의 구매혁신의 과거와 현재에 대한 궁금증이 커져갔다. 그래서 본격적으로 삼성의 전략적 구매혁신에 대한 발자취를 알아보고 관련된 정보들을 모으고 정리해 보기로 마음먹었다.

1993년 6월 7일 이건희 삼성그룹 회장은 "마누라와 자식 빼고는 다 바꿔!"라는 말로 유명한 '신경영(일명 프랑크푸르트 선언)'을 선포했다. 당시 이 회장은 '변하지 않으면 살아남을 수 없다'는 절박한 위기의식에서 삼성그룹 전 직원들을 강하게 독려하였다. 기업 구성원 개개인부터 변화하여 모든 것을 제품 품질(Quality) 중심으로 바꾸고 국제화·정보화에 기반으로 초일류기업으로 나가자는 것이 요지였다.

프랑크푸르트 선언 당시 참석했던 김광호 전 삼성전자 부회장(당시 삼성전자 사장)은 국내 신문 매체와의 인터뷰에서 다음과 같이 그 당시 상황을 회상했다.

프랑크푸르트 선언 당시 주로 삼성전자에 대한 질책이 쏟아졌는데, TV로 대표되는 가전제품의 외관부터 특성까지 모든 부분에 걸쳐 엄청나게 질책을 받았던 기억이 납니다. 그때 이건희 회장의 모습은 마치 '신들린 사람' 같았어요. 도대체 어디서 그런 지식과 정열이 나오는지, 도저히 우리가 헤아릴 수 없는 분이라는 느낌을 받았죠. 저녁 때 전체회의가 끝나면 사장단은 따로 방으로 불려가 보통 새벽 4~5시까지 얘기를 들었을 정도였으니까요. 그걸 며칠씩 했다고 생각해보세요. 지금 봐도 신들린 게 아니면 도저히 그럴 수 없었을 겁니다. - 매일경제 인터뷰, 2001.

이러한 프랑크푸르트 선언 이후에도 1995년 삼성전자가 생산한 휴대폰의 불량률이 11.8%까지 치솟는 사건이 발생했다. 이는 무리하게 완제품 생산량을 달성하려다 벌어진 일이었다. 이 사실을 전해 들은 이건희 회장은 격노했다. 프랑크푸르트 선언 이후 Quality 중심의 자신이 추구해온 경영정책과 전면으로 배치되는 사건이었기 때문이다. 이에 삼성전자는 불량으로 회수된 15만 대의 휴대폰을 모아 모든 직원들이 보는 앞에서 전부 불태우는 화형식을 진행했던 것으로 유명하다.

이러한 일련의 과정에서 이 회장은 **"구매예술화"**라는 슬로건을 탄생시켰다.

공급사와의 상생과 구매혁신의 상충된 관계를 두고 "구매는 (상생까지 고려하는) 예술의 경지에 이르지 않으면 안 된다"고 선언하고 이를 모든 그룹사에 전파하도록 지시한 것이다. 이 회장이 직접 만들어낸 **"구매예술화"**는 이후에 삼성전자의 장기비전을 만드는 기틀이 되었으며 이를 시작으로 삼성전자는 지속적 구매혁신의 노력을 통해서 모바일 부문의 비약적인 가격경쟁력과 품질경쟁력을 확보하는 계기가 되었다.

이러한 “**구매예술화**” 선언 이후 우수 인력을 구매 부서에 전진 배치한 삼성전자는 국내 기업들에게 구매혁신의 롤 모델로 자리매김하게 되었다.

또한 삼성전자는 구매 예술화의 슬로건을 현장에 빠르게 적용할 수 있는 방법을 고민하였고, 이를 업무 프로세스 차원에서 그리고 시스템적으로 지원할 수 있는 e프로큐어먼트(e-procurement) 등 IT 인프라를 활용한 전사 시스템을 구축을 완료하였다. 그 후 구매혁신의 다음 단계인 개발구매 영역으로 다시 한번 구매혁신 역량을 모으고 발전시켜 나갔다.

삼성전자 구매 藝術化(예술화) 체계도

출처: 삼성전자.

새로운 구매혁신의 단계인 개발구매의 핵심은 구매 부서가 개발 초기 단계에 참여해 원가절감 및 부품 최적화 효과를 달성하고, 협력업체와 구매 및 물류 프로세스 개선을 위해 협력하는 ESI(Early Supplier Involvement)의 도입과 실천이었다.

이를 위해 삼성전자는 2004년 개발·구매 협력 시스템(PES)을 구축했다.

PES(Procurement Engineering System)는 개발 부서와 구매 부서가 제품 개발의 초기 단계부터 공동으로 부품 정보 관리와 공급업체 선정 등을 하는 것이 핵심이다. 개발 및 구매 부서의 협력은 경쟁력 있는 부품과 업체의 정보를 공유함으로써 1) 시판 이전부터 제품의 원가 경쟁력을 높이고 2) 제품 설계 효율성을 극대화하며 3) 궁극적으로는 개발기간을 줄여 제품을 적기에 판매할 수 있는 경쟁력을 갖추게 되었다.

삼성전자는 이러한 전략적 구매혁신의 성공적 수행을 위해 제품 개발 초기 단계에 구매 부문이 반드시 참여하도록 업무 프로세스를 표준화했다. 개발·구매 협력 시스템(PES)은 구체적으로 1) 개발과 구매의 공동 목표 수립 → 2) 부품의 글로벌 소싱과 최적화를 위한 제안 활동 → 3) 경영진의 의사결정 지원을 위한 성과관리 → 4) 공용성이 높은 최적의 부품을 선정하는 평가체계 등 4개 핵심 요소로 이뤄진다.

개발·구매 협력 시스템(PES)은 실제 구매 현장에서 많은 가시적인 성과를 만들어 냈다. 특히 원가절감 사례 중 언론이나 내/외부 컨설팅 자료를 통해 많이 다뤄진 내용은 삼성전자 컴퓨터시스템 사업부의 성과이다.

삼성전자 컴퓨터 시스템 사업부는 본사 구매전략팀과의 전략적 구매혁신을 통해 컴퓨터 시장에서 적기 제품 생산과 개발기간 단축이란 성과를 냈다. 구매혁신 이전의 컴퓨터 생산은 제품 라이프사이클이 6~12개월로 짧으며 부품 수가 2,000개가 넘어 적기 시판이 매우 어려운 상황이었다. 심지어 새부품 조달이 늦어져 신제품을 팔지 못하는 경우까지 발생했다.

당시 삼성전자 구매전략팀 전략소싱 그룹장은 "PES의 성과는 개발 초기 단계에 공용성이 높은 최적의 부품을 선택하는 '원칙'과 '프로세스' 덕분에 많은 성과를 올릴 수 있었다."라고 설명했다.

삼성은 이렇게 2000년 초반에 확립한 전략적 구매혁신 정신을 현재도 지속적으로 이어가고 있으며 한발 더 나아가 글로벌 공급사 RISK Management, Market Sensing & Monitoring, 그리고 Block Chain 등의 보다 정교한 구매전략 수립과 새로운 IT 기술의 접목을 위해 지금도 노력하고 있다. 삼성의 이러한 노력으로 구매혁신 분야에 있어서만큼은 가장 선도적인 위치를 차지하고 있으며, 이제는 글로벌 기업들 중에서도 가장 체계적인 SCM 관리와 구매혁신의 롤 모델이 되고 있다.

2016년에 출간된 최원석 저자의 책 "왜 다시 도요타인가"를 보면 세계적인 생산관리 방법론과 원가절감에 있어서 최고의 기업 도요타의 경우도 삼성전자를 벤치마킹하기 위해 많은 시간과 노력을 기울였다는 내용이 소개되어 있다.

삼성전자가 쉽게 이기기 어려울 것 같았던 소니를 포함한 일본의 가전업체와의 경쟁에서 어떻게 승리할 수 있었는지 조직체계와 의사결정 구조에 대해 깊이 연구했다는 내용이 나온다. 아마 이 과정에서 삼성전자의 구매예술화와 지속적인 구매혁신의 과정 역시 도요타 측의 연구 대상이 되었을 것이라고 나는 생각한다.

4 LG 구매혁신의 어제와 오늘

LG와의 개인적인 인연은 2012년 당시 LG 그룹사에서 매년 실시되는 "구매 전문가" 교육과정 담당자였던 A과장을 통해 강사로 초빙되면서 시작되었다. 2012년 강의를 시작으로 나는 지금까지 매년 전략구매 및 구매혁신과 관련된 다양한 주제들로 "구매전문가" 과정에서 강의를 해오고 있다.

앞에서 삼성의 사례에서처럼 나는 LG에도 구매혁신에 대한 발자취에 대해 지속적으로 관심을 가지고 관련된 정보들은 늘 정리해 두었다. 삼성의 프랑크푸르트 선언 당시 이건희 회장의 "구매예술화"의 슬로건과 같이 LG도 구매혁신의 중대한 전환점이 있었으며 나는 이 시점을 개인적인 소견으로 토마스 린튼의 LG전자 부사장 취임이라고 생각한다.

LG 그룹 토마스 린튼 CPO - 중앙일보, 2011.

2008년 LG 전자에 취임한 토마스 린튼은 글로벌 기업 가운데 구매혁신의 최고로 평가받는 IBM에서 구매부문 임원으로 20년간 일한 인물이다.

LG전자는 그에게 구매전략의 수립과 실행, 5,000여 협력업체를 관리하고 책임지는 최고구매임원(CPO: Chief Procurement Officer) 임무를 파격적으로 맡겼다. 그가 어떠한 구매전략을 통해 LG전자에 구매혁신을 일으킬지 기업 안팎의 관심과 기대가 쏠리는 것은 당연했다. 그의 부임 이후 LG전자는 구매 원가 2% 절감이 매출 20% 향상과 같은 효과가 있다는 판단 아래 전략적 구매혁신을 경영의 최우선 과제 중 하나로 추진하였다.

이러한 LG의 전략적 구매혁신 과정은 타기업과 구분되는 특징들을 가지고 있는데 그중 핵심적인 3가지를 정리해보면 다음과 같다.

그 첫째는 LG만의 독보적인 구매혁신 방식인 간접 부문 구매혁신이다.

대부분의 기업들은 생산에 투입되는 직접적인 원/부자재 중심의 구매혁신에 그친 반면 LG전자는 토마스 린튼 부사장의 지휘하에 제조/생산에 투입되는 직접재와의 반대 개념에 해당하는 일반구매(간접비) 부문까지 혁신하기에 이른다. 이를 위해 LG는 2010년 일반구매를 전담하는 '전사 일반구매(General Procurement)' 조직을 신설해 글로벌 구매전략 수립, 통합 구매 실현 등 비용절감 노력으로 2012년까지 3년 간 일반구매 비용을 1조 원 이상 절감하였다. 또한 마케팅, 법무 등 타 부서와 협업해 '글로벌 계약 표준 프로세스'를 구축, 전 세계 사업장에서 동일한 프로세스를 통해서 일반구매를 하게 하여 1) 공정 거래, 2) 구매 가시성 확보, 3) 원가 절감이라는 3가지 부분에서 우수한 성과들을 이뤄냈다.

간접구매의 혁신을 뒷받침하기 위해서는 반드시 IT 시스템의 지원이 필요했으며 이때 만들어진 간접구매 시스템을 GP(General

Procurement) System 1.0이라고 한다. LG전자에서 일해본 사람들은 모두 한 번 이상 사용했을 정도로 LG의 모든 간접재를 구매하기 위해서는 이 GP 시스템을 반드시 사용해야만 한다. 현재 이 GP 시스템은 개선과 업그레이드를 지속해 오고 있으며 GP 3.0까지 업그레이드되어 있다.

둘째, LG전자는 공급 업체들의 실질적인 원가가 얼마인지를 파악해서 협상력을 강화하는 Should Cost 전략을 활용하고 있다. LG전자는 자체 분석을 통해 추정한 납품업체의 실제 원가를 'Should Cost'라고 부른다. LG전자는 실제 직원을 파견해 납품 업체의 공장을 둘러보고 실제 원가를 추정하기도 한다. 또 각종 자료나 데이터 접근이 어려운 경우 증권거래소 등에 신고한 연례 보고서나 경쟁사로부터 확보한 자료 등을 참조해 원가를 추정한다. 이런 분석을 통해 확보한 정보를 바탕으로 공급업체와 납품 단가를 협의할 경우 협상력이 훨씬 높아진다. 특히 반도체나 브로드밴드 칩, LCD 등을 공급하는 글로벌 업체와 협상을 할 때에는 이런 원가 정보가 필수적이다. LG전자의 한 관계자는 "경제 상황이 어렵기 때문에 무작정 가격을 깎아달라는 식으로 접근해 봐야 글로벌 제조업체는 눈도 깜짝 하지 않는다"라고 하며, "최근 공장 가동률을 80%로 추정하고 있는데 우리가 약 10%를 높여줄 수 있으니 가격을 낮춰 달라"라고 제안하는 방식으로 구매 원가 협상에서 임해야지만 우리가 원하는 조건의 구매 계약 결과를 얻을 수 있음을 강조했다.

팀 쿡의 자서전에서도 거론된 바 있고 국내 구매관리 부문의 최고 전문가 최정욱 교수님의 강의 때 전해 들은 내용으로 Should Cost의 최고 전문가들은 Apple의 구매 담당자들이라고 한다. 그들은 한국에서 디스플레이 패널이나 각종 원/부자재에 대한 구매협상을 할 때 공급사에서는 미리 알려주지도 않은 디스플레이 패널이나 원부자재의 원가들을 거의 원 단위까지 파악한 분석 자료로 무장하고 협상 테이블에 앉는다. 이렇게 절대적으로 구매협상에서 유리한 위치를 먼저 차지한 상태에서 구매협상을 시작하기 때문에 Apple 구매 담당자들이 요구하는 금액으로 납품할 수밖에 없다고 한다.

마지막 세 번째로 LG는 구매와 관련된 '조직변화'와 '인재육성' 부문에 있어서 국내 어느 기업들보다 많은 노력을 기울이고 있다. 이를 위해 LG 전사 직원들의 교육을 담당하고 있는 LG인화원에 국내 기업 중에서는 최초로, 아니 내가 알기로는 세계 최초로 구매 교육을 전담하는 '구매 대학(Procurement College)'을 신설, 구매 부문의 전문인력 양성에 힘쓰고 있다.

여기 구매 대학에서는 각 구매 품목별 전략 공유, 글로벌 우수 사례 발굴 및 전파, 국제 구매전문 자격인 양성 지원 등 다양한 프로그램을 운영 중이다. 이러한 노력의 당연한 결과이겠지만 LG의 구매혁신 수준은 국제적으로도 인정을 받고 있다. 2016년 세계적으로 가장 공신력 높은 구매 관련 세계적 시상식인 구매리더 협회로부터 아시아 태평양 지역 구매 리더상(Procurement Leaders Awards Asia Pacific Region)' 시상식에서 '구매 최고 성과(Procurement Excellence)' 부문 대상을 수상했다. 당해 연도 수상 기업 중 한국 기업은 LG전자가 유일했다.

2016년 구매리더협회 수상식 - 매일경제, 2016.

물론 LG는 토마스 린튼 부사장 부임 이전부터 구매 부문의 중요성을 인식하고 있었고 오래 전부터 많은 노력을 기울이며, 큰 성과도 거두었다. 그러나 컨설턴트인 나의 입장에서 바라보면 그가 LG에 재임하는 동안 전략적 구매혁신의 기초는 더욱 탄탄해졌고 괄목할 만한 성과들이 드러났던 시기였음이 분명하다.

토마스 린튼 부사장은 길다면 길고 짧다면 짧은 4~5년 기간의 임기를 마치고 퇴임했다. 그에 대한 평가는 LG그룹사 내·외부적으로 긍정적인 평가와 부정적인 평가가 공존하고 있다. 특히 구매 분야의 Global Star급 전문가로서 LG그룹의 취임 기간 동안 보여준 결과는 다소 기대에 미치지 못했다는 냉정한 평가가 지배적이다. 또한 가장 중요한 직접구매 부분의 원가절감보다는 간접구매(GP) 부문에만 결과를 보였다는 냉소적인 평가가 존재한다. 그럼에도 불구하고 그가 전파한 전략적 구매혁신을 위한 4P 정책과 노력은 지금도 계속 이어지고 있으며 이러한 노력은 LG전자와 그룹사 전체의 경쟁력의 밑바탕이 되었다고 생각된다.

이러한 구매부문의 튼튼한 기초 체력과 경쟁력은 LG전자 및 그룹사 전체가 마주하고 있는 어려운 시장상황을 돌파할 수 있는 하나의 시작점이 될 수 있기를 나는 기원한다.

5 현대차 구매혁신의 어제와 오늘

앞에서 삼성과 LG의 경우 나는 구매혁신의 중요한 구심점을 모두 '사람' 중심으로 설명했다. 그러나 현대차 그룹의 경우는 다르다. 현대차 그룹의 구매혁신의 중요한 구심점 사람이 아니다.

그것은 바츠(VAATZ: Value Advanced Automotive Trade Zone) 시스템이다.

현대차의 모든 구매, 조달, 자재 관리는 바츠(VAATZ)로 통한다. 바츠는 현대기아자동차 그리고 모비스, 오토에버, 현대위아 등 현대차 계열사뿐만 아니라 국내/외 2만여 개의 거의 모든 자동차 부품제조업체들을 연결하고 있는 구매 조달 및 SCM 관리 시스템의 공식 명칭이다. 기본적인 소모품부터 디지털 카메라 같은 소비재 그리고 자동차의 핵심 부품에 이르기까지 모든 자재에 대한 구매는 바츠를 통해 이뤄진다. 자동차 업계에서 일하는 사람이라면 누구나 알고 있고, 누구나 사용하는 '바츠'는 IT 시스템 명칭이 아닌 일반명사처럼 쓰인다.

현대차 Vaatz 시스템 초기 화면

2001년 처음으로 도입된 '바츠' 시스템은 원래 현대자동차의 소모성자재(MRO) 구매사이트로 출발했지만 지금은 현대·기아자동차 등 그룹 계열사와 협력업체를 망라하는 세계적인 규모의 전자 상거래 플랫폼이라고 해도 될 것이다. 해외 계열사 물량을 포함해 연간 40조 원 이상의 일반 제품과 전문 자동차 부품이 이 사이트에서 구매되고 있다.

현대차가 도요타, GM 등과 같은 세계적인 자동차회사와 경쟁하기 위해선 '바츠'와 같은 IT 시스템을 통해 실시간에 가깝게 글로벌 소싱과 현지 구매전략에 기반한 구매, 조달 업무가 차질 없이 이뤄져야 한다. 매년 되풀이되는 노사분규와 임금 상승으로 국내 자동차산업의 경쟁력이 떨어지고 있다는 우려가 높은 상황에서 그나마 '바츠' 시스템을 통한 구매혁신과 공급망 관리(SCM) 등을 완비하지 않았다면 현대기아 자동차그룹은 지금보다 빠르게 세계시장에서 경쟁력을 잃었을 지도 모른다.

이 즈음해서 실제로 현대기아자동차 바츠 기획팀 담당자의 언론 인터뷰를 통해 바츠에 관한 좀 더 상세한 내용을 알아보자.

현대기아자동차 바츠 기획팀의 담당 부장은 '바츠'를 개발하는 데 2년이라는 긴 시간이 걸린 이유를 다음과 같이 설명하였다.

우리는 현대기아자동차의 통합 전자상거래 시스템 구현을 위해 2년여 동안 기획, 마케팅, 협업 추진 업무를 포함한 업무팀을 운영했으며 2001년 5월 e-마켓플레이스(e-MarketPlace)와 e-프로큐어먼트(e-Procurement), e-카탈로그(e-Catalog)가 통합, 연계된 자동차 B2B 전자상거래 '바츠'를 오픈했습니다. 추가적으로 국내 첫 마켓플레이스와 프로큐어먼트의 통합 사례이자 가장 규모가 큰 전자상거래인 만큼 기획, 구현에 많은 시간과 노력이 소요됐습니다."

현대차 그룹이 바츠 시스템 설계 시에 가장 중점을 둔 부분은 크게 두 가지이다.

첫 번째는 구매, 조달, 자재 관리 프로세스가 전혀 다른 별도 법인인 현대차와 기아차 그리고 현대차 계열사들의 프로세스를 얼마나 효율적으로 통합하는가였다. 각 사의 구매, 조달, 총무 등 관련 부서 책임자와 TF팀이 모여 각 사의 프로세스 특징을 이해하고 최대한 좋은 점들을 바츠에 적용시키기 위해 수차례 워크숍을 진행했다고 한다.

당시 시스템 개발 업무 담당 부장은 "초기에 타사에 적대적이던 구성원들에게 서로의 프로세스를 이해시키고 장단점을 분석하여 상대방이 운영 중인 구매 프로세스의 장점들을 수용하도록 하는 과정은 매우 어렵고 오래 걸렸다. 그러나 충분한 논의 과정을 거쳤기 때문에 시스템 오픈 시 실제 업무에 적용하는 것이 오히려 수월했다"고 말했다.

두 번째는 실용적이고 현실적인 활용 방안의 마련이었다. 당시의 국내·외의 IT 트렌드는 B2B 마켓플레이스를 '반드시' 구현해야 할 필수 시스템처럼 거론되었다. 그러나 얼마 되지 않아 수많은 B2B 마켓플레이스들이 연이어 실패하면서 하루 아침에 꼭 필요한 필수 시스템에서 자칫 투자비만 날리는 애물단지 시스템이 될 것이라는 예측이 우세해졌다.

이와 같은 문제를 해결하기 위해 현대차는 폐쇄형(Private) 마켓플레이스 방식을 채택했다. 기업 내부와 계열사, 협력업체 간의 거래를 마켓플레이스 범위로 한정 짓고, 마켓플레이스를 새로운 수익 센터가 아닌 협력업체와의 결속을 다지는 '협의체'로 형태로 기획했다. 또 단순히 구매를 목적으로 해서는 안 된다고 판단해 구매와 조달, 재고관리, 수입, 결제 시스템을 바츠 내에 모두 통합하고, 그야말로 SCM(Supply Chain Management) 관리의 기능을 수행할 수 있도록 모든 시스템들과 연계했다.

"구매 거래의 투명성이 가장 표면적인 바츠의 이점이지만 구체적으로는 SCM이나 개발일정과의 연계를 통한 관리의 용이함이 더욱 큰 효과"라고 설명했다. 과거에는 이메일이나 웹을 통해 구매 신청을 한 뒤 협력업체에게 전화나 팩스로 업무를 전달하는 방식이었기 때문에 업무 중복이 많았지만 SCM과의 통합으로 이런 번거로움이 사라졌기 때문이다.

나는 지금까지 현대차 기술연구소, 현대 위아, 현대 다이모스 등의 기업에서 구매전략 컨설팅, 시스템 설계, 구매 수준 진단 업무를 경험해 보았다.

이러한 과정에서 나는 '바츠' 시스템은 단순히 IT 시스템이 아니라 현대차 내부의 구매혁신의 구심점이자 모든 구매의 표준 프로세스를 담고 있는 하나의 정책이라는 느낌을 강하게 받았다. 현대자동차그룹은 모든 전략적 구매혁신의 역량을 '바츠'라는 시스템을 통해 모일 수 있도록 하고 이렇게 모여진 역량은 또다시 바츠를 개선하고 강화하는데 사용되었다. 이러한 '바츠'시스템의 도입과 운영은 내·외부적으로 현대차의 구매 선진화와 전략적 구매혁신에 가장 큰 기여를 했음을 누구나 인정하고 있다. '바츠'의 도입에서 시작하여 지속적인 업그레이드를 통해 현대차그룹의 원가 경쟁력과 공급사 관리의 경쟁력을 세계 최고의 수준까지 끌어올렸으며, 부품 구매 시 거래 투명성은 높아졌고 납기 단축, 물류 관리의 효율성 또한 비약적으로 개선되었다.

이렇게 바츠 시스템을 중심으로 전략적 구매혁신을 전개하며 승승장구해 오던 현대차그룹은 앞에서 살펴본 것과 같이 미국 중심의 새로운 공급망 체계를 구축하고 전 세계를 대상으로 Top3의 자동차 메이커로서의 우월적 지위를 더욱 튼튼히 하기 위해 모든 역량을 집중하고 있다.

나는 현대차 그룹의 미국 중심의 공급망 체계 개편을 응원한다. 점점 더 치열해지는 전 세계 자동차 산업 전쟁에서 승리하기 위해서는 당연히 자동차 산업의 심장인 미국에 최대의 투자를 통해 최대의 효과를 달성하는 것은 당연하다. 다만 제조강국 한국의 본진에 해당하는 우리나라의 제조업 공동화를 막을 수 있는 전략도 함께 고민해 주기를 바란다.

6 우리 회사도 구매혁신이 필요한가?

앞서 소개한 바와 같이 삼성, LG, 현대차와 같은 대기업 및 그 계열사들은 2000년부터 2015년 정도까지 전략적 구매혁신을 통해 구매 부서의 업무 역량과 구매 관련 IT 시스템의 수준을 집중적으로 높여왔다.

이 책을 읽고 있는 독자들 중 위에서 거론된 기업 이외의 중견·중소 기업의 구매 부서에 일하고 있는 분들은 이런 의문을 가질 것이다.

첫째, 우리 회사도 전략적 구매혁신의 도입이 필요한 걸까?

둘째, 우리 회사의 구매역량 수준은 현재 어느 수준일까?

첫 번째 물음에 답을 하자면, 해당 회사의 생산품목 특성과 공급업체 시장의 현실 등 수많은 변수들을 종합적으로 고려해야 답변이 가능할 것이다. 그러나 너무도 많은 변수들을 고려하다 보면 고민만 길어질 뿐 쉽게 답할 수 없다. 그 이유는 수많은 회사들 각각의 업의 특성과 구매 특성이 다르기 때문에 공통적으로 통용되는 하나의 기준을 제시하기가 어렵다.

그래서 이 책에서는 비교적 간단하게 기업의 연간 구매금액 규모와 제조원가 비율을 기준으로 간단하게 그 답을 제시하고자 한다.

일단 일반적으로 서비스업보다는 IT 부품 사업, 기계 제조업 기준으로 제조원가의 비율이 70% 수준이거나 그 이상이고 연간 매출 규모가 3,000억 원 이상의 수준이라면 전략적 구매혁신을 통한 구매 효율화가 필요하다고 하겠다.

그 이유는 통상적으로 전략적 구매혁신을 통해 달성 할 수 있는 정량적 기대 효과가 보수적 기준으로 연간 구매 금액의 3~5% 또는 낙관적 기대수준으로 5~10% 수준으로 계산되기 때문이다. 전략적 구매혁신을 기업 내에 제대로 적용하기 위해서는 외부 전문가에 의한 컨설팅 비용도 발생하고, 이를 지원해 줄 수 있는 구매시스템의 도입 비용이 필요하다. 따라서 전략적 구매혁신의 효과가 적어도 이러한 투입 비용보다는 큰 효과가 보장되어야 하기 때문에 적어도 나는 연간 매출규모 3,000억 이상이라는 기준을 제시하고자 한다.

이러한 근거로 내가 최근에 컨설팅을 진행했던 반도체 장비 업체의 'A사'의 경우를 참고했다. 삼성전자에 반도체 검사 장비를 납품하는 해당 기업은 일단 매출 3,000~4,000억 수준에 도달했을 때 구매 및 공급사 관리에 대한 부분이 엄청나게 큰 문제에 부딪혔다. 이러한 이슈들을 극복하기 위해 전략적 구매혁신을 적용하고 구매 시스템을 도입 운영하기 시작했고 결국 이를 극복한 이후에 매출 5,000억, 1조를 추가적으로 달성하고 이제 더 높은 목표를 향해 달려가고 있다.

두 번째 물음의 답은 좀 더 쉽고 명확하게 결론지을 수 있다. 개별 기업들의 구매부서 역량을 객관적으로 평가하기 위하여 구매 분야의 전문 컨설팅 기업인 A.T. Kearney 컨설팅 그룹과 IBM에서는 "구매역량 진단"이라는 개념을 정의하고 정량적 평가지표를 만들어서 활용하고 있다.

해당 기업의 구매부서에 대한 역량을 객관적으로 평가하기 위해 5가지 주제 영역별로 약 50~60여 개의 평가 항목을 5점 만점 기준으로 평가하도록 질문이 구성되어 있다.

1) 구매전략의 수립과 실행

2) 구매 부서의 조직 구성과 내부 역량

3) 구매 업무 프로세스 관리 수준

4) 구매 공급사 관리 수준

5) 구매 지원 IT 시스템 도입 수준

이러한 구매역량 진단이 가지는 의의는 현재 우리 회사의 구매 수준에 대한 정확한 파악과 전사 구매혁신에 대한 공감대를 형성할 수 있는 자료로 활용 가능하다.

기업 구매역량 수준 진단 및 파악

구매역량 진단 Framework

구매역량 진단 방식

- 대상 : 기업 내 구매담당자 대상
- 방법 : 성숙도 진단 Tool-Kit (평가표 활용)
- 결과활용 : 선진기업 대비 Gap 분석을 통해 구매 부문의 취약점, 개선 방향성 수립

구매 수준 진단 결과 Framework

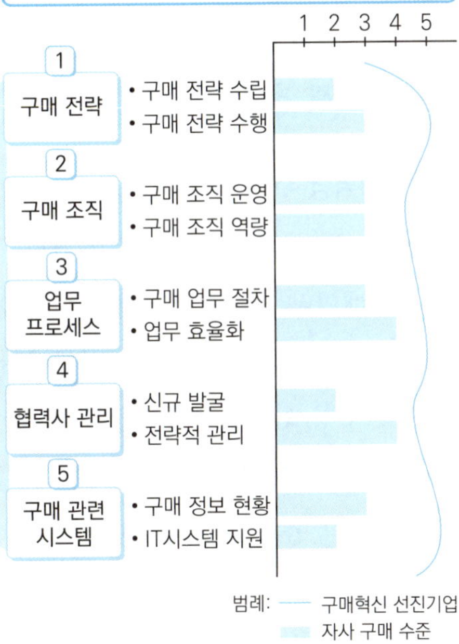

출처: 엠로 사내 교육자료.

구매 역량 진단 시에는 선진기업과의 구매 수준에 대한 GAP분석을 통해서 우리 회사가 달성하고자 하는 구매혁신의 목표로도 이용할 수 있다. 일반적인 기업들의 구매역량 평가결과는 2.0~3.0 사이로 나타난다. 상대적으로 구매 분야에 있어서 많은 노력을 기울이고 있고 경쟁력을 확보한 삼성, LG, 현대차의 경우 3.0 이상의 점수를 보인다.

실제로 나를 포함한 많은 구매 컨설턴트들은 기업들의 구매혁신 전략 수립 시에 이러한 평가 지표를 적극적으로 활용하고 있다. 평가 결과는 해당 기업 구매부서의 역량 개선과 취약점을 보완하는 데 있어서 매우 유용하게 사용된다.

7 구매역량 수준 자체 평가

1) 구매역량 수준 자체 평가표

앞에서 설명한 바와 같이 구매 컨설턴트들은 짧은 기간 동안 해당 기업의 구매역량수준을 객관적으로 평가하기 위해서 구매역량 진단 평가표를 이용한다. 구매혁신 컨설팅에서 자주 활용되는 구매역량 수준 진단표의 상세한 50여 개 평가항목들 중에서도 핵심적인 항목들 7개만 골라 <구매역량 Self 진단표>를 만들어 보았다.

독자 여러분들도 본인이 몸담고 있는 기업의 구매역량과 구매부서의 경쟁력에 대해 객관적으로 판단해 보고 싶다면 아래의 평가를 진행해 보고 Total 평균 점수를 확인해 본다면 구매역량 수준 판단에 도움이 될 것이다.

참고로 대부분의 대기업들은 평균 2.5~3.0점 수준에 위치하며 글로벌 수준에 도달한 국내 업체들이 3.0점 이상의 수준을 나타내며 구매 부문의 최고 수준의 기업들은 4.0 수준의 결과를 보인다.

◉ 구매역량 Self 진단표

평가항목	평가배점	평가점수
1. 기업 내 구매전략 수립의 적용 수준에 대한 평가	**5점**	
2. 구매전략 실행과 구매 성과 관리에 대한 평가	**5점**	
3. 기업 내 구매 조직의 구성과 R&R과 관련된 평가	**5점**	
4. 기업 내 구매 조직의 역량 수준에 관한 평가	**5점**	
5. 표준화된 구매 프로세스에 대한 운영 여부	**5점**	
6. 공급사 관리 및 육성/지원 수준에 대한 평가	**5점**	
평가 결과 Total 평균		

◉ 구매전략의 수립과 실행 수준(5점 만점)

1. 기업 내 구매전략 수립의 적용 수준에 대한 평가	
1점	회사 내에 모든 구성원들과 공유되는 구매전략이 존재하지 않는다.
2점	구매전략은 존재하나 실행을 위한 부서 단위 상세 내용 정의가 미흡하다.
3점	구매전략과 그에 따른 부서별 실행 내용과 목표가 상세히 정의되어 있다.
4점	구매전략에 따른 부서별 실행 결과가 정기적으로 보고/공유된다.
5점	구매전략과 실행 결과를 바탕으로 매년 새로운 구매전략을 수립한다.

	2. 구매전략 실행과 구매성과 관리에 대한 평가
1점	구매성과에 대한 측정 체계가 없다. (원가절감률, 공급사 관리 수준 등)
2점	구매성과에 대한 측정 체계는 있으나 실제 운영되지는 않는다.
3점	구매성과 측정 체계가 있으나 부서 단위 또는 개인까지 적용되지 않는다.
4점	구매성과 측정기준이 부서 단위, 개인 단위까지 체계적으로 적용되고 있다.
5점	구매성과 측정 기준이 부서 단위, 개인 단위까지 체계적으로 적용되어 있으며 비용 절감 이외의 다양한 지표로 관리되고 있다.

◉ 구매 조직의 구성과 역량 수준(5점 만점)

	3. 기업 내 구매 조직의 구성과 R&R과 관련된 평가
1점	구매 조직이 분화되어 있지 않으며 주로 단순 조달 및 계약업무 중심이다.
2점	구매 조직이 분화되어 있지만 조달 및 납기 중심의 관리 업무만 한다.
3점	구매 업무와 구매 전략 업무가 구분되어 있어 소싱 & 기획업무를 수행한다.
4점	조달/개발 구매, 구매 기획의 구분이 명확하고 역할별 업무를 수행한다.
5점	구매 조직이 분화되어 있을 뿐만 아니라 구매전략 수립, 공급사 관리 전략 기획이나 구매혁신을 위해 Cross Functional 조직까지 구성되어 있다.
	4. 기업 내 구매 조직의 역량 수준에 관한 평가
1점	구매 품목특성, 기술동향, 공급시장에 대한 고민/지식이 거의 없는 상태
2점	품목특성, 기술동향, 공급시장에 대한 지식은 있으나 응용하지 못하는 상태
3점	위 3가지 지식을 이해하고 있으며, 이를 실제 구매에 활용하고 있는 상태

4점	위 3가지 지식을 지속적으로 분석하고 구매뿐만 아닌 전사 공유되는 상태
5점	위 3가지 지식이 기업 내부뿐만 아니라 공급사에게까지 공유되고 이를 바탕으로 구매혁신을 위해 활용되는 상태

◉ 구매 절차 및 업체 선정 프로세스 수준(5점 만점)

5. 표준화된 구매 프로세스에 대한 운영 여부	
1점	구매 품목 분류에 관계없이 대부분 최저가격 중심으로 구매가 이뤄진다.
2점	품목 분류에 따라 업체선정, 가격책정, 물량배정 등 구매업무가 달라진다.
3점	품목 분류에 따른 업체 선정, 가격 책정, 물량 배정 등의 최소한의 내용이 구매 업무 표준 프로세스와 사규로 정의되어 있다.
4점	업체 선정 등 이외에 공급사 관리/평가 제제 등의 구매 전반에 대한 업무와 공급사 관리 프로세스의 내용이 명확하고, 다양하게 사규로 정의되어 있다.
5점	사규 준수는 물론 전략적 관점에서 업체 선정, 물량 배정이 탄력적으로 적용될 수 있도록 유연한 구매 프로세스가 표준화/세분화되어 있다.

◉ 공급사 관리 및 육성/지원 수준(5점 만점)

6. 공급사 관리 및 육성/지원 수준에 대한 평가	
1점	공급사에 대한 상생이나 지원/육성이 전혀 없다.
2점	상생 구호와 육성에 대한 인식은 있으나 이를 실행하는 구체적 방안이 없다.
3점	공급사에 대한 지원/육성이 일부 이뤄지고 있으나 상생 차원의 내용은 아니다.

4점	공급사와의 상생협력을 전담하는 부서가 존재하며 연간 단위로 상생 및 육성/지원을 위한 프로그램이 운영된다.
5점	중장기 비즈니스 전략과 연계하여 상생뿐만 아니라 해외 동반 진출, 계열사 편입, M&A 등의 공급사에 대한 전략적 관리가 적용되고 있다.

◉ **구매 부문 IT 시스템 도입 수준**(5점 만점)

7. 공급사 관리 및 육성/지원 수준에 대한 평가	
1점	ERP가 없으며 구매, 계약, 업체 선정업무는 모두 수작업으로 진행한다.
2점	ERP가 있지만 재무분야에만 쓰이고 구매, 계약부문은 수작업으로 진행한다.
3점	ERP를 통해 구매요청(PR), 구매발주(PO)가 관리되며 시스템화되어 있다.
4점	ERP 이외에 별도의 전용 구매 시스템을 통해 구매 업무 전반이 관리된다.
5점	별도의 구매 시스템 이외에 구매 분석, 업체 평가 및 관리 등 공급망(SCM) 전체를 관리할 수 있는 IT 시스템이 도입되어 있다.

2) 구매역량 진단 결과 및 구매부서 역량 수준

1) Value Creator: 자체평가 결과 4.0점 이상~5.0점

- 공급시장과 지속적 연계를 통해 가치창출자의 역할(월드 클래스 기업)

2) Supply Integrator: 자체평가 결과 3.0점 이상~4.0점 미만

- 공급사들을 통합 관리하는 관계 관리자의 역할(선도 기업 수준)

3) Spend Manager: 자체평가 결과 2.0점 이상~3.0점 미만

- 전사의 모든 비용과 지출을 관리하는 관리자의 역할(일반 기업 수준)

4) **Purchasing Agent:** 자체평가 결과 1.0점 이상~2.0점 미만

- PO 발행 및 계약 중심의 구매 행정 담당자의 역할

5) **Intermediator:** 자체 평가 결과 1.0 이하

- 생산부서와 공급사 간 납기 및 조달 관리자의 역할

구매 혁신 단계별 역량 수준

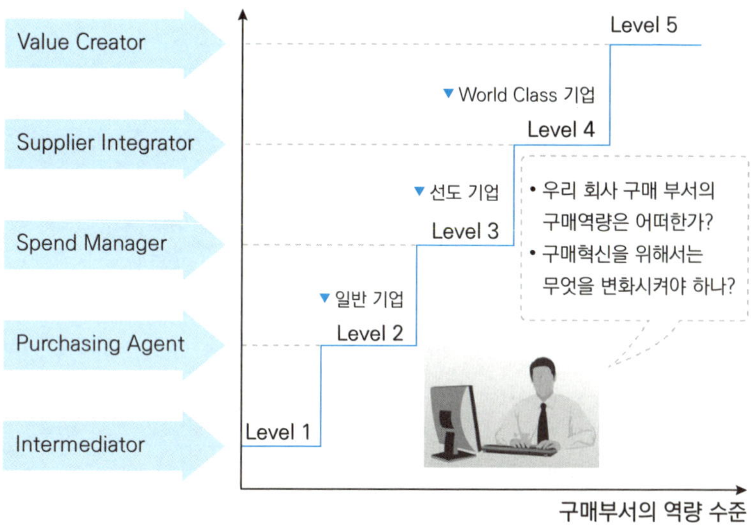

출처: IBM 제안 자료.

CHAPTER 03

전략구매의 기획과 실행은 어떻게 하는가?

1. 전략구매란 무엇인가?
2. 전략구매의 기획과 단계별 수행 절차
3. 전략구매 대상 품목군 선정하기
4. 전략구매를 위한 내부 현황 분석하기
5. 전략구매를 위한 외부 현황 분석하기
6. 전략구매의 적용 방향성 수립하기
7. 전략구매의 적용과 실행하기
8. 전략구매를 실행하면 정말 돈이 되나?

BUY

CHAPTER 03

전략구매의 기획과 실행은 어떻게 하는가?

1 전략구매란 무엇인가?

나는 앞에서 밝힌 바와 같이 LG 인화원에 개설된 구매전문가 교육 담당자와의 인연을 시작으로 구매혁신 및 전략구매 관련된 강의를 2012년부터 매년 해오고 있다. 그 교육과정 강의 초반부에는 항상 "전략"이라는 단어와 "구매"라는 단어가 어떻게 연결되는지 그리고 각각의 단어는 기업의 입장에서 어떻게 해석되는지에 대해 알기 쉽게 설명하는 시간을 가진다. 이 책에서도 전략구매란 무엇인가를 설명하기에 앞서서 먼저 "전략"이란 어떻게 설명되는지 간략히 적어보고자 한다.

2012년 출간된 책의 제목의 내용을 인용하자면 사실 세상의 모든 전략은 전쟁에서 탄생했다고 전해진다. 제한된 자원, 제한된 시간, 특정한 장소에서 상대방과의 전투에서 "반드시 이겨야 한다는 고민과 그

절박함에서 나온 해결방안이 바로 전략이다"라고 하겠다. 이렇게 전쟁에서 탄생한 전략은 기업 운영에서는 어떻게 해석되고 또한 구매 분야에서는 어떻게 해석되고 적용되는지에 대한 이해가 먼저 필요하다.

나는 기업에서의 전략에 대한 정의를 알아보고자 경영/경제 석학들의 주장 또는 다양한 정의들을 검토해 보았다. 그중에 개인적으로 아래의 3가지 표현이 가장 마음에 들었다. (원문 그대로의 이해를 위해 번역은 생략한다.)

1. Strategy is the creation of a unique and valuable *position* and making trade-offs in competing. - Porter: 1996
2. Strategy is an integrated *plan* of action for achieving the basic *objectives & rules* of the enterprise. - Glueck: 1980
3. Strategy is a pattern of *resource allocation* that enables firms to improve their performance. - Barney: 1997

하버드대학 경영학과 교수이며 세계적인 경영학 석학인 마이클 포터 교수의 정의인 첫 번째 내용이 가장 정확한 정의라고 생각되며, 구매 부서의 관점에서 보자면 세 번째 정의에 해당하는 내용이 가장 적절하다고 판단된다.

마이클 포터 교수의 기업 전략에 관한 내용을 좀 더 풀어 보자. 전쟁의 관점에서 보면 "전략"은 요새를 구축하고 유리한 위치를 선점하고 적들에게 빼앗기지 않도록 방어하는 것이라 하겠다. 이를 기업의 언어로 해석해 보면 매력적인 시장을 찾아내고, 찾아낸 시장에서 선도적인 위치 또는 독점적인 지위를 획득하고 이를 지속적으로 유지하면서 많은 수익을 거두는 것이라 하겠다. 이것을 다시 구매의 관점에서 풀어보면 우리 회사의 경쟁력 있는 제품 또는 서비스를 만들기 위해서 최고의 공급자를 경쟁회사보다 빨리 찾아내고 상호 협력적 관계를 유지하면서 시장에서 유리한 위치를 선점하는 것이라고 하겠다. 그리고 많은 수익을 내기 위해서는 원가절감을 통해 이익을 증대시켜 나가는 것이라 하겠다. 이렇게 생각해 보면 전쟁의 전략 = 기업의 전략 = 구매의 전략이 하나의 큰 흐름으로 이해될 수 있을 것이다.

다음으로 이해하고 넘어가야 하는 정의는 구매 현업 담당자분들뿐만 아니라 컨설턴트들도 자주 헷갈리는 "전략구매"와 "구매전략"의 구분이 되겠다. 가장 쉽게 설명하자면 "구매전략"이 가장 큰 범위의 주제이며 "전략구매"는 여러 가지 구매전략 중에서 한 부분을 차지한다고 이해하면 좋을 것이다.

전략구매

그럼 이제 본격적으로 전략구매에 대해서 알아보자. 일단 '전략구매'라는 단어의 정의부터 이해해 보자면 "Strategic + Sourcing(Procurement)"의 조합이다.

Strategic

기업의 성장과 혁신을 위한 새로운 경쟁 원천 창출을 목적으로 하는 계획적이고 의도된 활동을 의미한다.

Sourcing(Procurement)

전략적 경쟁 원천의 확보 및 유지를 위한 능동적이고 체계적인 활동으로 공급시장을 분석하고, 소싱 전략을 개발하고, 구매전략을 실행 및 사후 관리까지 하는 모든 일련의 활동이라 하겠다.

이렇게 두 단어가 합쳐져서 만들어진 단어가 전략구매(Strategic Sourcing)이다. 이를 좀 더 쉽게 설명해 보자면 기업의 성장과 혁신을 위해서 구매 관점에서 차별적인 경쟁 원천(Source)을 확보하는 모든 활동이라고 할 수 있으며, 우리 회사가 처해 있는 내·외부 상황과 환경을 고려하여 최적의 공급사를 빨리 확보하고 이를 체계적으로 관리하는 프로세스라고 하겠다.

사실 컨설턴트인 나도 이렇게 "전략구매"의 사전적 의미를 적어는 두었지만 초보 컨설턴트 시절을 떠올리면 한 번에 이해하지는 못했다. 하지만 문제될 것은 전혀 없다. 우리가 이미 중, 고등학교 때 경험한 것처럼 시험에 나오는 것이 아니면 굳이 심각하게 생각하거나 외울 필요가 없다. 여러분들도 "아하! 이런 깊은 뜻이 있구나!" 하는 정도로만 이해해도 구매혁신 실행에는 전혀 지장이 없다는 걸 밝힌다.

구매방식의 비교 - 전통적 구매

전략적 구매 방식과 상대되는 개념의 전통적인 구매 방식은 기본적으로 공급사간의 경쟁을 전제로 한 최저가 낙찰제 방식을 적용하고 있다. 이는 가장 손쉬운 원가 절감의 방법으로 공급업체들로부터 최저가격으로 자재들을 적기에 안정적으로 공급받도록 하는 것이 구매팀의 기본적인 접근 방식이다. 이러한 방식을 통해서 공급사들로부터 적정한 품질의 제품을 적기에 안정적으로 공급받도록 노력하는 것이 구매의 최종 목표가 된다. 이러한 전통적 구매 방식은 단기적 관점에서 원가절감을 달성하여 구매부서 또는 구매팀 개별의 절감 목표를 맞추는 업무들을 중점적으로 수행한다. 이는 예전부터 종종 비유되던 마른 수건도 다시 짜는 방식이라고 하겠다. 이러한 방식은 원가절감 목표를 수립하고 이를 실행하기에 모기업의 입장에서는 가장 손쉬운 방법에 해당하나 공급업체의 입장에서는 상황에 따라서 불리하거나 손해를 감수하고도 공급해야 하는 비효율이 발생할 존재하는 방식이라 하겠다.

전통적 구매 vs. 전략적 구매 개념 비교

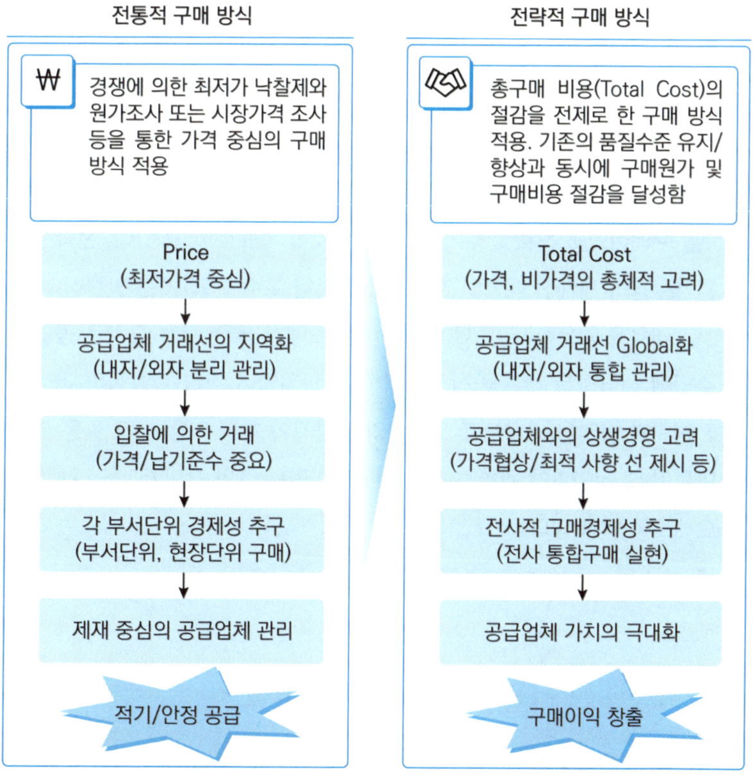

출처: 엠로 사내교육자료.

구매방식의 비교 - 전략적 구매

상대적으로 전략 구매는 장기적 관점의 총구매 비용(Total Cost)에 대한 이해와 고려를 바탕으로 구매방식을 결정하고 활용한다. 이를 위해서는 단순한 구매 비용절감의 목표를 넘어 공급업체들과 상생하고 가치를 극대화하기 위한 접근방식이 반드시 필요하게 된다. 단순한 가격 요소뿐만 아니라 품질, 환경, 윤리경영 및 상생경영과 같은 다양한 비가격 요소들까지 고려하여 전략적으로 구매 의사결정을 하게 되는 것이다. 앞에서 설명한 전통적 구매방식이 협의의 목표에 해당하는 구매부서 또는 구매팀의 목표달성에 집중했다고 한 반면, 전략적 구매 방식은 전사의 목표뿐만 아니라 공급망 전체에 대한 이로움과 불리함 등을 모두 고려하여 구매하는 방식이라 하겠다.

이러한 전략적 구매 방식은 원자재, 부품을 사들이는 모기업의 이익뿐만 아니라 궁극적으로는 공급업체의 효율화와 그 가치를 극대화하여 상호 신뢰를 바탕을 구매이익을 창출할 수 있도록 하는 것을 목표로 하고 있다. 전략구매와 원가절감의 세계적 대가인 지미 앵클세리아 교수가 2016년 방한하여 강의했던 내용을 인용하자면, 제대로 된 전략구매를 통한 원가 절감은 공급사의 수익에 해당하는 부분을 삭감해서 이를 모기업이 취하는 방식이 아니라 상호 신뢰와 협업을 바탕으로 모기업과 공급사가 함께 어떻게 더 높은 가치를 만들어 낼 것인가에 관한 고민의 결과물이라는 그의 강의가 나의 기억 속에 오래도록 남아 있다.

2 전략구매의 기획과 단계별 수행 절차

독자 여러분들이 구매 관련 자격증에 도전 중이거나 사내 승진 등을 준비하는 과정이 아니라면 앞서 설명한 전략구매의 정의나 목표 등은 잊어도 된다. 오히려 지금 설명하고자 하는 구매전략의 기획과 실행 절차에 대해서는 반복적으로 내용을 읽어 보고 충분히 이해한 후에 독자 여러분들의 회사 내부에서 실제 구매업무에 적용해 보는 것이 무엇보다 중요하다.

전략구매를 수행하는 단계는 크게 2가지 단계로 나뉜다.

1단계: 구매 품목단위별로 전략 특성을 분석하고 전략 방향을 수립하는 단계

2단계: 전략 포지션별 구매 대응 방안 수립 및 실제 구매 적용 단계

또한 각각의 단계별로는 아래와 같은 상세 업무 절차를 거친다.

전략구매 수행 단계

I. 대상 품목군 선정 및 내·외부 현황분석 단계			II. 전략 구매 방향 수립 및 적용 단계	
전략구매 적용 품목군 선정	내부 현황 분석	외부 현황 분석	전략구매 적용 방향성 수립	구매 전략 개발 및 적용
• 전략구매 적용의 용이성, 기대 효과를 바탕으로 전략구매 적용 품목군 선정	• 대상 품목군에 대한 구매규모, Cost 분석 • 구매 프로세스 및 구매 이슈 분석	• 대상 품목군에 대한 시장 현황 분석 • 공급업체들의 분류 및 공급 특성 분석	• 대상 품목군에 대한 시장 현황 분석 • 공급업체들의 분류 및 공급 특성 분석	• 대상 품목군에 대한 시장 현황 분석 • 공급업체들의 분류 및 공급 특성 분석

출처: 엠로 사내교육자료.

단계적 내용을 보면 알겠지만 1단계 전략 방향을 수립하는 단계에서 여러 가지 전략 수립 단계에 사용되는 각종 분석 절차를 거쳐서 구매전략 방향을 수립하는 업무가 완료된다. 2단계 절차는 기존의 구매

부서에서 진행하고 있는 것처럼 업체를 선정하고 협상 및 계약을 거쳐서 지속적인 사후관리를 하는 절차를 거치는 업무들로 구성되어 있다. 따라서 이 책에서는 2단계의 실제 구매업무 적용에 대한 내용을 설명하는 것은 생략하도록 한다. 오히려 전략적 기획의 업무에 해당하는 1단계에서 진행되는 전략 기획 업무의 내용들을 상세하게 알아보도록 하겠다.

구매전략방향 수립을 위해서는 다음의 5가지 절차를 진행한다. 각 절차별 상세 진행 업무의 대략적인 내용을 간략히 설명하면 다음과 같다.

1) 전략구매 적용 품목(군) 선정

일반적으로 기업들은 무수히 많은 원자재, 부품, 공사, Service들을 구매한다. 이러한 다양한 자재와 부품들을 모두 전략구매를 통해서 원가절감의 대상으로 삼는 것은 바람직하지 않다. 따라서 전략구매 수립의 가장 첫 단계는 우리 회사가 구매하고 있는 자재(품목)들 중에서 과연 어떤 것을 전략구매를 통해서 보다 전략적으로 구매할 것인지를 결정하는 단계라고 보면 되겠다. 이러한 업무를 진행하기 위해서는 기본적으로 비용분석(Spend Analysis)이라는 과정을 거친다.

2) 내부 현황 분석

내부 현황 분석은 현재 구매하고 있는 품목에 대한 현황 분석과 이슈분석 두가지에 대한 상세 분석을 의미한다. 어렵게 생각할 필요 없이 어떤 자재를 주로 구매하는가? 어떤 가격으로 얼마나 자주 구매하는가? 어떤 공급사로부터 구매하는가? 등에 관한 것을 Data 기반으로 파악하고 분석하는 것이라고 보면 된다.

3) 외부 현황(공급시장) 분석

공급시장에 대한 분석은 선정된 구매 품목에 대한 산업적 특성이나 시장의 특성 그리고 공급사들의 상황들에 관한 것들을 분석해 보는 것이다. 구매하고 있는 품목의 산업구조와 관련 규제 또는 법규, 기술 현황을 분석하고 시장에 어떤 공급자들이 존재하며 제품 품질, 브랜드 인지도 등이 어떠한지에 대한 부분을 상세히 분석하는 것이 이에 해당한다.

4) 전략구매 적용 방향성 수립

구매대상 품목군에 대한 전략적 중요도를 분석하는 업무로서 이것을 진행할 때 많은 컨설턴트들은 Kraljick's Cube라고 하는 품목군 전략 특성 매트릭스를 툴을 이용해서 분석하는 것이 일반적이다. 이것은 해당 품목군의 중요도에 대해서 객관적 분석을 통해서 정확한 포지셔닝, 즉 중요도의 위치를 4개의 사분면에 위치시켜봄으로써 좀 더 객관적으로 품목의 중요도를 결정한다.

5) 구매 전략 개발 및 적용

앞에 4번의 절차에서 구매품목군 기준으로 중요도가 확정이 되면 그 중요도에 따라서 전략품목, 경쟁품목, 안전품목, 일반품목의 분류에 따라서 어떤 방식으로 전략적으로 구매 및 원가절감을 실현할 것인지를 상세히 기술한다. 그 이후에 이를 바탕으로 업체 선정, 계약을 갱

신하는 일이라고 이해하면 되겠다.

실제로 컨설턴트들이 기업에 대한 구매혁신 프로젝트를 수행할 때 위에 설명한 5가지의 단계를 거치는 것이 일반적이다. 물론 해당 기업의 특성 또는 컨설팅 프로젝트의 목적 등에 따라 약간의 차이는 있을 수 있다. 물론 글로 읽고 있는 독자 여러분들이 위의 내용들을 글로 된 설명만을 읽고 이를 곧바로 구매업무에 적용하기는 쉽지 않을 것이다.

따라서 나는 다음부터 설명하는 내용에서 이러한 구매전략을 수립하고 활용하는 데 있어서 기본적인 개념에 대한 내용을 좀 더 심도 깊게 알아보고, 보다 쉽게 이해할 수 있도록 가상의 식자재 및 급식 전문 회사를 모델로 활용하여 가능한 최대한 쉽게 설명해 보도록 하겠다.

3 전략구매 대상 품목군 선정하기

앞서 설명한 삼성, LG, 현대차의 경우 전자 및 자동차 제조 기업에 해당한다. 따라서 전략구매에 제대로 알고자 한다면 전자 산업, 자동차 산업의 사례를 바탕으로 한다면 가장 좋을 것이다. 하지만 이 책에서는 보다 많은 사람들이 전략구매와 구매혁신에 관한 이해를 쉽게 할 수 있도록 가상의 식자재 및 급식전문 회사를 모델로 선정했다. 이후부터는 이 가상의 회사를 바탕으로 전략구매의 품목군을 어떻게 선정하는지에 대한 사례를 설명하고자 한다. 식자재 및 급식회사를 모델로 한 것은 누구나 쉽게 이해할 수 있는 식품류를 대상으로 설명하면 구매업무를 경험해 보지 못한 독자들도 쉽게 이해될 것이라는 바람 때문이다. 그리고 개인적으로 학창시절을 돌아보면 먹는 걸로 설명하면 쉽게 이해되던 개인적인 경험 때문이기도 하다. (책에 기술된 회사명, 각종 Data는 가상의 내용임) 가상의 급식전문 회사는 가공식품과 식재료, 육류와 곡물 등을 대규모로 구매하고 있을 것이다. 이러한 상황에서 과연 어떤 자재를 전략구매의 대상으로 할 것인가에 대한 객관적 기준이 필요하다. 이를 위해 구매혁신 컨설팅에서는 아래와 같은 분석 절차를 거치도록 되어 있다.

1) 구매 자재 비용분석(Spend Analysis)

최근 3개년간 입고된 품목들의 금액 수준을 확인한 후에 적정 금액 수준 이상이 되는 금액을 기준점으로 잡는다. 예시로 든 급식회사의 경우 1년간 1억 원 이상의 금액으로 구매(입고)가 된 금액을 기준으로 1차 선정기준을 잡는다. 이렇게 하면 자주 사용되고 있고 구매원가 절감 기회가 높은 품목들 중심으로 대상을 좁힐 수 있다. 비용분석(Spend Analysis) 자체는 별로 어려운 업무가 아니다. 또한 모든 기업들은 기본적으로 비용분석을 실시하고 있을 것이다. 따라서 이 책에서 비용분석을 깊이 있게 설명하지는 않도록 하겠다. 구매하고 있는 자재들을 연간구매 금액 기준으로 1순위부터 순차적으로 나열해 보는 것 만으로도 기본적인 비용분석을 한 것으로 볼 수 있다.

비용분석은 집안에서 가계부를 쓰는 것처럼 회사의 모든 비용을 잘 분석하면 된다. 물론 가계부를 쓰는 것과 기업의 비용분석을 하는 것은 다른 차원의 일이지만, 기업의 비용분석은 단순히 쓴 돈을 분석하는 수준이 아니라 기업의 예산이 효율적으로 집행되었는지를 상세하게 분석하는 것이 핵심이다. 구매혁신 컨설턴트인 나의 경험을 비추어 보면 기업에서 비용분석은 좀 더 비중 있게 다뤄져야 한다고 생각한다. 구매 담당자들이 좀 더 열정을 가지고 비용분석을 진행한다면 분석된 Data들에 관해 다양한 해석이 가능해진다. 또 이러한 다양한 해석을 통해 기존에 몰랐던 원가절감의 기회를 찾는 것이 중요하다.

2) 실행 용이성 및 기대효과 기준으로 선정 기준 마련

이제 실행용이성과 기대효과를 기준으로 다시 한번 대상 품목을 선정해보자.

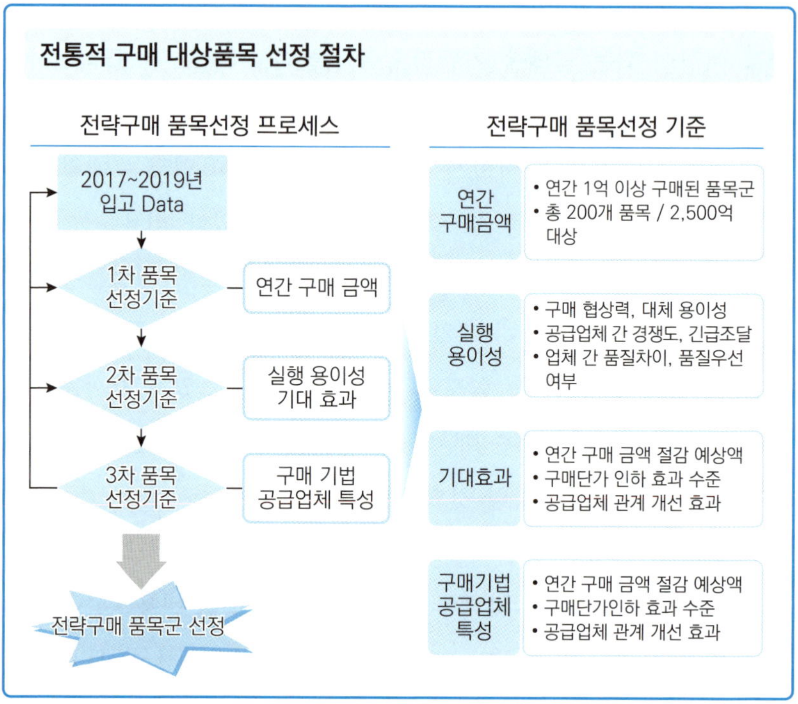

실행용이성은 구매원가 절감을 적용하기가 쉬운 품목 여부라고 할 수 있다. 해당 품목을 쉽게 대체할 수 있거나 시장에 공급자들이 많은 경우, 품목이 매우 표준화되어 있어 업체 간 경쟁을 통해서 가격 인하를 단행하기 쉬운 경우가 이에 해당한다. 기대효과는 당연히 해당 품목을 전략구매를 통해서 구매원가 절감을 했을 때 얼마나 효과를 누릴 수 있는가 고려하면 되겠다.

3) 전략구매 대상 선정 및 실행 우선 순위 체크

이렇게 전략구매 대상 품목에 대한 선정이 어느 정도 정리되었으면 앞에서 체크했던 실행용이성과 실행 기대효과를 매트릭스 방식으로 나타내어 어떤 품목을 우선적으로 전략구매에 적용할 것인지를 정확히 나누는 절차를 가진다. 급식업체의 구매 품목에 대한 분석 결과를 바탕으로 한다면 연간 구매 금액이 크고 또한 반복적으로 구매가 되는 김치, 소시지, 돈까스 등 가공육, 만두, 식용유 등이 있다고 가정해 보자. 그리고 이 품목들의 실행용이성과 기대 효과 등을 고려한다면 구매전략 우선 순위에 따라서 가장 중요한 1단계 적용 품목에서부터 상대적으로 덜 중요한 4단계 품목으로 분류할 수 있겠다. 독자 여러분들도 현재 회사에서 구매하고 있는 품목들을 다음에 설명하는 Matrix 형태로 나타내 보기를 권장한다. 이렇게 시각적으로 표현해 보면 전략구매를 적용해야 할 대상 품목군을 쉽게 판별할 수 있다.

식품회사 전략구매 대상품목 선정 예시

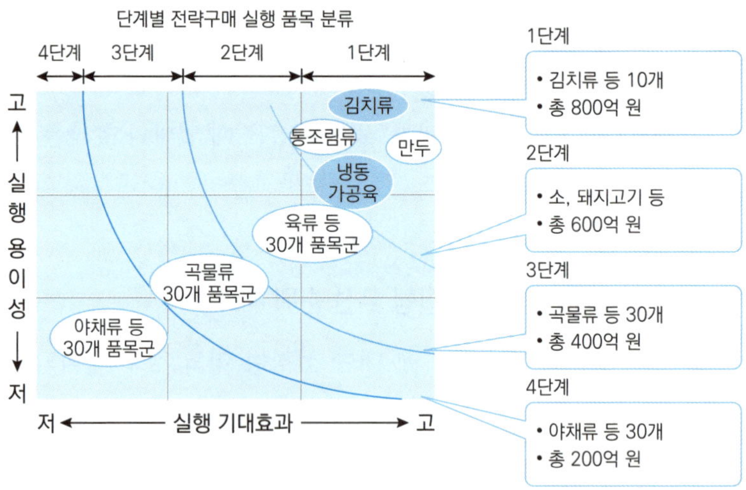

4) 전략구매 실행 대상 확정

앞에서 전략구매 대상품목 매트릭스를 활용해서 전략구매 실행의 용이성과 기대효과를 바탕으로 1단계부터 4단계까지의 품목들을 선별해 보았다. 이렇게 1단계부터 4단계까지의 품목들이 선별되고 나면 실행용이성도 높고 기대효과도 가장 큰 1단계 대상 품목들에 집중하여 최종적으로 전략구매 적용을 통해 구매 효과를 개선시킬 대상을 선정한다. 예시이므로 최종적인 전략구매 대상 품목은 가상의 식품회사에서 폭넓고 구매금액이 클 것으로 예상되는 1) 김치류, 2) 냉동가공품을 전략구매 우선 실행 품목군으로 선정하도록 하겠다.

이제 이렇게 선정된 김치류와 냉동 육가공품에 대해서는 3개년간 구매규모에 대한 기본적인 분석과 해당 품목군에는 어떠한 아이템들이 존재하는지에 대한 기본적인 정리가 필요하다. 그리고 해당 품목에 대한 구매 현황에 대한 상세 내용을 기본적으로 정리한다면 전략구매 실행을 위한 기본적인 준비가 완료된다.

전략구매 대상 품목 최종 확정

전략구매 실행 대상 품목군 확정

	김치류	냉동 육가공품
3개년 구매 규모	• '17~19년간 400억 규모 구매 • 품목종류 - 포기김치, 배추김치, 깍두기 등	• '17~19년간 200억 규모 구매 • 품목종류 - 돈까스, 동그랑땡, 고기산적 등
상세 내용	• 본사 구매물량의 70%에 해당하는 주요품목 10개를 대상으로 원가절감 및 전략구매 실행이 필요함	• 동일, 유사한 협력업체군을 보유하고 있는 냉동가공 식품 10개 품목군에 대한 전략구매 실행이 필요함

4 전략구매를 위한 내부 현황 분석하기

앞서서 전략적 구매 품목군으로 김치류와 냉동 육가공식품류가 선정되었다. 이렇게 대상 품목군이 선정되었다면 이제부터는 전략구매 실행의 첫 번째 단계인 내부 현황 분석을 진행한다. 전략구매 대상 품목들이 어떻게 구매되고 있으며 구매 관련 이슈들을 어떤 것들이 있는

지 심도 깊은 분석을 실시하는 것이다. 실제로 전략구매 컨설팅 과정에서는 컨설턴트들은 내부 현황 분석단계에 많은 시간과 노력을 기울인다. 그 이유는 내부 현황 분석의 결과를 잘 도출해야 향후 전략구매 방향수립에 있어서 탄탄한 기초가 되기 때문이다.

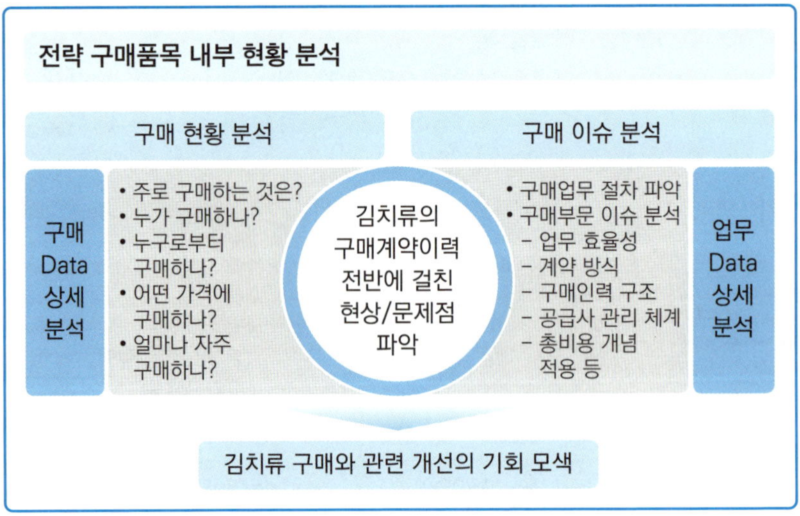

1) 김치류 구매 규모 및 가격 분석(Spend Analysis)

가상의 급식업체의 3개년간 김치류 구매 실적을 분석했더니 다음과 같은 결과를 얻은 것으로 가정해보자. 매년 김치류는 한 해에 400억가량을 구매하고 있으며 이 중에서도 배추를 원료로 하는 포기김치 및 배추김치가 전체 구매 비율의 70%로 구매 금액 중 대부분을 차지하고 있다. 또한 사업규모가 확장되면서 매년 김치류의 구매규모 역시 증가하고 있는 상황이다. 따라서 배추김치에 대한 전략구매 적용이 매우 중요한 시점이다. 또한 김치는 매년 배추가격이나 무 가격 등의 원물들과 시세가 긴밀하게 연동되어 있어서 가격변동이 발생하고 있으므로 이에 대한 지속적 관리가 필요하다.

김치류 내부 분석 결과 예시

최근 3개년간의 김치류 관련 구매 Data 및 공급업체, 업무 프로세스 관련 분석 수행

구매 현황 분석

- 사업장 확대에 따라 매년 김치 구매물량 증가 추세임
- 김치 종류 중 배추를 원재료로 하는 배추김치류 구매가 70% 차지함

구매가격 분석

- 김치 유형 간에 가격변동 추이가 유사한 경향을 보임
- 원물 시세와 김치 가격 간 상관관계가 높게 나타나고 있음

공급업체 분석

- 김치 유형별로 2~3개의 협력업체를 대상으로 주로 계약하고 있음
- 김치 유형별로 상위 2~5개사에 집중하여 물량의 80% 이상을 구매함

구매 프로세스 분석

- 최저가 위주의 입찰 경쟁 방식을 채택
- 매월 일회성 구매로 입찰경쟁 건수가 지속적으로 증가하고 있음
- 사업장마다 선호하는 업체가 존재함

2) 공급업체 및 구매 프로세스 분석

공급업체 분석결과 주로 2~3개의 유명업체를 대상으로 구매하고 있으며, 상위의 김치업체들이 전체 물량의 대부분(80%)을 공급하고 있는 것으로 분석되었다. 경쟁입찰을 통해서 가장 낮은 가격의 업체를 선정하여 사용하고 있다. 구매 방식은 가장 고전적인 경쟁입찰을 통한 최저가 낙찰제를 기본으로 적용하고 있으나 구매절감 효과와 품질이라는 두 마리 토끼를 잡지는 못하고 있는 것으로 판단된다. 또한 매

번 최저가 입찰방식으로 업체를 선정하다 보니 구매팀의 업무가 많아지고 있다. 가상의 급식업체의 분석 내용을 바탕으로 독자 여러분들도 여기에 나온 예시와 동일하게 1) 구매 규모, 2) 구매가격, 3) 공급업체, 4) 구매 프로세스에 관한 상세한 분석을 실행해 보면 전략구매의 방향 수립에 크게 도움이 될 것이다. 개인적인 소견일지도 모르겠지만 내가 컨설팅 과정에서 경험했던 기업들 중에서도 종종 이러한 기초적인 분석에 대해 관심이 없거나 지속적이고 체계적인 분석과 관리가 되지 않고 있는 모습들을 보았다. 만일 독자 여러분들이 몸담고 있는 기업에서 제대로 된 내부분석을 진행하다 보면 기본에는 보지 못했던 구매 이슈 및 문제점에 관한 새로운 시각을 얻을 수 있을 것이다.

5 전략구매를 위한 외부 현황 분석하기

앞서서 내부 현황 분석은 김치류에 대한 예시를 통해서 설명하였다. 외부 현황 분석은 두 번째 전략구매 대상 품목인 냉동 육가공식품류에 대한 사례를 기준으로 알아보도록 하겠다.

사실 외부 현황 분석은 내부 현황분석보다 까다롭다. 먼저 산업구조를 이해하고 분석하기 위해서는 마이클 포터 교수의 Five-Force 분석이라는 분석기법이 구매 컨설팅 현장에서 자주 사용된다. 외부 현황 분석기법을 자주 활용하고 있으나 일반 구매 현업 담당자들이 이해하고 쉽게 적용하기에는 어려움이 있는 것이 사실이다. 그래서 핵심적인 외부 현황 분석 지표에 해당하는 다음의 세 가지 주제에 대해서 분석하는 것을 추천한다. 바로 1) 산업구조, 2) 시장 구조, 3) 협력업체 현황의 3가지 주요 요소를 분석하는 것이 일반적이다.

전략적 구매품목 외부 현황 분석

산업 구조 분석	시장 Segment 분석	공급업체 분석
• 구매대상품종의 산업 구조는 어떻게 이루어져 있는가? - 규제사항 - 제품 구조 - 공급망 구조 (Supply Chain) • 해당 산업 구조의 시장동향은 어떠하며 향후 변화 사항은? - 신규 공급자 진입 동향 - 신기술 동향	• 해당 산업 내에서 협력업체 군을 구분할 수 있는 특징은 무엇인가? - 고객 유형 - 제품 유형 - 비용 구조 - 브랜드 인지도 - 품질	• 동일한 시장 Segment 내에서 경쟁하는 협력업체들은? • 협력업체들의 비교우위는 무엇인가? • 협력업체들의 약점은 무엇인가? • 협력업체들의 향후 전략은 무엇인가?

향후 구매 방향성 및 활용 가능한 구매전략 파악이 가능함

1) 산업 구조 분석

산업 구조 분석은 기본적으로 현재 구매하고 있는 품목의 제품구조, 공급체인, 관련 규제사항 등과 같이 어떠한 산업 구조적 특징을 가지고 있는지를 분석한다. 또한 향후 산업 구조 변화에 따라서 시장이 어떻게 변할 지를 판단하는 기준이 될 수 있다. 가상의 급식업체는 육·가공식품의 산업 구조에 대한 분석을 위해서 국내 육가공 식품의 분류체계와 생산량 구성 등을 외부의 다양한 뉴스나 마케팅 자료를 중심으로 분석하였다. 이러한 분석을 통해서 육·가공품목이 어떠한 특성을 가지고 있는지 산업적으로 어떠한 변화가 일어나고 있는지를 분석하여 단기간뿐만 아니라 장기간에 걸쳐서 어떤 전략적 대응이 필요한지 이해하고 대응이 가능할 수 있기 때문이다.

외부 현황 분석 - 육·가공식품 산업구조 분석

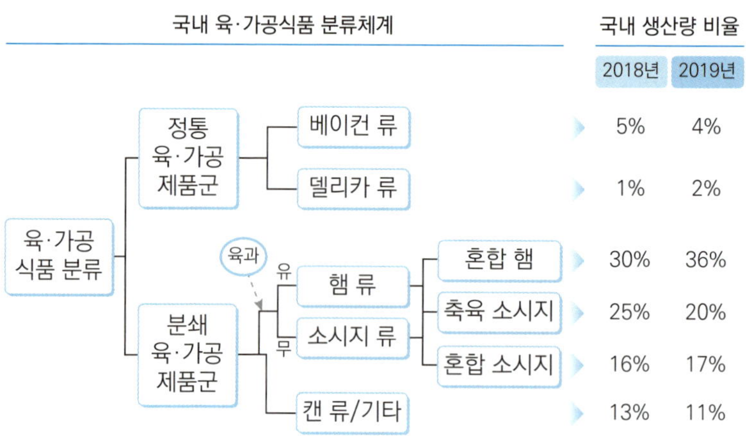

산업 구조 분석 결과 국내 육가공 식품들의 분류를 대부분 분쇄가공 제품이 대부분이며 햄, 소시지, 베이컨을 중심으로 생산되고 있음, 일부 캔류 및 기타 제품의 생산량이 지속적으로 늘어나고 있는 것을 파악할 수 있다.

2) 시장 세분화 분석

시장 세분화 분석은 앞에서 분석한 산업구조 분석을 기반으로 품목 유형별로 어떠한 시장구조가 만들어져 있으며 시장에서의 성장률이나 판매율 추세 같은 것들을 분석한다. 이러한 시장 현황 분석은 시장 내의 경쟁업체 수 또는 경쟁 상황, 그리고 품목별로 세분화된 시장은 어떻게 존재하고 있는지에 대한 이해도를 높여서 유리한 전략구매 방향을 수립하는 데 활용된다.

외부 현황 분석 - 육·가공식품 유형별 시장 성장률

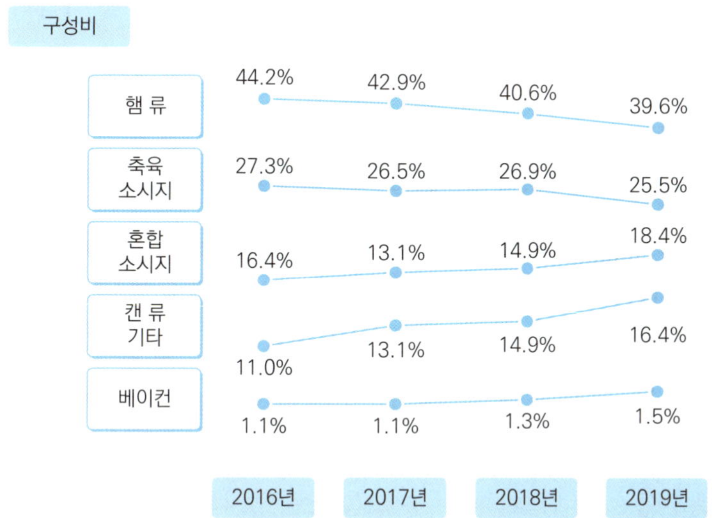

가상의 데이터를 기반으로 육·가공 시장을 분석해 보면 가공햄 시장은 점차 줄어들고 있으며 혼합 소시지와 고급화된 캔류의 시장이 성장하고 있다는 것을 알 수 있다. 또한 전반적으로 육가공 시장은 저성장 기조를 유지하고 있으며 이로 인해 업체들은 과당경쟁 상태라는 것을 파악할 수 있으므로 이러한 시장 상황을 활용하여 지속적이고 대량의 구매 물량을 확보한다면 통합구매전략으로 구매 원가를 절감할 수 있을 것으로 예상된다.

3) 공급업체 상세 분석

이제 시장세분화 분석까지 알아보았다면 공급업체들에 대한 상세 분석을 진행할 차례이다. 기본적으로 육·가공제품을 우리회사에 공급하고 있는 공급회사들에 대한 상세 분석을 실시한다. 가상의 급식업체에는 10개의 핵심 육·가공공급업체가 있다는 가정하에 해당 업체들의 시장 위치와 브랜드 파워, 품질 수준, 시장점유율 등을 다각적으로 고려하고 분석이 필요하다.

전략적 구매품목 외부 현황 분석

역량별 공급업체 분류	
1위 그룹 대상 업체	• ABC 햄 • 가나다 햄
2위 그룹 대상 업체	• 우리 F&B • 하나 F&B • 신한 F&B
2위 그룹 대상 업체	• 우리 F&B • 하나 F&B • 신한 F&B

공급업체 특성 파악	
1위 그룹 업체 특성	• 브랜드파워를 갖고 있음 • 다양한 신제품 출시 및 독자적 생산 기술 보유한 선도 업체
2위 그룹 업체 특성	• 안정적 제품 공급은 가능하나 대형화를 위한 자본력은 부족 • 품질과 납기 안정성은 신뢰 수준
3위 그룹 업체 특성	• 다양한 제품생산을 위한 기술 인프라가 취약함 • 시장점유율 5% 이하의 하위 업체

이렇게 분석 결과를 기반으로 1위 그룹 공급업체의 경우는 상대적으로 경쟁력을 가지고 있어서 구매 협상을 진행할 때 공급업체가 유리하게 진행될 수 있으므로 가격과 품질 측면에서 협상이 가능한 2군, 3군 협상업체들을 대상으로 물량 통합과 안정적 공급을 무기로 통합 구매를 유도한다면 구매 원가 절감의 목표를 달성하기 상대적으로 쉬울 것이다.

6 전략구매의 적용 방향성 수립하기

전략구매 대상 품종과 품목들을 선정하고 이에 대한 내부 현황 분석과 외부 현황 분석까지 마쳤다. 이제는 전략구매를 위한 핵심 내용인 구매전략을 찾아내고 전략구매 방향성을 도출하는 내용에 대해 설명하고자 한다. 이를 상세하게 설명하기 위해서는 구매 컨설팅 분야에서 핵심적으로 사용되는 개념인 소싱그룹(Sourcing Group: SG)이라는 개념과 SG Positioning Matrix가 등장하게 된다. 소싱그룹 SG의 기본적인 개념은 동일한 구매전략을 적용할 수 있는 품목 Category 또는 분류 기준이라고 생각하면 된다. 간단히 설명하면 구매를 위한 견적서나 가격정보를 요청할 수 있는 공급업체 분류 묶음이라 하겠다.

앞에서 정의한 품목 분류를 그대로 차용한다면 김치류SG, 육·가공식품SG 등으로 부를 수 있으며 해당 SG에는 해당 품목을 제공 가능한 공급업체들이 분류되어 있다고 이해하면 된다. 이렇게 분류된 김치류SG와 육·가공품SG에 대해서 전략적 분류 Positioning을 찾기 위해서는 두 가지 분석을 거치게 된다.

1) 해당 SG가 사업에 미치는 영향도

김치류SG와 육·가공SG가 급식업체의 사업에 미치는 영향도를 파악하기 위한 내용으로 사업에 미치는 영향이 높고 낮음을 평가하여 4개 사분면에 위치를 표시하게 된다. 대부분 비용 영향도, 고객가치 영향도, 제품 차별화 정도 등의 세부 항목들을 높고 낮음으로 표시하여 종합적인 영향도를 결정한다.

2) 공급시장의 복잡성

김치류SG와 육·가공SG가 위치하고 있는 시장의 복잡성을 파악하기 위한 내용으로 이를 평가하여 SG Positioning Map에 위치를 나타내게 된다. 공급시장의 복잡성을 평가하기 위한 평가항목들은 시장의 진입장벽이 높은지 낮은지, 대체재가 존재하는지 그리고 가장 중요한 구매 협상을 할 때 공급자의 협상력이 높은지 구매자의 협상력이 높은지를 평가하여 종합적으로 결정한다.

김치류SG를 기준으로 한다면 김치류는 급식업체에서는 일정한 규모로 구매하는 제품이므로 비용 영향도는 있는 편이지만, 김치는 여러 가지 밑반찬 중에 하나일 뿐이고 김치를 즐겨 먹는 고객들도 점차 줄고 있어서 고객의 만족도에 미치는 영향이 크지 않으므로 사업에 미치는 영향도는 높지 않다. 또한 공급시장의 복잡성을 보자면 김치사업 자체는 진입장벽이 높지 않은 편이고 또한 구매자의 협상력이 어느 정도 공급자보다 높은 시장 형태 김치는 일반품목으로 분류하고 이를 기준으로 전략을 수립하면 무방하다.

육·가공SG를 기준으로 한다면 급식업체에서 많은 다양한 반찬을 만들 때 육·가공 제품을 대량 구매하고 있으며 다양한 메뉴에 활용되기 때문에 구매 제품의 품질이 높아야 하고 식품 안전 차원에서도 사업적 영향도가 크다고 볼 수 있다. 그러나 공급시장의 복잡성에서 보면 앞에서의 내/외부 현황 분석들을 고려해 보았을 때 업체 간 과당경쟁에 있는 상태이므로 그 복잡성이 낮고 구매 업체가 높은 협상력을 가질 수 있어서 경쟁품목으로 판단이 가능하다.

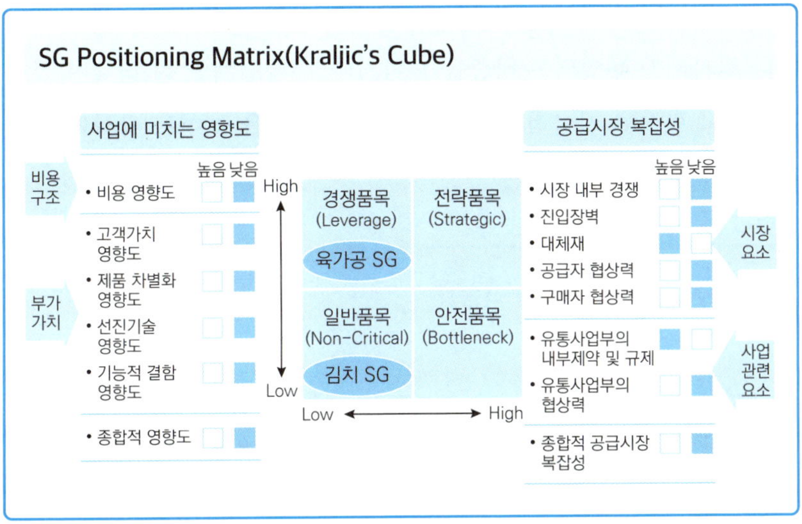

이와 같은 분석결과를 기준으로 SG Positioning Matrix에 위치시켜 보면 각각 김치류SG는 일반품목(Non-Critical), 육·가공품목류SG는 경쟁품목(Leverage)에 위치한다고 판단할 수 있다.

대체적으로 공급시장의 복잡성이 낮지 않은 경우에 해당하는 경쟁품목, 일반품목의 경우에는 "가격 중심의 구매전략"을 펼치게 되는 것이 일반적이다. 즉 구매회사의 Buying Power를 기반으로 1) 물량집중을 통한 가격인하, 2) 공격적 협상을 통한 최저가격 견적활용, 3) 공급업체 변경 또는 해외소싱 등의 구매전략을 구사한다. 이와는 반대로 공급시장의 복잡성이 높은 전략품목 또는 안전품목군에 해당한다면 "가격 중심의 구매전략"은 불가능해진다. 왜냐하면 기본적으로 공급업체의 협상력이 구매 업체의 협상력이 높은 경우가 대부분이므로 사실 물량통합 등으로 원가를 낮출 수 있는 가능성은 거의 없다. 이러한 경우에는 전략적인 접근이 필요하다. 제품의 사양을 변경해서 해당 품목이나 원자재가 투입되는 비중을 줄이거나, 공급업체와 좀 더 전략적인 관계를 수립하고 전략적 협업을 하거나 생산성을 높이는 방식의 구매전략 필요하다.

SG 포지셔닝별 구매전략 적용

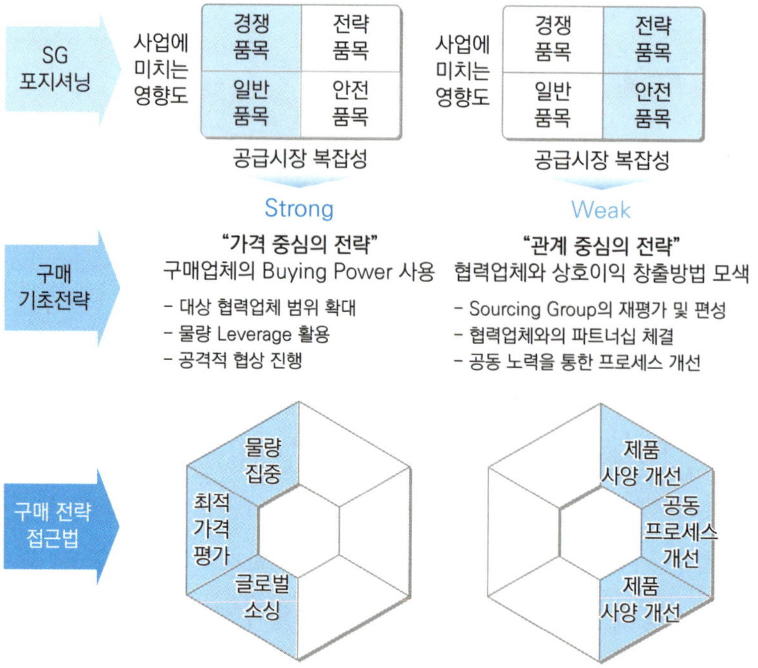

3) 가격 중심의 구매전략

① 물량집중

기업 내 서로 다른 부문 및 사업부서 간, 그룹 내 회사 간 그리고 동일 유사품종에 대한 동일한 공급업체에 구매 물량을 집중하는 방법이다. 이는 기업이 가지고 있는 구매력(Buying Power)을 바탕으로 협상력을 최대화하여 원가를 절감하는 가장 일반적이고 기본적인 구매전략이라 하겠다.

② 최적가격 평가

최적가격 전략은 구매해야 하는 물품이 단순한 최저금액이 최우선시 되는 경우가 아니라, 품질이나 가격 경쟁력 그리고 가장 중요한 총비용 구조(TCO: Total Cost Ownership) 관점에서 구매가 필요한 품목에 적용가능한 전략이다. 공급사간의 견적을 전체적인 관점에서 향후 운전비용 또는 수리, 유지보수 비용까지 고려하여 구매하여야 하는 반도체 장비나 IT 인프라 등을 구성할 때 선택되는 구매 전략이다.

③ 글로벌 소싱

국내에 적당한 공급사가 없거나 저비용 국가(LCC: Low Cost Country)로의 공급선 다변화를 고려할 때 선택되는 전략이다. 단 최근에 글로벌 차원에서 기업의 원가 수준을 맞출 수 있는 업체 발굴이 쉽지 않은 것이 사실이다.

가격 중심 구매 전략	물량집중	최적 가격 평가	글로벌 소싱
	• 협력업체 수 감축 • 전 업무영역에 걸친 물류통합 • 협력업체 간 물량 재분배 • 다른 소싱그룹으로부터 물량 규합 • 타 구매자들과의 연계 • 품목의 표준화 및 공통화	• 내부가격 벤치마킹 • 가격인하/재협상 • Pricing Model 개발 • 경쟁입찰 실시 • 품목 분산구매 • 잠재 업체 간 총비용 비교 • 이익에 기초한 가격 책정 • 장기계약 체결	• 지리적 공급기반 확대 • 신규 협력업체 발굴 • 환율 변동을 이용 • 무역이점 확보 (예: 수입선다변화 등) • 2, 3위 협력업체 통합

4) 관계 중심의 구매전략

① 관계 개선

공급업체의 핵심능력 및 향후 발전가능성을 분석하여 장기적으로 동반자적인 관계를 수립하고 이를 활용하여 구매 성과를 개선하는 구매전략이다.

② 공동 프로세스 개선

상호간의 공동 프로세스를 재설계하거나, 물류를 통합하는 방법, 또는 직접/간접적 생산공정 개선을 통해 생산성 향상의 성과를 공유하는 방법이다. 이와 관련해서는 포스코에서 최초로 공급사와 함께 이익을 창출하고 공유한다는 차원에서 "성과공유제"를 만들어 시행하였다. 이후에는 이러한 공동 프로세스 개선 전략이 매우 효과적인 구매전략으로 자리잡았다.

③ 사양 개선

공급업체의 역할을 단순한 물품공급에 국한시키지 않고 공급업체의 기술을 활용 설계 및 사양개선에 공동으로 참여시켜 표준화 및 공용화를 통해서 궁극적인 비용 절감 목표를 달성하는 구매전략이다. 기술이 빠르게 변화하는 반도체/전자 업종이나 신차 개발을 위한 자동차 및 부품업계, 그리고 연구개발에 많은 시간과 비용이 발생하는 제약업계 등에서 자주 적용되는 구매전략의 방식이라 하겠다.

	관계 개선	공동 프로세스 개선	제품 사양 개선
관계 중심 구매 전략	• 협력업체의 핵심능력 분석 • 개선활동을 고려하여 관계 정립 • 시장진입 동맹 개발 • 합작투자 시도 • 전략적 관계/파트너십 개발 • 핵심 협력업체 발굴/확보	• 프로세스 리엔지니어링 • 물리적 흐름 최적화 • 물류 통합 • 공동 엔지니어링/R&D 활용 • 장기계약 체결 • 생산성 향상 결과 공유	• 사양의 표준화 • 부품의 대체재 개발 • 사양개선의 경제성 • 표준화된 부품 구매 • 제품 수명 주기 측정 • 장기계약 체결

이와 같이 기본적인 구매전략은 총 6가지로 정의할 수 있다.

김치류와 육가공류의 경우 SG Positioning Map을 기준으로 할 때 두 개의 품목군 모두 기본적으로 가격 중심의 구매전략의 대상이므로 우선적으로 고려해 볼 수 있는 구매전략들은 물량집중, 최저가 평가, 글로벌 소싱이다.

물론 독자들이 속해 있는 회사의 현실에서는 전략적 관리가 필요한 품목이 존재한다면 관계중심의 구매전략을 적용하고 실행하면 될 것이다.

7 전략구매의 적용과 실행하기

이제는 전략구매의 방향이 정의되었으면 이제 이를 실행하는 일이 남았다. 구매전략의 실행은 앞서 정해진 전략구매 방향으로 실제 실행 방법들을 정의하고 거기에 따르는 제약사항들을 고려한 뒤 전략구매 실행 방법에 따라 업체 선정 및 계약을 진행하면 되겠다. 그럼 앞에서부터 이어진 육·가공품목 SG를 기준으로 가격 중심의 전략구매 실행 방법들을 정리해 보면 다음과 같다.

구매전략	접근방법	가격 중심 전략구매 실행 방법
물량집중	공급업체 수 정예화	• 공급 가능한 품목 유형별로 업체를 분류하고 유형별로 공급업체 수를 소수 정예화함(단일화) • 소수의 협력업체를 중심으로 물량 집중구매
	사내 부문 간 물량통합	식품회사 부서단위 또는 지역 단위별로 개별 구매를 진행하고 있었던 내용을 중앙구매팀에서 이를 통합해서 단일 구매하여 분배
	장기/단가 계약 체결	육·가공품목에 대해 단발성 계약이 아닌 일정 단가를 선정하고 이를 기준으로 1년 이상의 연간 계약 체결
최적가격 평가	가격 모델 개발과 적용	육·가공품목 관련 원재료 시세변동에 대한 합리적인 Pricing Model을 만들고 이를 공급사들과 협의하여 새로운 견적 가격 확인 및 단가 계약 가격 설정
	경쟁입찰 및 재협상	기존의 공급업체뿐만 아니라 신규업체들을 참여시켜 긴장감을 유발시키고 반복적인 경쟁입찰을 통해서 업체간 경쟁을 유도하여 구매 단가 인하 노력

	총비용 (TCO) 비교 거래	• 구매 사후 관리 측면에서 발생할 수 있는 모든 비용요소를 고려하여(품질 클레임, 상황관리, 보관료 등) 추가비용 발생 최소화 • 각 요인별 비용절감 기회 모색 및 최적의 총체적 비용을 제안한 업체 선정
글로벌 소싱	글로벌 소싱 추진	• 육·가공품목 관련 품질/위생 및 가격 경쟁력을 갖춘 해외업체 발굴 및 승인 추진 • 1차적으로 중국산 대체 품목 발굴과 수입 추진을 통해 구매비용 절감 가능. 단, 해외 발생 질병으로 인한 수입육 가공품에 대한 기피현상 발생 주의 필요

가격 중심의 전략구매 실행방안은 정리된 바와 같이 직접적으로 구매가격을 인하할 수 있는 방법들을 다양한 제약사항들을 고려하여 효과적으로 적용하면 반드시 효과를 볼 수 있는 방법들로 구성되어 있다.

구분되는 관계 중심 전략구매 실행 방법은 다음과 같다.

구매전략	접근방법	관계중심 전략구매 실행 방법
제품사양 개선	사양의 표준화	• 공급업체와 육·가공식품에 대한 구매사양 및 품질 기준에 대한 공동 개선 및 정립 • 공급업체와 구매, 연구소, 메뉴 개발실 등 공동참여
	대체재 개발 (국산화)	• 가공 원재료 변경을 통한 고가의 원/부재료 변경 또는 대체재에 대한 적극 개발(육류 원재료·해산물) • 일부 완제품 상품 PB화 추진 여지 검토
공동 프로세스 개선	프로세스 리엔지니어링	• 가격테이블 공동개발을 통해 품목별 원가에 대한 이해도를 높임. 또한 이를 바탕으로 상호개선 노력을 통해 비용 절감의 기회를 찾고 수익 공유 • 공급업체의 배송 지원, 긴급대처 능력 개선 및 원자재 수급 및 품질관리에 대한 모니터링 체계 정립
	전략적 파트너십	공급업체에게 월 단위 식품메뉴 구성 및 사전 예상발주 물량정보 공지를 통해

8 전략구매를 실행하면 정말 돈이 되나?

1) LG 전자 간접구매 부문에 대한 구매혁신 정량 효과

앞에서도 설명한 바와 같이 LG 전자의 경우는 GP(General Procurement: 간접구매)에 대한 구매혁신을 통해 괄목할 만한 효과를 거두었다. 특히

LG 전자 간접구매(GP) 구매혁신 성과 - 엠로 세미나, 2013.

LG 전자 - 전략적 구매혁신 효과

국가	GP 부문 전략 구매 효과				
	Stakeholder 만족도	투명성	리드타임 감소	품질 개선	원가 절감
아시아	✔	✔		✔	✔
중국	✔	✔			✔
유럽	✔	✔	✔	✔	✔
중동	✔	✔			✔

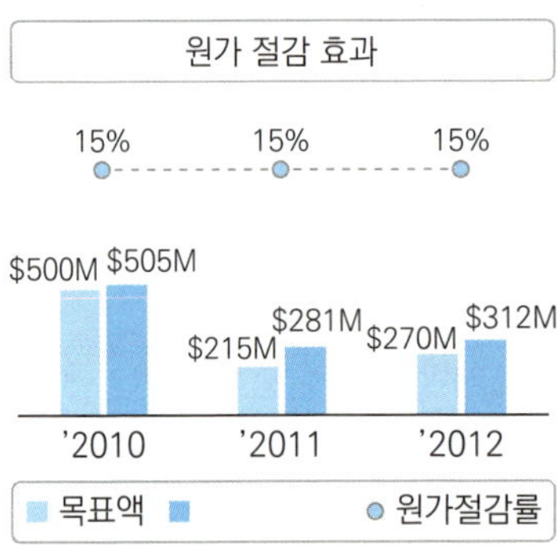

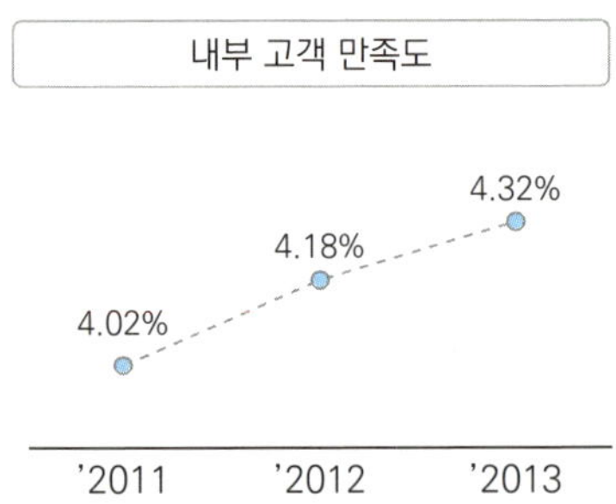

- LG 전자 내부 Survey에 따르면, GP를 통해, 매년 15% 수준의 구매 비용 절감과 함께, 2012년에는 약 3억 달러(3,380억 원)의 원가 절감 효과를 달성하였음
- GP 품목의 구매 가시성 확보, 그룹 차원의 Compliance 강화

이 과정에서 상당한 규모의 원가절감 효과를 달성했을 뿐만 아니라 1) 구매업무 투명성 증대, 2) 구매 리드타임 감소, 3) 품질개선 등의 효과를 거둔 것으로 널리 알려져 있다.

LG 전자는 제품 생산에 소요되는 부품을 구매하는 업무 외에 Factory Overhead 및 기타 관리 비용 등 공급업체에게 대금 지급이 발생하는 모든 영역을 전략적 구매혁신의 대상으로 결정하고 전략적 구매를 통해 이와 같은 성과를 이루었다.

2) 현대카드 구매혁신 효과

2013년 컨설팅 프로젝트 책임자(PM)로 수행했던 현대카드의 경우도 구매혁신 전략을 수행한 이후 가시적인 효과가 나타났다. 특히 구매혁신 컨설팅 수행 당시에는 현대카드는 구매팀이 존재하지 않았으나 원가절감 TF라는 비상조직을 만들고 해당 담당자들이 구매혁신 컨설팅을 주도했다.

구매혁신 컨설팅이 완료되고 구매관리 시스템을 도입한 뒤 표준화된 구매업무와 전략구매를 실행하자 그 효과는 바로 나타났으며, 원가절감 TF에서 목표했던 원가절감 목표를 달성할 수 있었다. 전략적 품목에 해당하는 공카드 IC 칩, 하이패스 칩 등에 대해서 입찰경쟁 확대를 통해 원가 절감을 달성하였고, 물량통합 및 연간단위 구매 단가 재협상을 통해 일회성 계약들의 단가들을 효과적으로 낮추었다.

현대카드 구매혁신 효과 - 엠로 구매혁신 세미나, 2013.

현대카드 - 전략적 구매혁신 효과

- **구매혁신을 통한 원가 절감: 年 △△억**
  - **구매&입찰 효과 △△억 원**
    - 입찰과정 중 "복수업체 입찰", "계약업체 확대", "기존 업체협상"을 통한 가격 인하(국공채 매각, 카드 배송, 하이패스, 공카드 IC 칩, 렌탈 차량보험 등)
  - **가격Nego 효과 △△억 원**
    - 업체선정 후 재협상을 통하여 추가 가격인하
    - 기간계약 00억 원, 일회성계약 00억 원
- **표준 구매 프로세스 준용**
  - **표준 구매프로세스가 준수**

    → 구매 Policy/Compliance 준수 강화

발주 오류 개선	계약 업무 개선	구매 업무 준수
종료 계약 발주	보증보험 미청구	구매 원칙 미준수
00회	00건	00회

3) 현대위아 구매혁신을 통한 효과

현대자동차 그룹의 계열사인 현대위아는 자동차 부품, 공작기계 방위산업 등의 분야의 전문회사로 연간 총 구매규모가 4조 원에 가까운 수준이었다. 이렇게 엄청난 규모의 구매 금액을 지출하는 회사들은 더욱더 구매혁신을 통해 원가절감을 이루고자 하는 목표가 중요할 수 밖에 없다.

현대위아는 1) 글로벌 소싱, 2) 부품 국산화, 3) 구매선 변경 등의 관계중심의 구매전략을 적극적으로 적용하여 상당한 규모의 원가절감 효과를 달성했다. 사실 현대차 계열사들은 이미 오랜 기간 동안 구매원가 절감을 지속적으로 해왔기 때문에 새로운 원가 절감 효과를 획득하기 어렵지만 전사적인 구매혁신 의지와 구매시스템 고도화 등을 통해 목표하는 원가절감 효과를 이끌어낼 수 있었다.

현대위아 전략적 구매혁신 효과

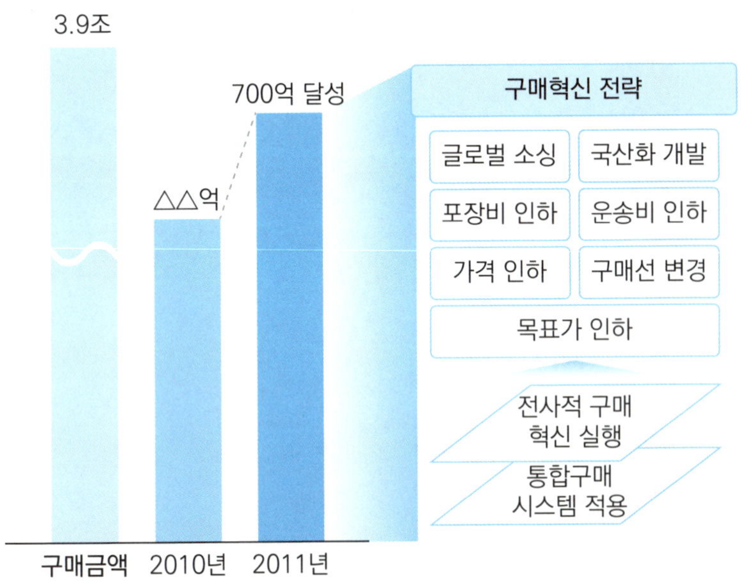

CHAPTER 04

구매혁신 전문가로 가는 길

스스로 공부하는 구매혁신 전문가를 위한 추천 도서

BUY

CHAPTER 04

구매혁신 전문가로 가는 길

스스로 공부하는 구매혁신 전문가를 위한 추천 도서

내가 이 책을 처음 쓰기로 마음 먹었을 때, 추천도서 소개에 관한 내용은 책의 가장 마지막 부분에 위치시키고 싶었다. 그러나 다시 생각해보니 국내의 구매 담당자들의 현실과 그들의 고민에 도움을 주려면 어떠한 책들이 필요한지에 대한 정보는 좀 더 일찍 알려줘도 좋지 않을까 하는 생각으로 책의 앞부분으로 자리를 옮겼다.

국내에는 제대로 된 구매혁신, 전략구매, 공급망관리 등과 같은 주제로 출판된 서적들이 많지 않다. 웹사이트 검색을 통해 찾아봐도 체계적으로 정리된 자료를 찾기 어렵다. 그렇기 때문에 기업에 입사해서 구매를 처음 배우는 신입사원에서부터 구매업무를 10년 이상 수행한 베테랑 구매 담당자도 현장에서 도움이 될 수 있는 정보들에 목마를 수밖에 없다.

그래서 나는 가장 먼저 국내에 나와 있는 구매 관련된 책들 중에 현실적으로 구매 담당자들에게 실제로 도움이 될 수 있는 책들을 최대한 많이 소개하고 그 내용들을 정리하였다. 또한 구매에 관심이 있는 독자들이라면 기본적으로 알아두어야 하는 원가관리와 그 외에 공급망 관리와 관련된 서적도 최대한 많이 포함하였다.

전략구매 컨설턴트로서 기업에서 일하는 구매업무 담당자분들께 당부의 말씀을 한 가지 드리자면, 바쁜 구매현장에서 열심히 일하고 있는 구매 담당자들이 처한 업무 현실은 새로운 구매 지식을 습득하는 시간을 만들기 어렵다는 걸 잘 알고 있다. 하지만 지금의 자신보다 더 성장하고 실타래처럼 꼬여 있는 구매업무에 관한 고민에 대한 해답을 찾고 싶다면 결국 관련 서적들을 찾아보고 열심히 읽어서 간접 경험을 쌓고 이러한 방법을 반복하다 보면 문제를 스스로 풀 수 있는 구매 전문가로 성장해 있을 것이다.

1) 구매란 무엇인가

도서명

구매란 무엇인가
- 구매의 몇 가지 기초에 대한 설명

저자

정경식

출판사

봉명. 1999년

해당 도서는 내가 알기로 국내에서 발간된 기업 활동의 구매부문과 관련된 도서 중에 가장 오래된 책으로 알고 있다. 저자인 정경식 저자는 삼성전자에서 20년간 구매부서에서 일한 현업 담당자 출신이다. 저서가 출판된 시기로 보면 1999년이니까 앞에서 정리했던 삼성전자의 프랑크푸르트 선언 이후 구매예술화가 한창 진행되던 시기에 삼성전자의 구매부서 담당자로서 일하며 작성한 책이라고 보면 되겠다.

이 책의 특징으로는 삼성전자의 구매예술화에 대한 철학적, 경제 이론적, 산업공학적 관점에서의 내용을 잘 설명해 놓았다. 또한 부제목에서 책의 주제를 정확히 밝혔듯이 구매에 관한 기초적인 내용을 이해를 할 수 있도록 정리되어 있다. 문장이나 표현 자체가 매우 직설적이고 삼성전자에서 20년간 근무하면서 경험한 생생한 내용들이 잘 설명되어 있다.

책에 대한 온라인 서점의 소개 내용을 보면 책의 표지를 보면 남녀가 춤추는 모습이 그려져 있는데 이는 삼성의 구매 예술화를 상징하며 사는자(구매자)와 파는자(공급업체)는 한몸, 부부관계와 같은 관계로서 거래는 이 쌍방이 함께 이득을 보는 것이 본질이라는 것을 뜻한다고 한다.

내가 직접 이 책을 읽고 많은 사람들에게 권하고자 하는 이유는 다른 어떤 구매 관련 서적보다 이 책은 직설적으로 쓰여 있기 때문이다. 직설적으로 쓰여 있다는 표현은 저자가 전문적인 작가가 아니기 때문에 자신이 갖고 있는 구매와 관련된 생각들을 거침없이 적어 놓았다는 의미이다.

사실 책을 읽으면서 어떤 구절들은 쉽게 이해가 가는 구절도 있지만 어떤 부분은 쉽게 동의되지 않는 내용도 있었다. 마치 회사의 나이 많은 구매 부서의 선배가 "옛날에 구매는 이랬음…", "구매란 이런 거야. 네가 뭘 좀 알아?" 또는 "라떼는 말이야~" 등의 관점으로 쓰여진 느낌을 받았다.

전 산업에 AI가 도입되고 로봇이 사람의 노동을 대체하려는 이 시점에 맞는 구매 기법이나 전략, 체계적 공급사 관리와 같은 당장의 구매 업무에 도움을 필요로 한다면 이 책은 적합하지 않을 수 있다. 다시 한번 말하지만 이 책을 읽어보고 느낀 소감은 구매에 대한 개인의 철학서에 가깝다.

이미 책이 출판된 지 오래되었고 심지어 한문도 마구 섞여 있는 책이다. 또한 이 책을 구해서 읽어보려면 이미 절판되어 중고 책방을 뒤적거려야 찾을 수 있는 책이다. 실제로 독자들이 손 쉽게 구해서 읽으려고 하면 상당히 구하기 어려운 책일 것이다. 그러나 당신이 정말 구매에 대해 많은 고민을 하고 있고 아주 오래된 구매 부서의 선배들은 어떤 생각을 가지고 구매라는 업무에 임했는지 철학적 고민을 해본 사람이라면 꼭 한번 읽어볼 만한 가치가 있는 책이다.

2) 기업경쟁력 창출을 위한 구매관리

도서명

기업경쟁력 창출을 위한 구매관리

저자

최정욱 교수

출판사

박영사. 2009년(초판), 2019년(개정판)

저자는 국민대학교 경영학부 최정욱 교수님이다. 세계적인 구매 및 SCM 분야 전문가들을 많이 배출한 University of Illinois at Urbana-Champaign에서 구매 및 SCM 분야에 박사학위를 취득하시고 한국에서 구매분야가 학문적 틀과 체계를 이루지 못하였던 1990년대 초반 귀국하여 열악하기만 했던 국내 구매 환경에서 구매의 체계와 전략구매 등의 구매혁신에 관한 이론과 실천을 끌어내는 데 많은 노력을 하신 분이다.

최정욱 교수님과의 개인적인 인연은 내가 몸담고 있는 엠로라는 회사의 자문교수로 일하시는 동안 사내 강의시간에 자주 만남을 가질 수 있었다. 나는 강의시간에 최 교수님께 많은 질의 응답을 통해서 전략구매 및 공급사 관리에 관한 지식들을 빠르게 습득할 수 있는 기회를 얻었다.

이 책은 국내에 나와 있는 구매와 관련된 서적 중에 가장 폭넓게 구매 관리에 필요한 거의 모든 분야를 다루고 있는 "구매의 정석" 같은 책이다. 실제로 최정욱 교수님께서 강의자료로도 사용하는 저서이므로 구매를 처음 배우는 대학생들에게도 적합하다. 또한 CPSM 자격증을 준비하는 수험생이라면 기본적으로 구매의 핵심 내용을 이해하기 위해 어려운 CPSM 원서를 읽기 전에 한번 읽어 두면 매우 유용한 책이라고 하겠다.

책의 핵심내용은 구매란 무엇인가에 대한 학문적 정의에서부터 구매 업무의 이해, 공급자 관리, 전략적 원가관리, 구매협상, 글로벌 소싱에 이르기까지 구매 업무 전반을 다루고 있다. 구매를 막 시작하는 담당자들에게는 구매 전반을 이해할 수 있는 시각을 가져다 주는 책이며, 보다 깊이 있는 구매의 문제들을 해결하고 싶은 중급 이상의 구매 담당자라면 그 해결책을 찾을 수 있는 단초를 제공해 줄 수 있는 책이라고 하겠다.

이 책은 국내 구매서적 중에서 유일하게 출간한 지 10여 년 만에 최정욱 교수님의 열정과 노력으로 개정판으로도 출간되었다. 구매와 관련된 외부환경의 변화와 구매 담당자의 역할변화 그리고 빠르게 변화하고 있는 4차 산업혁명, AI와 같은 주제들이 어떻게 구매를 변화시키고 있는가에 대한 내용을 추가적으로 담으면서 그 완성도를 더 높였다고 생각한다.

아직 이 책을 읽지 않은 현업 담당자라고 한다면 다시 대학생이 된 것처럼 6개월 정도의 시간을 들여서 시험 준비하듯이 줄을 쳐가면서 읽어볼 것을 권한다. 그렇게 한 번 정독하고 나면 일단 구매에 대한 이론적 배경은 모두 머리 속에 담을 수 있을 것이다. 물론 실제 기업의 구매현장에 직접 적용할 수 있는 구매기법을 바로 알려주는 책은 아니므로 아쉬움으로 남을 수도 있다. 그럼에도 불구하고 구매 현업 담당자들은 이 책을 회사 책상이 아닌 집에 있는 서재 책상에 꽂아 놓고 구매에 관한 고민에 부딪힐 때마다 반복적으로 꺼내볼 수 있는 책이 되어줄 것이다.

3) 팀 쿡

도서명

팀 쿡 - 애플의 새로운 미래를 설계하는 조용한 천재

저자

린더 카니 지음, 안진환 옮김

출판사

다산북스. 2019

많은 사람들이 기억하듯이 애플은 스티브 잡스의 회사이다. 하지만 2011년 애플의 창업주였던 스티브 잡스가 사망한 뒤 회사의 CEO에 취임한 사람은 팀 쿡이라는 사실을 관심이 없는 일반인들은 잘 모를 수 있다.

책의 가장 앞부분에서 나는 전략구매 분야에서 유명한 인물로 LG전자 부사장으로 일했던 토마스 린튼 부사장을 소개했다. 그는 2000년 초반 시기에 있어서 전략구매 분야에서 전 세계적으로 가장 뛰어난 사람이었다. 하지만 가장 최근에 전 세계적으로 공급망 관리와 구매 분야에 있어서 최고의 스타급 롤 모델이라고 할 수 있는 사람은 단연코 팀 쿡이다. 이번에 소개하는 책은 그런 팀 쿡에 대한 인간적인 면모에서부터 스티브 잡스 사망 이후 위기의 애플을 어떻게 다시 한번 최고의 기업으로 만들었는지에 대한 내용을 소개하고 있는 책을 추천하고자 한다.

팀 쿡은 미국 남부의 시골 마을에서 태어나 IBM, 컴팩 등의 회사에서 공급망 관리와 구매 분야에서 놀라운 성과들을 이뤄냈다. 그렇게 구매와 SCM 분야에서 전문가로서 일하며 명성을 쌓아가던 중 애플의 스티브 잡스 사장을 만나 애플에 합류하기로 결정하게 된다. 스티브 잡스의 요청으로 팀 쿡이 애플에 합류할 때만 하더라도 사실 애플은 지속적인 성공이 보장되는 회사도 아니었고 오히려 위기를 겪고 있는 시기였다. 특히 창의력과 디자인 파워로 무장한 애플은 분명이 강점을 가지고 있었지만 재고관리와 SCM 분야에 있어서는 많은 문제점을 가지고 있었다. 책에 나오는 내용을 보면 스티브 잡스가 야심 차게 미국 내에 만들었던 엄청난 규모의 자동화 공장에 대해서 잡스와 팀 쿡은 서로 다른 시각을 가지고 있었다. 이러한 애플 생산시설과 전 세계적인 공급망은 외부 변화에 매우 취약한 상태였음을 팀 쿡은 바로 알아차렸으며 큰 위험요소라고 판단하고 있었다.

팀 쿡은 애플에 합류하자마자 이러한 구매 부문과 SCM 부문의 문제점들을 실타래 풀어가듯 하나하나 풀어나갔다. 특히 팀 쿡은 창의적이고 독선적인 스티브 잡스와는 상반되는 캐릭터였고 서로 어울릴 것 같지 않았지만 아주 이상적인 파트너로서 애플 내에서 자리 잡았다. 그렇게 둘 사이의 케미가 잘 맞아떨어지기 시작하면서부터 세계 최고의 기업으로 우뚝 설 때까지의 이야기가 흥미진진하게 펼쳐져 있다.

스티브 잡스 사망 이후 팀 쿡이 새로운 CEO 자리에 올랐을 때 언론과 주식시장은 그를 믿지 못하는 상태였다. 실제로 애플의 주가는 팀 쿡이 바통을 이어받은 그 당시에는 크게 하락하였으며 언론들은 잡스 이후에 팀 쿡이 애플왕국을 지켜내기 어려울 것이라는 전망들을 쏟아내고 비판했다. 그러나 스티브 잡스 이후에도 애플은 모바일 시장에서 1위를 내주지 않았으며 잡스 사후에 팀 쿡의 작품이라고 할 수 있는 애플워치가 시장에서 성공적으로 자리 잡으면서 팀 쿡의 애플은 세계 최초로 1조 달러의 기업가치를 가진 최초의 기업이 되었으며 미국 정부를 제외하고는 가장 많은 현금을 보유하고 있는 그야말로 World Best 기업이 되었다.

책의 전반적인 내용들이 사실 구매전략이나 공급망 관리 등의 세부적인 내용들 보다는 팀 쿡이라는 사람이 어떤 인물이고 어떤 길을 걸어왔는가에 대한 내용과 스티브 잡스의 사망 이후에 어떻게 애플을 최고의 위치까지 이끌었는지에 대한 내용을 담고 있다.

독자 여러분이 국내뿐만 아니라 세계적 수준의 전략구매와 SCM 전문가가 되고자 한다면 당연히 깊이 있게 알고 있어야 할 인물로서 가장 중요한 사람이 팀 쿡이다. 이러한 이유로 개인적으로 추천하는 도서 중에서도 세 번째의 자리에 위치시켜 보았다.

독자 여러분들도 재미있게 읽어보고 스티브 잡스 사망 이후의 애플은 어떻게 지속적으로 성장했는지 그리고 팀 쿡의 독자적인 창작물인 애플워치라는 제품이 어떻게 전 세계 시장을 장악할 수 있게 되었는지에 관한 이야기들을 재미있게 확인해 볼 수 있는 책이라 하겠다.

4) 공급망 관리(SCM) 성공 전략

도서명
공급망 관리(SCM) 성공 전략
저자
주재호
출판사
성안당. 2022년

2020년까지도 국내에는 공급망관리(SCM: Supply Chain Management)에 관한 책들은 그리 많지가 않았다. 왜냐하면 일반 사람들의 경우 공급망관리에 대해 궁금해하지도 않았고 알아야 할 필요도 없었기 때문이다.

그러나 코로나19에 의한 팬데믹이 일어나고 일본의 반도체 생산에 필요한 불화수소 수출 중단과 같은 사건들이 뉴스를 타면서 일반인들도 공급망이라는 것이 우리나라 산업에 얼마나 중요한지, 더 나아가서는 일상생활에도 얼마나 많은 영향을 미치는지 피부로 체험하게 되었다.

이 책은 이러한 공급망 관리에 대한 관심을 가진 일반인들이나 관련된 직군에 취업을 고민해 본 사람이라면 쉽고 재미있게 읽을 수 있는 책에 해당한다.

저자는 실제로 삼성 SDS에서 근무하면서 다양한 SCM 관리 프로젝트를 수행하면서 경험했던 내용들을 아주 재미있고 쉽게 설명하였다.

특히 '공급망 십자가' 내용과 '도시락가게'를 모델로 한 공급망 관리에 관한 설명은 막연하게만 알고 있는 공급망 관리에 관한 내용들을 쉽고 재미있게 이해할 수 있도록 작성되어 있는 글들이 매우 인상적이다. 또한 책의 후반에는 실제로 기업에서 적용 활용되는 실질적인 공급망 관리 계획을 상세히 설명하고 있고 이를 컴퓨터시스템으로 구체적으로 어떻게 구성하고 관리하는 가에 관한 자세한 내용을 설명하고 있어서 일반인보다 구체적인 공급망 관리체계와 시스템 구성을 이해하고자 하는 독자들에게도 도움이 될 수 있는 내용들을 잘 담고 있다.

저자는 공급망 관리의 가장 중요한 두 개의 큰 기둥을 전 세계를 대상으로 하는 생산 효율화와 비용/재고의 최소화라고 표현했다. 그리고 이러한 두 개의 큰 기둥이 코로나19 이후에 새로운 국면에 들어섰으며 크게 비대면화 그리고 권역별 블록화라는 새로운 방향을 맞이하게 되었다고 판단했다. 그래서 이러한 변화에 발맞춰 물리적 공급망이 재편되고 동시에 재편된 공급망을 가장 효과적으로 관리할 수 있는 최적화 작업이 따를 것이라고 예상했다. 이 과정에서 이러한 변화의 시대에 어떤 기업들은 빠르게 공급망을 재편할 것이고 그렇지 못한 기업은 어려움에 빠질 수 있을 것이라고 설명하고 있다.

그동안 정답처럼 여겨졌던 공급망을 최대한 효율화 하여 비용과 재고를 줄이는 형태의 공급망 전략이 완전히 버려지는 것은 아니다. 오히려 그러한 바탕위에 격변하는 공급망 변화에 거역할 수 없는 전제조건에 해당하는 "안전"이라는 핵심 이슈가 더해지는 것임을 강조하고 있다.

특히 책이 발간된 이후 전 세계 공급망은 코로나19 팬데믹을 겪었고 트럼프 행정부 2기가 시작되면서는 그야말로 글로벌 공급망의 대격변이 시작되었다. 저자가 주장한 "안전"에 기반한 공급망 관리는 더욱 중요해 졌으며 단순히 안정적인 공급망 관리뿐만 아니라 미국이 주도하는 자국 중심의 공급망 재편 움직임에 대한 대응과 전략을 모든 기업과 국가들은 고민해야 하는 시기가 다가왔다.

끝으로 이 책을 통해서 독자들이 얻을 수 있는 또 하나의 좋은 점은 실제로 삼성전자와 같은 대기업에서 공급망 관리 또는 SCM 체계를 잡을 때 자주 사용되는 공급망 관리에 관한 중요한 용어들에 대해서 자세히 이해할 수 있게 설명해 놓았다.

책 두께도 두껍지 않고 내용도 워낙 쉽게 설명되어 있으니 가볍게 읽어보면 공급망 관리의 마법사는 아니어도 초보 딱지는 땔 수 있을 것이다.

5) 공급망 붕괴의 시대

도서명

공급망 붕괴의 시대

저자

피터 S 굿맨. 장용원 번역

출판사

세종서적. 2025년

이번에는 내가 알기로는 우리나라에서 공급망에 관련한 가장 두꺼운 책 한 권을 추천하려고 한다. 바로 “공급망 붕괴의 시대”이다. 책의 제목이 꽤나 자극적이지만 그만큼 사람들의 이목을 끌기에 좋은 제목이라고 생각한다. 이렇게 자극적이면서도 매력적인 책의 제목이 만들어진 이유는 아마도 책의 저자가 ‘뉴욕타임스’ 기자이기 때문이 아닐까 생각했다.

현 시대를 살아가는 사람들은 글로벌 공급망은 전 세계를 하나의 시장으로 묶어내고 각 기업들이 가장 효율적으로 제품을 생산하고 소비자에게 전달할 수 있는 최고의 생태계 구조라는 걸 당연하게 받아들이고 있다. 특히나 미국에서 소비되는 장난감에서부터 반도체와 자동차에 이르기까지 거의 모든 것이 중국 공장에서 만들어져 컨테이너 배에 실려 태평양을 건너가게 된다. 그렇게 미국의 주요 항구에 도착한 장난감에서부터 반도체, 자동차 등의 모든 물건들은 철도 및 트럭 운송을 통해 미국의 전역으로 퍼져나가게 된다. 약간 과장된 표현이지만 미국은 1980년 이후로는 거의 모든 제품들을 미국 본토에서 만들어내지 않고 중국을 중심에 놓은 글로벌 공급망 체계에 의존하고 있었다. 이러한 상황은 코로나19 이전까지는 큰 문제가 없었다. 아니, 이 책의 저자는 오히려 글로벌 공급망과 중국의 제조업체를 통해 공급된 모든 물건들은 미국의 물가를 안정화시키는 데 큰 도움이 되었다고 보고 있다. 그러나 코로나19 팬데믹 위기 상황이 발생하자 미국 자국에서 품질 좋은 마스크 하나 제대로 만들어내고 공급하지 못하게 되자 미국은 그야말로 패닉에 빠지게 되었고 지나친 글로벌 공급망에 의존하는 체계는 안전하지 않을 수 있다는 시각을 가지게 되었다.

미국은 그야말로 글로벌 공급망을 통해 거의 모든 제조품들을 자국이 아닌 해외 생산공장에서 만들어 자국으로 들여오는 방식을 선택하고 있었다. 이런 체계는 노동자 중심의 미국 제조업의 몰락을 가져왔으며 미국의 많은 사람들이 제조업에 대한 중요성을 우습게 생각하게 되었고, 반대로 제조업보다는 IT 플랫폼과 같은 고부가가치 산업에 대해 우상화에 가까운 일들이 벌여졌다고 저자는 밝히고 있다. 이러한 것의 대표적인 예가 바로 반도체 산업에서 나타났다.

미국은 의도적으로 모든 산업의 쌀과 같은 존재인 반도체 생산에 있어서 설계와 제조를 분리시켰다. 반도체 산업에서 가장 부가가치가 높은 설계 단계는 팹리스(Fabless) 기업이 담당하고, 실제 반도체 생산은 파운드리(Foundry)기업에서 담당하게 되는 구조를 미국이 주도적으로 만들어 공급망 생태계를 구성했다. 수익 극대화를 위해 반도체 산업에서 가장 고부가가치로 여겨지는 설계 역량은 미국이 보유하고 상대적으로 부가가치가 낮고 대규모 부지의 공장설립과 많은 노동력이 소요되는 반도체 제조공장은 우리나라와 대만과 같은 아시아 국가로 이전하였다. 우리나라는 미국의 이러한 정책에 의해서 반도체 시장에서는 제조역량을 빠르게 확보하고 삼성전자와 SK하이닉스가 세계적인 반도체 공급회사로 성장할 수 있는 기회를 얻을 수 있었다. 그러나 미국의 반도체 제조 회사들은 과거의 경쟁력들을 상실하고 역사속으로 사라지기도 하였다.

이 책에서 독자 여러분들이 얻게 되는 의미 있는 인사이트는 과거에 도요타의 생산방식으로 모든 제조산업에서 가장 효율적인 방법이라고 받아들여졌던 적기공급생산 방식(Just-In-Time)과 맥킨지 컨설턴트들에 의해 세계적으로 전파된 린-생산(Lean Production)이 오히려 글로벌 공급망의 위기를 초래했다는 비판의 시각이다.

Just-In-Time과 린-생산 방식에 의한 과도한 효율중심적 사고에 기반한 미국의 제조업 정책은 그동안 노동자들에게는 그 혜택이 돌아가지 않고 생산자본을 보유한 기업과 자본가들에게 과도하게 혜택이 주어졌다는 주장을 저자는 책의 전반에 걸쳐서 하고 있다. 한마디로 '과도한 효율중심적 사고'가 글로벌 공급망 위기를 초래했고 미국의 제조업 경쟁력 약화를 가져왔다는 시각이다.

결론적으로는 이제 한 국가의 공급망 체계를 수립할 때는 지나친 생산 효율성에만 집중할 것이 아니라 국가적 차원에서 지금도 쉴 새 없이 일어나는 다양한 공급망 문제들을 해결해 나갈 수 있는 회복탄력성(Resilience)과 공급망 리스크 관리(SCM Risk management)가 필요하다고 하겠다.

마지막으로 독자 여러분들에게 이 책을 추천하면서 당부드리고 싶은 사항 한 가지는 이 책은 해당 산업의 전문가가 아닌 "기자"의 눈으로 글로벌 공급망의 변화를 쓴 책이다. 따라서 공급망의 변화와 그 위기에 대응하는 내용보다는 그 과정에서 불합리한 상황들과 특히 미국의 열악한 운송 노동자에 관한 어려움 등에 관해서 조금은 편향되게 표현하고 있는 부분이 있어서 책을 읽는 데 조금은 균형적 시각이 필요하다.

6) 디커플링과 공급망 전쟁

도서명
디커플링과 공급망 전쟁
저자
이철
출판사
처음북스. 2023년

앞에서 설명한 책이 세계적 공급망의 변화를 미국 신문기자의 자국 중심적인 사고에서 분석한 책이라면 이번 책은 우리나라 산업 전문가의 시각에서 미 · 중 공급망 전쟁을 다룬 책을 소개하고자 한다.

이 책의 저자인 이철 작가는 서울대 산업공학과 석 · 박사 출신으로 KT와 SDS에서 일하였으며 중국 기업 TLC에서 일하며 그야말로 미국과 중국의 공급망 전쟁 현장에 대해 가장 깊은 이해를 가지고 있는 전문가라 할 수 있다.

내용 소개에 앞서 이 책을 독자 여러분에게 추천하는 가장 큰 이유는 현재 세계적으로 일어나고 있는 리쇼어링(자국 회귀, 특히 미국 중심 생산시설 회귀), 니어쇼어링(인접국 중심 생산시설 회귀), 프랜드쇼어링(우방국 중심회귀)에 관한 전략들을 이해하고 다양한 시각을 갖는 데 가장 깊이 있는 내용과 한국의 대응 전략을 설명하고 있기 때문이다.

이 책이 2023년에 출간되었는데 정확히 그로부터 2년 뒤인 2025년에는 단순한 '공급망 디커플링', 즉 미국과 중국의 공급망 분리 수준이 아니라 관세 전쟁 수준으로 그 상황이 더욱더 심각해지고 있다.

미 · 중 간의 공급망 대결이 격렬하지 않던 과거에는 그야말로 미국과 중국뿐만 아니라 세계의 공급망은 '커플링(동조화)'되어 있었다. 그러나 중국이 G2 수준으로 무섭게 성장하면서 미국은 그러한 중국을 견제할 수밖에 없었고 두 경제대국은 관계 단절을 넘어 WTO 체제하에 하나의 시장으로 묶여 있던 글로벌 공급망을 두 개의 시장으로 분열시키고 있다. 특히 미국과 중국은 우리나라에게는 최대 교역국으로, 어느 한쪽을 택할 수 없는 우리나라의 산업구조 특성에서는 매우 심각한 경제 전반의 위기를 초래할 수 있다.

책의 목차는 크게 4가지로 정리되어 있다.

1) 글로벌 경제를 뒤흔드는 디커플링

2) 미 · 중 대립으로 파편화된 공급망

3) 하나의 시장은 무너졌다

4) 두개의 시장과 교차 시장

책의 제목만 보아도 쉽게 알 수 있듯이 저자는 이미 미국과 중국의 대립으로 전 세계를 하나로 묶고 있었던 공급망이 파편화되고 격변의 시기를 맞이하게 될 것임을 여러 가지 사례를 들어서 설명하고 있다.

책의 내용에서는 단순히 세계적으로 제조와 생산분업화에 따른 공급망 체계 재편이 아니라 에너지, 식량, 반도체, 배터리, 희토류 등 전략 자원의 가치와 이를 움직이고 재분배하는 공급망 리스크에 대한 내용을 다룬다. 특히 우리나라와 가장 큰 교역국에 해당하는 미국과 중국이 대립하고 있는 이러한 상황은 단순히 경제 문제뿐만 아니라 향후 우리나라 산업 전반의 생존과 직결되는 핵심 문제라고 소개하고 있다.

이러한 저자의 주장은 마치 예언처럼 2025년 미국 트럼프 2기 행정부가 들어서자 마자 중국과의 극단에 가까운 관세 전쟁을 펼쳐 나가고 있다. 미국은 2025년 4월 모든 중국산 수입품에 대해 기존 관세에 더해서 34% 추가관세를 부과하는 행정명령에 동의하였으며 중국 또한 이에 맞서서 미국산 수입품에 대한 관세를 84%로 올리는 초강수를 두었다. 물론 이러한 치킨게임 식의 관세전쟁을 미국과 중국이 끝까지 밀어 부칠 것이라는 시각은 많지 않다. 결국에 가서는 서로 협상을 하고 파멸적 결론은 피할 것이라고 생각된다.

많은 분들께서 이 책을 통해서 미국과 중국 중심의 공급망 재편에 대해 복잡하고 심도 있게 이해하게 되기를 바란다. 이제 세계는 지속적으로 공급망 재편을 가져가게 될 텐데 이러한 공급망 재편은 단순한 생산 기반시설의 이동을 넘어서 자원, 에너지, 기술표준, 무역 규칙 그리고 궁극적으로는 모든 국가가 스스로 살길을 찾아야 하는 각국 도생의 길을 모색해야 한다는 결론에 다다를 수 있다.

독자 여러분들 중에서 국내 부품 또는 원자재 구매뿐만 아니라 해외 외자 구매업무를 담당하고 있는 분들이라면 이 책은 반드시 한번은 읽어봐야 하는 책이라고 생각한다. 이 책을 읽고 얻게 된 인사이트를 통해서 본인이 속해 있는 기업의 구매 전략 또는 공급망 전략을 수정/변경해 본다면 분명히 글로벌 전략 구매 전문가로 한 단계 업그레이드 되는 순간을 경험하게 될 것이다.

7) 알기 쉬운 구매실무 첫걸음

도서명

알기 쉬운 구매 첫걸음

저자

목진환 박사

출판사

중앙경제평론사. 2023년

지금까지의 구매관리와 관련된 책들은 실제 기업의 구매현장에서 경험과 경력을 쌓은 전문가들보다는 대학 강단에서 학생들을 대상으로 가르치는 교수님들이 집필한 글들이 많았다. 그런데 이번 소개하는 "알기 쉬운 구매 실무 첫걸음" 책은 그런 책들과 조금 결을 달리하는 책이다.

목진환 저자는 기아자동차 구매부서에서 실제로 구매 업무를 수년간 경험한 현직자 출신이며 이후에는 협력사로 자리를 옮겨 제조, 영업, 기획까지 경험한 진정한 구매 전문가라고 하겠다. 또한 한국 생산성본부, 한국표준협회에서 지속적으로 구매 강의를 해오며 어떻게 실무와 현장 컨설팅 경험에서 얻은 내용들을 새로운 기업구매 담당자들에게 잘 설명할 수 있을까 하는 노력과 고민이 그대로 반영된 책이라고 하겠다. 특히 해당 도서는 제목에서 밝힌 바와 같이 구매 실무를 처음 접하는 초급자를 대상으로 잘 정리되어 있어서 쉽게 읽을 수 있다.

책 내용은 기업경영과 구매관리의 중요성을 설명해 주는 기초적인 단계에서부터 시작하여 구매원가에 대한 개념, 재고관리, 협상의 중요성, 협력업체 관리, 납기관리 등의 구매 실무에서 담당자라면 꼭 알아야 하는 내용을 알기 쉽게 설명하고 있다. 그리고 책의 마지막 11장에서는 구매전략 수립의 필요성과 구매 전략 수립의 절차를 잘 설명하고 있어서 이 책 하나만 잘 읽고 충분히 이해 한다면 초보 구매 실무자로서 기본적인 지식은 모두 마무리된다고 할 수 있겠다.

특히 책 내용 중에 나에게 좋았던 부분은 구매 관리에서 "발주"에 대한 두 가지 의미를 설명해 주는 내용은 구매 컨설턴트인 나도 오랫동안 잊고 있었던 시각을 알려주어서 새롭게 다가왔다.

구매관리에서 발주서는 두 가지 의미가 있다. "하나는 공급자와 계약을 체결하고 발주함으로써 오랜 협상을 마무리하는 의미가 있다.", "다른 하나의 의미는 구매 관리가 시작됨을 나타내는 것이다." 발주를 했다고 해서 모든 것이 끝나는 것이 아니라, 구매 진행상황의 변화를 주시하며 이상 발생 또는 조짐이 예상되면 적절한 조치를 통해 문제를 해결해야 하는 것이다.

목진환 저자는 본인이 기아자동차에서 실제 구매 업무를 다년간 수행해 보았기 때문에 구매 업무에서 "발주" 행위가 어떤 의미를 갖는지 누구보다 깊이 있게 그리고 정성스럽게 설명한 내용이 아닌가 생각된다.

구매 업무 분야에 이렇게 실전적인 내용과 의미를 담아낸 책들이 많지 않은데 목진환 저자의 "알기 쉬운 구매실무 첫걸음" 책은 많은 사람들에게 오랫동안 잘 활용되는 책이 되었으면 좋겠다.

8) 구매혁신의 기술

도서명

구매혁신의 기술

저자

엑센추어코리아 엮음(이지은, 방호남)

출판사

매일경제신문사. 2008년

경영컨설팅 전문회사인 액센츄어 코리아가 국내에서 최초로 "구매혁신"이라는 주제를 중심으로 저술한 책이다. 국내에서 전략구매 또는 구매혁신과 관련 컨설팅을 직접적으로 수행하고 많은 컨설팅 경력을 보유하고 있는 회사들은 액센츄어, A.T. Kearney, IBM 그리고 내가 몸담고 있는 엠로 등의 회사들이 있다. 아쉽게도 액센츄어 코리아는 한국 지사 폐쇄로 인해 현재는 국내에서 비즈니스를 하지 않고 있는 상태이다.

책 이야기로 돌아가면 해당 저서는 빠르게는 1990년대, 본격으로는 2000년 초반부터 글로벌 기업들에서 시도되기 시작했던 구매전략과 혁신적인 구매 기법들을 자세하게 설명해 놓은 책이다.

책의 서문에 보면 GE, HP, 지멘스, 듀퐁, 폭스바겐 등 글로벌 기업들 중에서 해당 시장에서 독보적인 경쟁력을 가지고 있는 기업들의 핵심에 우수한 구매 조직과 전략적 구매혁신이 자리잡고 있음을 밝히며 시작한다. 또한 책의 시작부분에 구매혁신의 필요성뿐만 아니라 왜 구매혁신이 실패하게 되는지에 대한 내용도 담고 있다.

책의 내용은 액센츄어의 SCM 부사장과 전문 컨설턴트가 2명이 중심이 되어 체계적으로 정보를 모으고 이를 실질적으로 기업에 적용할 수 있도록 그 내용들이 잘 작성되어 있다. 이 책의 장점은 많은 Data와 실질적 사례들을 많이 담고 있어서 10년이 지난 지금도 구매혁신과 전략구매에 대해 자세히 알고 싶다면 무조건 읽어야 하는 필독서에 해당한다.

또한 이 책에서는 전략구매의 실질적 적용에서 가장 핵심적으로 자주 거론되는 방법론에 해당하는 구매 카테고리 전략에 대한 이해와 실천방안에 대해서 자세히 설명되어 있다. 기존의 국내 기업들의 구매 전략들은 객관적인 지표나 차별화된 방법론보다는 구매자들의 직관이나 무조건적인 원가절감의 측면에서 이루어졌다. 이 책에서 다뤄지는 구매 카테고리 전략은 구매담당자의 직관보다 논리적이고 명확한 근거와 기준을 바탕으로 좀 더 치밀한 전략적 접근 방식의 구매 방법을 잘 알려준다. 또한 이 책에는 체계적인 공급사 관계 관리를 통해 새로운 가치를 창출할 수 있는 방법에 대해서 이론적으로 그리고 실천적을 적용할 수 있는 내용이 정리되어 있다.

이 책이 발표된 2008년은 우리나라 대기업들 중에서 구매 분야의 중요성을 인식한 선도기업들은 구매혁신을 빠르게 적용해 나가고 있던 시기였으며 전략구매 컨설팅이 가장 활발하게 이뤄지던 시기였다. 그러한 시기에 쓰여진 이 책은 10년이 지난 지금도 아직 구매혁신이라는 단어를 알고는 있지만 실제 기업경영에 접목하지 못한 기업에서 일하고 있는 구매 담당자라면 반드시 읽어봐야 하는 책이라고 조언을 해주고 싶다.

이 책을 소개하면서 장점들을 중심으로 설명했다. 다만 우려되는 부분 또는 단점이 될 수 있는 부문은, 전문 컨설턴트가 작성한 책이라서 기업의 구매 담당자들이 읽고 현장에서 직접 적용해 보려는 과정에서 실망을 할 수도 있다. 좋은 이야기만 잘 나열된 이론서에 지나지 않는다고 비판할 수도 있는 약점이 존재한다. 그러나 국내에는 전략구매 또는 구매혁신과 관련된 품질 높은 정보나 양질의 책을 구하기 쉽지 않다는 점을 감안하면 그래도 여러분들의 소중한 시간을 할애해서 읽어볼 만한 가치가 분명히 있는 책이라고 하겠다.

9) 구매관리

도서명

구매관리(Purchasing Management)

저자

박경종, 윤재홍, 한동철 공저

출판사

이프레스. 2014년

이 책은 경영학과 현직 교수님 3인이 공동 저술한 책이다. 실제로 학생들을 가르치는 교수님들의 공동 저서라는 특징 때문인지 총 380여

쪽의 방대한 분량뿐만 아니라 그 내용들도 충실하게 작성되어 있는 구매관리 분야의 대학교재 같은 책이라 하겠다. 책의 머리말의 내용을 참고하자면 3인의 공동저술을 담당한 저자들은 경영학의 양대 기둥인 생산과 마케팅을 전공하였으며 개념적인 부분이 강한 경영학과 기술적이고 수리적인 부분이 강한 산업공학을 전공하여 구매관리의 핵심포인트인 생산과 마케팅 그리고 개념과 기술적인 부분은 전부 포괄하고 있음을 자랑하고 있다.

또한 이 책의 장점은 2014년에 저술될 그 당시 구매관리의 거의 모든 개념과 이론들을 포함하고 있으며, 다른 책에서는 찾아보기 힘들게 그 당시의 경제신문 기사를 각 장의 마지막마다 배치하여 자칫 이론적 교제로만 그칠 수 있는 약점을 잘 보완하고 있으며 구매관리에 관한 다양한 관점을 일관성 있게 서술하고 있는 장점을 가지고 있다.

목차와 내용을 간략하게 정리해보면 이 책은 크게 4개의 부문으로 나눌 수 있는데 방대한 분량만큼 각 부문별로 성실하게 내용이 구성되어 있다.

첫 번째 부문은 구매관리의 기초에 해당하는 부분이다.

제1장 구매관리의 개념에서 시작하여, 제5장까지 컨설턴트인 나도 여전히 어렵게 느껴지는 수요예측과 자재소요량 계획을 비롯하여 전사적인 자원관리 및 ERP 시스템에 관한 내용을 포함하고 있다.

두 번째 부문은 전략구매의 영역에 해당하는 부분이다.

제5장부터 제10장까지는 구매에 있어서 전략적 판단이 필요한 구매원가 관리, 공급업체 선정과 전략적 공급업체관리, 구매협상 등의 내용을 다루고 있다.

세 번째 부문은 재고관리에 대한 부문이다.

제11장부터 14장까지 재고관리에 대한 기본적인 개념과 재고관리 모형 그리고 재고관리 시스템 및 적시생산시스템(JIT: Just In Time)에 관한 내용을 상세하게 설명하고 있다.

네 번째 마지막 부문은 개발구매와 관련된 부문이다.

15장과 16장은 요즘까지도 구매 부문에 있어서 가장 큰 화두에 해당하는 개발 구매에 관한 내용을 일부 다루고 있다.

이 책은 구매부문을 지원하고자 하는 취업 준비생들에게는 필독서와 같은 책이라고 말하고 싶다. 실제 기업에서는 이 책의 내용처럼 이론적 구매가 아닌 실전에 해당하는 다양한 구매 경험과 해당 기업의 생산 특성에 맞는 구매 지식이 필요하겠지만 말이다.

또한 기업에 입사해서 막 구매업무를 시작하는 신참 구매담당자라면 적어도 이 책을 3번 정도 정독하고 핵심적 내용들을 모두 이해한다면 구매 담당자로서 기본적인 이론을 모두 섭렵했다고 할 수 있을 만큼 기초적인 내용에 대해서는 빠짐없이 잘 구성되어 있는 책이다.

다만 좋은 약은 입에 쓰다고 했던가? 이 책의 약점은 앞에서 말한 것처럼 아주 방대한 분량으로 각 분야별 전문가인 교수님들이 정공법으로 작성하다 보니 그리 재미있게 읽어지지가 않는다. 구매업무를 설명하고 이해시키기 위한 교재처럼 사용될 수 있는 책이라서 당연하다고 하겠지만 요즘같이 소프트하고 쉽게 읽히는 책들이 많이 나오는 시대를 기준으로 한다면 당연히 좀 지루할 수 밖에 없는 책이라 하겠다.

이미 마케팅이나 고객관리(CRM)와 관련해서는 쉽고 재미있게 나온 책들이 많이 있는데 여전히 구매와 관련된 책들은 딱딱하고 재미없는 것들이 대부분인 것이 사실이다. 나도 구매와 관련된 책을 쓰고 있지만 좀 더 쉽고 재미있게 그리고 실제로 기업에서 일하고 있는 구매 담당자들에게 도움이 될 수 있는 그런 책들을 많이 출판되면 좋겠다. 그리고 그러한 과정에서 나 또한 지속적으로 노력해서 구매 분야의 책이 베스트셀러 반열에 드는 것을 꼭 경험해 보고 싶다.

10) 간접구매혁신

도서명

간접구매혁신

저자

이교원

출판사

피그마리온. 2017년

이 책은 국내에서 간접구매 분야에 관한 국내 첫 번째이자 유일한 책이다. 앞에서 언급되었던 전략적 구매혁신 분야에서 LG의 독특한 영역이었던 간접구매 GP(General Procurement)에 관한 내용이 담겨 있는 책이다.

이 책의 저자 이교원님은 LG전자 구매부서에 입사하여 20년 이상을 본사와 공장에서 부품의 개발 및 전략/조달 구매분야를 담당한 전문가이다.

LG전자는 토마스 린튼 부사장 선임 이후에 한국 대기업에서는 최초로 간접구매 부문에 대한 혁신을 시작하였다. 간접구매라는 표현은 사실 그 이전까지는 일반구매 또는 총무구매와 같은 이름으로 구분되던 영역으로 구매혁신의 대상에서는 좀 멀리 있었던 영역이었다. 이러한 구매혁신 대상에서 좀 멀리 있었던 간접 구매 영역을 경영혁신의 기법으로 적극 도입했던 회사는 바로 IBM이었으며 일반구매 또는 간접구매라는 명칭 General Procurement 역시 IBM이 최초로 일반화시킨 것으로 알고 있다. 이러한 명칭은 LG전자에도 그대로 전승되어 12명의 구매 전문가 집단을 구성하여 간접구매 TFT를 만들고 구매혁신을 시작하였다고 한다.

간접구매란 주로 판매관리비 및 간접비를 통상적으로 칭한다. 이렇게 지출되는 물품 및 서비스 등은 그 특성상 대기업의 조직 내에 광범위하게 분산된 구매영역으로, 비정형화 되어있고 통상적으로 구매 부서에 의해서 집중적으로 통제되지는 않는 것이 일반적이다. 사무용품이나 마케팅, 홍보, 시설 관리 등의 간접구매는 기업 전체의 원활한 업무운영을 위해 필수이지만 부서별 불투명한 처리로 인해 비용부담을 키우게 되면 기업의 경쟁력을 악화시킬 수 있는 요인이 된다. 기업들의 매출액 대비 간접구매의 규모는 2014년 자료를 기준으로 알아보면 제조업 19.4%, 서비스업 14.9%, 소비재업 26.9%, 유통업 20.6%, 제약업 24.8% 그리고 전자, 반도체업 27%에 달하는 것으로 알려져 있다.

이 책의 핵심 내용은 12명의 전문가 그룹으로 만들어진 간접구매 혁신 TFT가 300억의 비용절감을 이뤄내고 다시 20명 그리고 150명의 인원으로 성장하는 GP 조직의 성장에 관한 내용이 설명되어 있다.

이러한 150명의 인원은 LG 전사의 간접구매혁신을 통해서 14개월 만에 3000억 원의 절감을 이뤄낸 과정에 대한 내용이 궁금하다면 한번 읽어 보기를 권한다.

11) 당신의 SCM이 실패한 이유

도서명
당신의 SCM이 실패한 이유
저자
설창민 칼럼니스트
출판사
㈜씨엘오. 2020년

이번에 소개하는 책은 조금은 '특이한' 책이다.

우리나라에서 가장 오래되고 "물류로 보는 세상"이라는 목표를 기반으로 운영되어온 미디어 채널 CLO의 SCM 전문 칼럼니스트 설창민 작가가 쓴 "당신의 SCM이 실패한 이유"라는 책이다.

설창민 칼럼니스트는 CLO 미디어 채널에서 10년이 넘도록 SCM에 관한 다양하고 재미있는 시각들을 바탕으로 꾸준히 칼럼을 작성하고 글들을 남겨왔다. 이 책은 이러한 칼럼의 내용과 함께 물류 SCM 현장에서 지금도 벌어지고 있고 생각해 볼만한 이슈들을 한데 모은 책이라 하겠다.

'공급망이 바꾼 디즈니 공주들의 운명', '빼빼로 물고 공급망 관리', '어차피 틀릴 수요예측 잘 틀리는 기술' 등과 같이 몇 개의 글 제목만 보아도 느껴지듯이 독특한 시각과 재미있는 아이디어를 기반으로 SCM 공급망 관리에 이야기를 그야 말로 맛깔 나게 설명하고 있다.

그리고 그러한 설명들이 단순히 재미만을 전달하거나 고리타분한 이론적 내용들만 전달하는 것이 아니라 현장에서는 왜 SCM 전략들이 잘 먹혀들지 않는지, 왜 기업에서 공급망 관리와 SCM 최적화를 위하여 엄청난 인력과 시간을 할애하고 있는데도 실패하는지에 관한 내용들을 엿볼 수 있었다.

나는 개인적으로 구매혁신을 위해서 구매 및 공급망 관리에 영역에 있어서 IT 기술 기반의 혁신들이 반드시 필요하다고 생각하고 있는 사람 중에 한 명이다. 여기 이 책에서 설창민 저자 또한 SCM 영역에서 그러한 디지털 기반의 업무 혁신(DT: Digital Transformation)에 대한 필요성과 적용방안에 대해서 비판적이면서도 객관적인 시각으로 정리해 놓은 글이 참 인상적으로 다가왔다. 기업들이 물류 SCM 분야의 DT를 실행하면서 기업조직 구성원들이 가슴 뛰는 수준의 변화를 추구해야 하지만 일부 기업들의 경우 유행을 따라하듯 흉내만 내거나 임원진들에게 보여주기식 수준의 DT 혁신을 수행하는 Case를 직설적으로 꼬집고 있다.

이외에도 삼성전자 Bespoke 냉장고의 맞춤형 생산전략, Fast Fashion의 대명사였던 ZARA, H&M과 같은 기업들이 SCM을 통해 성공하고 실패하는 다양한 스토리를 만나 볼 수 있는 좋은 책이다. 너무 고리타분한 구매, 공급망 이야기에 지쳤다면 한번 재미있게 읽어보기를 권한다.

12) 미친 SCM이 성공한다

도서명
미친 SCM이 성공한다
저자
민정웅 교수
출판사
영진닷컴. 2014년

앞에서 소개한 책들은 구매와 직접 관련된 책들이라고 하겠다. 이후에 소개하는 책들은 구매와 직접 관련된 주제의 책들이 아닐 수 있지만 보다 뛰어난 구매 현업으로 자신을 변화시키고자 한다면 한번쯤 읽어볼 만한 책들을 소개해 보고자 한다.

이 책은 내가 읽은 국내의 SCM 관련 책 중에서는 가장 뛰어난 책이라고 말하고 싶다. (물론 내가 모든 SCM 책을 읽은 것은 아니겠지만 말이다.)

그 이유는 이렇게 두꺼운 책이 정말 재미있게 읽히기 때문이다.

교보문고 출판사 추천사에도 아래와 같은 내용으로 책이 소개되고 있다.

공급망 관리(SCM) 분야의 세계적 전문가 하우 리(Hau Lee) 교수가 추천하는 글로벌 기업들의 숨겨둔 SCM 이야기, 『미친 SCM이 성공한다』.

이 책은 알려고 하면 할수록 애매모호해지는 'SCM'의 정의를 새로운 시각에서 바라보기 위해 SCM이 지나온 과거의 발자취를 더듬어 현재를 이해하고 또 나아가 SCM의 미래를 예측할 수 있는 방안을 제시하고 있다. 또한 기업들의 성공에 중추적인 역할을 하는 SCM을 활용하여 자신만의 성공을 이룩한 여러 기업들의 사례를 통해 '젊고', '역동적'이며, 그 범위가 '광대한' SCM을 명쾌하게 설명하고 있다.

이 책의 저자인 민정웅 교수는 현직으로 대학에서 물류 부문을 가르치고 있으며 삼성 SDS에서 시니어 컨설턴트로 일했던 경력을 가지고 있다. 또한 Gartner Supply Chain Top25 심사위원을 역임하고 있다고 한다. 이러한 경력 때문인지 SCM에 관한 역사적 이론에서부터 요즘 가장 뜨거운 물류혁신 기업인 Amazon, Apple, ZARA, 유니클로의 생생한 사례들을 잘 재미있게 잘 설명해 주고 있다. 다른 서적들은 대부분 기업에서 구매를 담당하고 있는 현업 담당자들에게 도움이 되는 책이지만 이 책은 누구나 읽어 볼 만한 아주 즐겁게 읽히는 책이다. 매일경제의 담당 기자의 추천사에 보면 이 책에 나와 있는 경영고수들의 이야기는 동네 치킨집 사장님부터 대기업 마케팅 담당자와 CEO까지 모든 분들께 추천해 드리고 싶다는 이야기가 나오는데, 나도 그 의견에 전적으로 동의한다.

이 책에는 글로벌 기업들의 SCM 전략에 대한 사례가 많이 나오지만 사실 내가 가장 감명 깊게 읽었던 부분은 3시간 안에 7만 개의 도시락을 완벽하게 배달하는 계란도시락 전문점 "타마고야"라는 도시락 배달 회사 이야기였다. 우리는 대부분 SCM이라고 하면 글로벌 생산시설과 판매시설을 보유한 세계적 대기업들만 고민하는 문제라고 생각하기 쉽다. 하지만 "타마고야" 같은 도시락 배달 업체와 같이 지역의 도시락 배달업체도 SCM 전략만으로도 누구도 넘볼 수 없는 경쟁력을 갖출 수 있다는 것을 실증적 사례로 보여준다.

타마고야 도시락 업체의 이야기를 잠시 살펴보면 수요예측이나 수, 배송 시스템과 같은 IT 시스템이 전혀 없이도 오전 9시부터 10시 30분까지 단 90분간 주문을 받은 후에 이를 점심시간인 12시 이전까지 완벽에 가깝게 배달을 마친다. 거기에다가 잉여재고에 의한 손실률은 0.06%에 불과하다는 놀라운 이야기를 담고 있다. 대규모 IT 시스템이 없어도 복잡한 Data 분석을 하지 않아도 타마고야의 사람들은 어떻게 하면 반찬들이 남지 않게 어떻게 하면 정확한 시간에 도시락을 배달할 수 있는지에 대한 내용 재미있게 설명해 주고 있다.

이 책의 가치는 다시 한번 말하지만 지나치게 이론적이거나 딱딱하지 않으면서도 아주 많은 내용을 담고 있다. 케이블 방송의 TV 프로그램인 <알쓸신잡>의 내용처럼 당신이 구매 담당자이고 이 책의 내용을 알고 있다면 아주 풍부한 SCM 성공에 관한 이야기와 글로벌 기업들의 구체적인 성공사례들을 알아둘 수 있다. 가벼운 마음으로 시작해도 끝까지 읽을 수 있는 책이니까 여러분들도 꼭 재미있는 책 읽기에 빠져 보기를 권한다.

13) 컨설턴트가 전하는 현장중심의 원가관리

도서명

컨설턴트가 전하는 현장중심의 원가관리

저자

임병선

출판사

한국생산성본부. 2010년

국내에 나와 있는 원가관리에 관한 책들은 대부분 회계를 담당하거나 재무쪽 관련 담당지식을 가진 저자들이 책을 출간한 경우가 대부분이다. 이러한 책들은 대부분 원가에 대한 이론적 설명을 나열하는 방식이라서 원가관리에 관한 이론적 기반을 다지는 데 도움이 되지만 실제로 구매담당자가 원가절감이나 원가혁신을 실무에 적용하려면 도움이 되지 못한다.

이번에 소개하는 "현장중심의 원가관리" 책은 일반적인 원가관리 도서들이 채워주지 못하는 부분은 상당부분 채워주고 있다. 일단 이 책을 집필한 저자의 약력을 살펴보면 현대차 기술연구소 설계원가실과 GM대우 기술연구소의 설계원가 팀장의 역할을 수행했던 이력을 가지고 있다. 이러한 이력을 바탕으로 책을 써 나갔기 때문에 앞에서 말한 일반적인 원가관리 책들과는 차별화된 내용을 담고 있으며, 실제 제조업의 설계, 구매 담당자들에게 참고가 되는 내용을 충실하게 담고 있다.

책의 전체 내용 중에서도 나에게 가장 도움이 되었던 두 가지 부분이었다. 그 첫 번째는 <Part 2. 생존을 위한 원가기획> 부분이다.

날로 치열해지는 시장상황에서 고품질, 저원가를 유지하면서 지속적으로 제품을 생산할 수 있는 능력이 있어야 기업의 생존이 가능하다는 내용과 이를 위해서는 고객이 원하는 목표가격 및 목표원가를 기획하고 달성할 수 있어야 한다는 내용이 좋았다. 원가기획 업무는 이러한 기업의 생존을 위한 첫 번째 고민의 출발점인데 이 책에는 이러한 원가기획 및 관리에 대한 내용이 상세하게 정리되어 있다.

두 번째는 < Part 5. 원가절감 사례> 부분이다.

이 책을 집필한 임병선 저자가 생산현장과 교육, 컨설팅을 진행하면서 경험했던 다양한 사례들을 잘 정리해 놓았다. 저자는 이 책에서 재료비 개선을 위해서는 Tear Down VE 적용 가장 효과적이라고 설명하고 있으며, 가공비 개선을 위해서는 저자가 직접 개발한 CTC(Critical Total Cost)라는 방식이 효과가 좋았음을 주장하고 그에 대한 내용을 상세히 기술하고 있다.

끝으로 저자는 지속적 원가혁신 활동을 위해서는 열심히 일하기(Working Harder)보다는 현명하게 일하는(Working Smarter) 혁신자가 될 것을 강조하고 있다. 기업이 지속적으로 생존할 수 있도록 해주는 원가혁신에 대한 지속적인 목표 관리 그리고 살아있는 원가에 대한 현장관리를 고민하고 있는 독자들이라면 회사 책상에 꽂아 두고 반복해서 읽어 본다면, 어느새 당신의 회사에서 최고의 구매원가 전문가가 되어 있을지도 모를 일이다.

14) 왜 다시 도요타인가

도서명

왜 다시 도요타인가

저자

최원석

출판사

도서출판 길벗. 2016년

구매와 직접 관련된 책은 아니지만 자동차를 포함한 모든 제조업의 영원한 롤 모델인 도요타에 대한 책이다. 2010년 미국에서 도요타 자동차의 브레이크 결함으로 사망사고 이후 사상 초유의 1,000만대 리콜이라는 역경을 뚫고 단기간 만에 다시 최고의 자동차기업의 자리로 복귀한 세계 최강 기업 도요타에 대한 뼈를 깎는 자기혁신에 관한 내용이 정리되어 있다.

저자인 최원석씨는 2013년부터 2년여간 조선일보 경영 섹션이 '위클리 비즈니스'에서 전 세계 기업을 취재하고 그 기업들의 CEO들을 인터뷰 하며 그 내용을 지면으로 남겼다. 이때 도요타 본사를 심층 취재하는 과정에서 도요타라는 기업을 더 많이 알게 되었으며 도요타의 아키오 사장을 직접 만나 인터뷰했던 경험을 가진 저자이다. 그는 출판사의 책 소개 부문에서 이 책을 쓰기 위해 7년간 많은 사람들을 취재하고 500명 정도를 인터뷰했음을 밝히고 있다. 또한 그중에 중요한 인터뷰 대상 50명은 책 마지막에 리스트와 인터뷰 장소, 일시 등도 표기해 두었다. 그만큼 이 책은 상당히 깊은 내용을 가지고 있다.

지난 수십 년간 도요타는 자동차 업계의 유일무이한 최고의 롤 모델로 불려왔다. 하지만 2008년 세계 금융 위기에서부터 300만 대에 달하는 생산 과잉과 2010년 1,000만 대 리콜 사건을 연달아 겪으면서 도요타는 뿌리째 흔들렸다. 그렇게 안팎으로 흔들리던 2009년 창업가문 3세인 도요타 아키오가 흔들리는 도요타의 구원 투수로 사장에 취임했다.

이 책에는 새로 취임한 도요타 아키오 사장이 2011년 '도요타 재출발의 날'을 선언하고 빠르게 회사의 모든 악재들을 떨쳐내고 불과 5~6년만에 2015년 세계 최초로 연간 판매 1,000만 대 돌파와 사상 최대 실적을 경신하게 된 내용을 깊이 있게 다루고 있다. 5번의 위기를 뚫고 괴물처럼 강해진 도요타의 깊은 혁신의 내용을 읽을 수 있으며 사상최대의 실적을 내고도 뼈를 깎는 자기혁신으로 미래차 시장에서도 주도권을 놓지 않고 있는 그 비밀을 조금이나마 엿볼 수 있다.

저자는 삼성의 노트7 핸드폰 대량 리콜 사태나 현대차의 결함 속출로 인한 시장에서의 실적부진과 신뢰상실이 모두 2010년 도요타 1,000만 대 리콜의 위기와 똑같이 닮아 있다고 기술하고 있으며, 우리나라 기업들도 도요타가 그랬던 것처럼 처절하게 반성하고 조직을 개편하고 설계혁신을 통해서 위기를 극복해야 한다고 지적하고 있다. 우리나라 기업들도 뼈를 깎는 혁신을 해야 지속적으로 성장하고 세계 시장에서 버틸 수 있을 것이라고 책 속에서 주장하고 있다.

구매혁신과는 직접적으로 연관되는 내용은 아니지만 세계 최고의 기업이 어떻게 위기를 벗어나고 조직과 리더십을 어떻게 변화시켜 나가는지에 대한 혜안을 가지게 해줄 수 있는 책이다. 기업의 혁신 중에 중요한 부분을 담당해야 하는 구매 부서의 담당자들이라면 반드시 읽어보고 내가 일하고 있는 현장에서는 어떻게 적용해 볼 수 있을까 고민을 던져주는 책이다.

15) 도요타의 원가

도서명
도요타의 원가
저자
호리키리 도시오, 현대차그룹 글로벌 경영연구소 번역
출판사
매일경제신문. 2017년

또 한 권의 도요타 관련 서적을 소개한다. 이 책은 도요타가 가지고 있는 원가 관리의 방법을 소개하고 있는 책이다. 책에는 도요타라는 기업이 어떻게 원가를 관리하고 비용절감을 하는지에 관한 내용을 체계적으로 알려준다. 또한 이를 통해 진짜 이익을 창출할 수 있는 도요타 만의 비법과도 같은 노하우들을 담고 있다. 도요타의 이익의 원천인 원가 절감과 원가 기획의 추진 방식 그리고 그 효과를 비약적으

로 높이는 자공완결 시스템과 차종 담당 개발 총괄 책임자인 CE(Chief Engineer)의 역할에 대해 자세히 설명되어 있다. 또한 원가 절감의 정밀도를 높이는 대책으로 낭비 제거와 오베야 방식을 설명하며 도요타를 최강으로 만든 원가기획의 전모를 알 수 있도록 쓰여져 있다.

저자인 호리키리도시오는 실제로 1966년 도요타자동차에 입사해서 생산라인의 공정 설계, 설비 계획 그리고 유명한 도요타의 생산방식인 TPS를 맡았던 그야말로 현장 출신 담당자라고 한다. 책의 내용 중 원가절감에 대한 그의 생각을 알 수 있는 몇몇 표현은 구매 컨설턴트인 내가 봐도 과격하게 들리는 것들이 있을 만큼 저자는 아주 과격한 언어로 도요타의 원가 절감의 비밀을 설명하고 있다.

그러한 과격한 표현 중의 하나가 도요타는 "이익을 창출하지 못하는 행동은 '일'이 아니다"라고 표현하고 있다. 회의를 하고, 거래처에 나가고, 기획서를 쓰는 일상적인 행동이 실제 이익에 공헌하고 있는지, 단지 비용만 발생시키고 있는지 아니지를 확인해야 한다는 것이다. 그것이 부가가치를 높이는 일인지 아닌지를 판단 하여야 하고 그 기준은 원가와의 비교를 통해서 결정된다는 것이다. 원가를 줄이고 있는데 직접적으로 도움이 되는 일이 아니라면 모든 회의, 보고서 작성, 마케팅 기획 등은 일이 아니라는 것이 저자의 생각이다.

이 책에서는 원가 절감을 위한 실천적 대안으로 낭비제거와 오베야 방식을 설명하고 있다. 우리는 회사에서 항상 최선을 다해서 일하고 있지만 실제로 깨닫지 못하는 곳에서 낭비가 지속적으로 발생하기 때문에 이를 무시하면 적지 않은 비용이 발생한다는 것을 일깨워준다. 이 책에 소개된 원가를 상승시키는 대표적인 낭비 대상을 7가지로 정의하고 있다.

1) 과잉 생산에 의한 낭비, 2) 작업 대기에 의한 낭비, 3) 운반에 의한 낭비, 4) 가공 그 자체에 의한 낭비, 5) 재고에 의한 낭비, 6) 동작에 의한 낭비, 7) 불량품에 의한 낭비가 그 7가지에 해당한다.

나는 특히 작업 대기에 의한 낭비와 운반에 의한 낭비를 제거하기 위해 도요타 조립라인 작업장 내에서 "롤러컨베이어"와 "슈터"까지 만들어서 낭비를 제거한다는 내용을 읽고는 도요다는 정말 해도해도 너무한다는 생각까지 했다. 그만큼 도요타라는 기업이 원가절감이라는 주제에 대해서 어떻게 생각하고 있는지를 깊이 알 수 있게 해주는 내용이었다.

나는 전략구매 컨설팅을 수행하기 위해 많은 기업들에서 프로젝트를 진행하면서 구매 부서의 담당자들로부터 과연 이러한 방식으로 원가가 절감될까? 그리고 그렇게 절감된 원가들은 도대체 어디로 간 것인가? 하는 질문들을 자주 받는다. 그럴 때마다 수많은 Fact Data를 수집하고 원가절감의 Best Practice를 찾아서 질문자들에게 답변처럼 보여주곤 했다. 하지만 이런 답변들은 1차원 정도 수준의 내용이었음을 깨닫는다.

이 책을 읽고 있는 여러분이 지금 몸담고 있는 기업에서 원가 절감을 위해 늘 고민하고 있는 구매 부서의 담당자라면 반드시 이 책을 읽고 우리 회사에서는 어떤 방법이 있을지 고민해 보기를 바란다. 그리고 고민만 하는 것이 아니라 이 책에 나와있는 방식을 하나만이라도 실천해 볼 수 있다면 당신의 회사는 분명 원가절감 단계를 한 단계 높일 수 있을 것이다.

16) 매직 컨베이어 벨트

도서명

매직 컨베이어 벨트

저자

요시 세피 저 / 김효석, 이승배, 류종기 역

출판사

씨아이알. 2024년

해외의 책들을 국내용 번역서적으로 출판을 할 때는 용어가 생소하거나 국내에서 다른 의미로 받아들여지는 경우에는 한국 출판시장의 특성에 맞게 제목을 고치는 경우들이 있는 것으로 알고 있다. 그런데 이번에 소개하는 책은 “매직 컨베이어 벨트”라는 해외 원저의 제목을 그대로 가져왔다. 그만큼 책 제목이 주는 시사점이 큰 것이라고 생각한다.

이 책의 저자 요시 셰피 교수는 MIT 공대의 석학으로 이미 글로벌 공급망과 ESG 경영 등에 관한 여러 가지 책을 출간하였으며, 중국, 유럽, 동남아시아에 물류연구센터를 설립하여 글로벌 공급망 연구에 집중해 온 세계 최고의 전문가이다. 개인적으로는 고백하자면 나는 구매 SCM 컨설턴트로 일하면서도 셰피 교수에 대한 저서를 읽어본 적이 없었는데 이번에 매직 컨베이어벨트를 읽어보고 나서는 그의 공급망에 대한 깊은 이해와 전문지식에 완전히 반해버렸다. 그의 모든 저서들을 찾아보고 읽어볼 생각이다.

그럼 책의 목차부터 살펴보자.

1) The Global Dance(일련의 움직임)

2) Future Complexity & Challenge(복잡성과 도전과제)

3) Vital Link the Chain: Humans(인간, 중요한 연결고리)

4) Looking Forward(인공지능과 일의 미래 전망)

책의 내용은 위 4개의 목차로 "깔끔하게" 정리되어 있다. 영어로 표현된 내용이 압축적으로 어떤 내용을 설명해 주고 있는지를 잘 알려준다.

첫 번째, Global Dance 장에서는 소비자들은 쉽게 알기 어려운 글로벌 공급망 네트워크에 대한 내용들을 쉽고 재미있게 알려주고 있다.

하나의 자동차를 완성하려면 평균 5,000~30,000개의 부품이 있어야 완벽한 자동차를 만들 수 있다. 그리고 30,000개의 부품들이 적기에 조립 공장에 도착해 있어서 제대로 된 자동차를 조립할 수 있는 것이다. 코로나19 시절에 현대자동차는 자동차 부품들 중에서 하네스라고 하는 자동차 전선 뭉치 플라스틱 부품이 중국에서 제대로 공급되지 않아서 자동차 생산 라인을 멈추는 막대한 손실을 입었다. 우리가 손쉽게 사용하고 있는 핸드폰을 비롯한 모든 제조 생산품은 이러한 복잡한 공급망 체계의 결과물이다.

두 번째 Future Complexity & Challenge 장에서는 지난 50년간 글로벌 공급망이 얼마나 발전했으며 이러한 발전들이 얼마나 복잡했는지를 설명하고 있다. 또한 전 세계적으로 다양한 상품에 대한 폭발적인 수요가 증가하게 되면서 더욱 빠르고 완벽한 물류서비스 망을 만들에 내고자 노력들은 경이로운 수준이다. 최근에 나는 삼성전자와 HL만도와 같은 기업에서 컨설팅을 하면서 글로벌 공급망의 관리 수준이 얼마나 깊이 있고 빠르게 변하고 있는지를 몸소 체험할 수 있었다. 예전에 삼성전자 또는 현대차 같은 기업들도 1차 협력사 또는 더 나아가 2차, 3차 협력사 정도까지만 물동 현황을 관리하고 체크하면 되었다. 하지만 글로벌 공급망의 복잡도가 기하 급수적으로 늘어나면서 요즘에는 2차, 3차 이하의 협력사들도 관리하려는 움직임들이 많아지고 있다. 이러한 움직임을 하위 “협력사 N차 관리”라고 해서 컨설턴트인 내가 직접 확인한 내용으로 5차, 6차 협력사 더 나아가서는 최종의 원재료 업체들에 대한 관리까지를 목표로 하고 있으니 그 관리의 복잡도는 그야말로 상상 이상이다.

세 번째 Vital Link the Chain: Humans 장에서는 최근의 생산과 공급망 관리 부문에 있어서 사람을 대체하고 있는 자동화 기계와 신기술에 대한 내용을 설명하고 있다. 이미 많은 공장과 물류창고에서는 사람대신 일하는 로봇과 각종 편의 프로그램들이 일반화 되고 있다. 이러한 사실에 사람들은 이제 로봇과 AI 프로그램들에게 일자리를 빼앗기지 않을까 하는 막연한 공포감을 가지고 있는 게 사실이다. 그러나 셰피 교수는 오히려 이러한 막연한 공포감을 가지는 것보다는 결국에는 로봇과 AI 그리고 사람은 결국 공존하게 될 것이므로 합리적으로 어떻게 함께 공존할 수 있는지에 대한 진지한 고민이 필요하다는 주장을 하고 있다.

마지막 Looking Forward 장에서는 앞으로 다가오게 될, 아니 어쩌면 이미 와버린 AI 및 다양한 디지털 기술들을 활용하여 미래의 시대에 사람들이 함께 공존하며 성공할 수 있을지에 대한 방법을 제안하고 있다. 아무리 생산과 공급망 기술이 발전하더라도 인간과 기술을 공존할 것이라고 셰피 교수는 긍정적 시각을 가지고 있다. 기업들은 구매력이 있는 소비자들을 필요로 할 수밖에 없고 그 소비자들을 구매력이 있는 존재로 만들어 주기 위해서는 기업들은 그들을 어떤 방식이든 고용을 하고 임금을 지급해야 하기 때문이다. 이렇게 지급받은 임금을 가지고 수많은 기업들에서 기계와 AI 프로그램이 만들어낸 제품과 서비스를 소비할 것이기 때문이다. 또한 우리나라에서 벌어지고 있는 것과 마찬가지로 전 세계는 급격하게 출산율이 낮아지고 인구구조가 변화될 것이기 때문에 미래의 인력 공급과 제품에 대한 수요변화가 이어질 것이고 이러한 상황 속에서 인간과 기계, 그리고 AI는 일정한 합리적인 균형을 이뤄낼 수 있다고 설명하고 있다.

많은 전문가들이 로봇과 AI 기술로 인해 일자리를 잃고 그야말로 디스토피아가 만들어질 것이라고 우려하는 시각이 압도적으로 많은 이 시기에 이 책의 마지막에서 다뤄진 내용들은 나에게 조금 다른 시각을 심어 주었다.

개인적으로 최근에 읽었던 AI, 로봇기술 그리고 공급망 관리와 관련된 책들 중에서 가장 깊이도 있고 여러 가지 생각할 점들을 많이 만들어주는 책이었다. 독자 여러분들도 반드시 무언가를 지식으로 습득하기 위해서가 아니라 진정으로 세상이 어떻게 바뀌고 있는지를 이해하고 싶다면 한번쯤 꼭 읽어보면 좋은 책이라고 생각한다.

17) Supply Chain Cost Management

도서명
Supply Chain Cost Management
저자
Jimmy Anklesaria
출판사
ANA. 2008년

이번 책은 국내 서적이 아닌 해외 원서 중에 고른 책이다. 사실 구매혁신이나 선진화된 원가관리에 관한 책들은 국내에는 그리 많지 않다. 그러나 해외 원서들은 2000년 초반부터 지속적으로 해당 분야에 책들이 꾸준히 발간되고 있다. 그렇다고 해서 사실 짧은 영어 실력으로 원서에 도전하기도 쉽지 않은 현실이다. 지금 소개하는 책은 원가관리 방법론 분야에 세계적인 석학으로 국내에서 강의도 하고 실제 원가 프로젝트도 진행한 경력을 가지고 있는 지미 앵클세리아(Jimmy Anklesaria) 교수의 저서인 "Supply Chain Cost Management"이다.

저자에 앵클세리아 대한 소개를 조금 하면 앞에서 설명했던 LG의 부사장 토마스 린튼의 스승이기도 하며 본인이 직접 창안한 원가 측정 모델과 원가관리 기법을 바탕으로 20여 년간 HP, IBM, Shell, Fiza, 도이치뱅크, 3M, Ford 등의 글로벌 선도기업의 원가관리 혁신을 도왔던 전문가이다. 2016년에는 내가 근무하는 회사의 초청으로 국내에 방한하여 자신이 직접 고안한 원가관리 방법론인 AIM&DRIVE에 관한 강연 설명회를 진행하였다. 나는 개인적으로 앵글세리아 교수 방한 이전에 이 책을 읽을 수 있는 기회가 있었고 해당 내용을 실제 컨설팅에 접목해 보기 위해 컨설팅 선후배들과 책 속의 내용들을 속속들이 정리했던 경험이 있다. 실제로 그가 한국에 방문했을 때 책만 읽으면서 풀리지 않았던 궁금증에 대해서 직접 물어보고 그의 상세한 내용 설명을 들으면서 책을 읽는 것만으로는 이해가 되지 않던 내용을 완벽하게 이해할 수 있게 되었다. 시골 할아버지처럼 차근차근하고 상세하게 글로벌 기업들과 한국에서의 원가개선 프로젝트 이야기를 참 재미있게 들었다.

이 책은 위에서 말한 앵글세리아 교수가 창안한 AIM&DRIVE에 관한 이론적 배경과 이를 기업 적용하기 위한 방법 등에 관한 내용이 상세하게 소개되어 있다. 특히 이 책에는 앞에서 LG에서 사용되는 원가 측정 모델인 'Should Cost Model'에 관해 상세히 설명되어 있다.

'Should Cost Model'을 굳이 번역한다면 '필수원가 모델' 정도라고 할 수 있는데 공급사와 구매사가 관련 정보를 공유해 정확한 원가를 계산한다는 원리를 이용하는 방법이다. 나는 이러한 원가측정 모델을 LG구매 전문가 과정에서 3시간 정도의 강의 주제로 강의한 바가 있는데 생각보다 쉽게 적용할 수 있으며 나름 상대방의 원가를 추정해 내는 데 있어서 근사치에 도달할 수 있음을 많은 강의 수강생들로부터 피드백 받을 수 있었다.

이외에 지속적인 원가관리 방법론인 AIM&Drive는 정확한 원가 계산이 실제 원가 절감으로 이어지도록 관리하는 관리 방법론의 성격을 가진다. 생산자의 원가는 공급자의 공급가와 붙어있으며 그만큼 서로 가깝다. 따라서 생산자와 공급자는 모두의 원가에 대한 구성을 상세히 이해하고 상호 존중의 차원에서 원가를 개선할 수 있는 노력을 지속적으로 수행해 나가는 방식이 AIM&DRIVE 핵심이다. 기업들은 이러한 원가관리 기법을 통해 제품·서비스의 실질적인 핵심 원가 요소를 파악해 보다 정확한 원가를 산정해 낼 수 있다. 나아가 미래 가치를 고려한 원가산정 및 기회비용 개념을 추가한 전략적인 원가관리가 가능하다. 이 기법은 구매 담당자들의 역량을 증진시킬 수 있는 반복적이며 장기적인 차원의 원가관리 방안으로도 알려져 있다.

특히 앵클세리아의 원가관리 기법은 제품의 기능을 설계하는 연구개발(R&D) 등의 부서와 구매 단가를 결정하는 구매 부서가 협력할 것을 요구하고 있다. 또 공급자의 원가정보를 구매사와 공유할 것을 강조하고 있다. 앵클세리아는 구매자들은 공급자의 모든 정보를 수치화하고, 이를 통해 궁극적으로 공급자의 원가구조를 이해하고 관리해야 한다고 주장한다. 결국 공급자에 대한 이해를 바탕으로 한 원가관리 기법이라 하겠다. 이 원가관리 기법이 말하는 핵심은 기업이 단순 가격 중심의 원가관리 및 구매전략에서 탈피해 공급 제품의 시장 동향과 원가구조를 명확히 이해함으로써, 양측 구매 협상 능력을 높이고 비용을 최적화해 공급자와 구매기업 모두 경쟁력을 향상시키자는 것이다.

무한경쟁의 시대에 기업 간 경쟁이 단순히 '기업 대 기업'이 아닌 고객-기업-공급사로 요약될 수 있는 '기업망 대 기업망'의 경쟁 양상으로 펼쳐지고 있는 상황에서, 앵클세리아의 새로운 원가관리 기법은 기업에 공급사의 이윤을 유지하고 동시에 원가를 절감할 수 있는 동반성장과 차별화된 경쟁우위를 지속적으로 확보할 수 있는 방법론이라 할 수 있다. 이 기법은 진정한 월드 클래스 기업으로의 성장이 필요한 글로벌 기업에 원가관리 측면에서 매우 유용할 것이라 생각한다.

18) The Purchasing Chessboard

도서명

The Purchasing Chessboard

저자

Christian Schuh 외

출판사

Springer. 2012년

이 책은 글로벌 컨설팅 회사로서 구매와 관련된 컨설팅 부문에서 매우 강점을 보이고 있은 AT Kearney의 5명의 컨설턴트들이 공동 저술한 책이다. 책의 제목에도 나와 있듯이 다양한 구매전략 및 실행방법에 관해 "체스보드"라는 형식을 적용해서 매우 상세하게 저술하고 있는 책이다.

구매전략이라는 것들이 대부분 큰 틀에서만 정의되고 해당하는 구매전략을 실제로 적용 또는 실행하려고 하면 사실 그 상세한 방법과 절차에 있어서 막연함에 직면하게 된다. 이 책은 그러한 막연함을 해소하고 구체적으로 어떤 실행방법을 적용해야 하는지를 알려주는 "좌표" 또는 "지도"와 같은 용도로 활용할 수 있는 책이다.

책의 핵심 내용을 살펴보면 구매전략은 크게 4가지 전략으로 크게 나눌 수 있으며, 이렇게 나눠진 4개의 전략은 16개의 핵심 인자(변수)에 의해서 결정되고, 다시 이 16개의 핵심 인자를 고려하여 구매팀이 실제 적용할 수 있는 실행방안이 최종적으로 64개(8x8)로 구성된다는 콘셉트를 바탕으로 하고 있다. 이렇게 64개의 실행 방안에 실제 체스판에 나와있는 64개의 블록과 같다는 콘셉트에서 Purchasing Chessboard라는 명칭을 붙였다.

Figure 1. The Purchasing Chessboard®

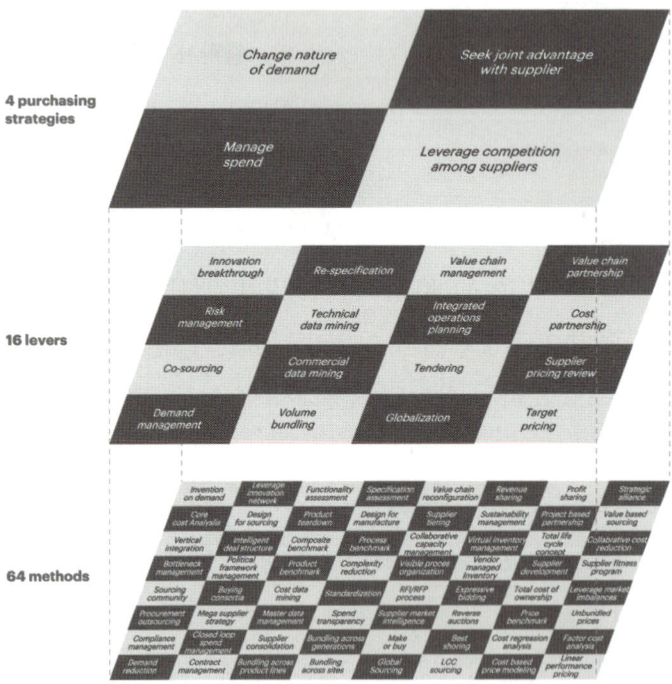

출처: A.T.Kearney analysis.

이 책에 대한 개인적인 의견을 정리해 보자면 사실 우리나라의 구매 담당자들이 내용을 읽고 현업 업무에 적용해 보기에는 좀 어려운 내용이라고 판단된다. 일단 영문 원서라서 부담스럽기도 하고 책에 나와 있는 내용들이 상당히 깊이가 있고 구매 전문가 또는 구매 컨설턴트 수준에서도 쉽게 이해되기 어려운 부분이 많이 존재하기 때문이다.

그럼에도 불구하고 이 책을 추천도서 리스트에 올린 이유는 단 한 가지이다. 글로벌 컨설팅 회사 중 가장 많은 구매 전문가와 실제 기업들의 구매전략 컨설팅 사례를 보유하고 있는 AT Kearney의 구매전략에 대한 이론적 배경을 아주 상세히 알 수 있게 해주기 때문이다.

그리고 더 나아가 책을 읽고 있는 독자 여러분이 전 세계적인 구매 전문가가 되려고 한다면 일단 수많은 원서들을 읽는 데 두려움이 없어야 한다. 이 책을 읽어 놓으면 많은 구매전략과 관련된 원서들은 좀 더 쉽게 읽혀질 수 있는 그 기초가 될 것이다.

CHAPTER 05

체계적 공급사 관계 관리는 어떻게 만들어지는가?

1. 공급사 관계 관리는 왜 어려운가?
2. 공급사 관계 관리는 왜 중요한가?
3. 체계적 공급사 관계 관리, 어떻게 하는 것인가?
4. 공급사 관리 체계의 수립과 적용하기
5. 공급사 평가 체계의 수립과 개선하기
6. 효과적인 공급사 육성/지원 정책 만들기
7. 삼성, LG, 현대차의 육성/지원 체계 알아보기

BUY

CHAPTER 05

체계적 공급사 관계 관리는 어떻게 만들어지는가?

1 공급사 관계 관리는 왜 어려운가?

전략적 구매혁신에 있어서 체계적인 공급사 관계 관리는 무엇보다도 중요하다. 해외 및 국내의 구매부분의 변화의 단계를 살펴보면 2000년도 초반 구매혁신을 적용한 국내 선도적 기업들은 SRM(Supplier Relationship Management)의 도입을 본격화했다. 내가 몸담고 있는 회사인 엠로 역시 이러한 시기에 수많은 공급사 관계 관리 컨설팅과 SRM시스템 구축 프로젝트를 수행했다. 나는 이 과정에서 SRM에 관한 많은 경험을 쌓을 수 있었다. 체계적이고 전략적인 공급사 관계 관리는 Global CPO들을 대상으로 매년 진행되는 설문 조사에서도 그 중요성을 알 수 있다. 매년 진행되는 설문 결과를 보면 공급사 관계 관리 분야는 원가절감과 적기 조달의 이슈에 이어서 3위에 해당하는 중요한 주제에 해당한다.

전략적 협력사 관리 중요도 순위

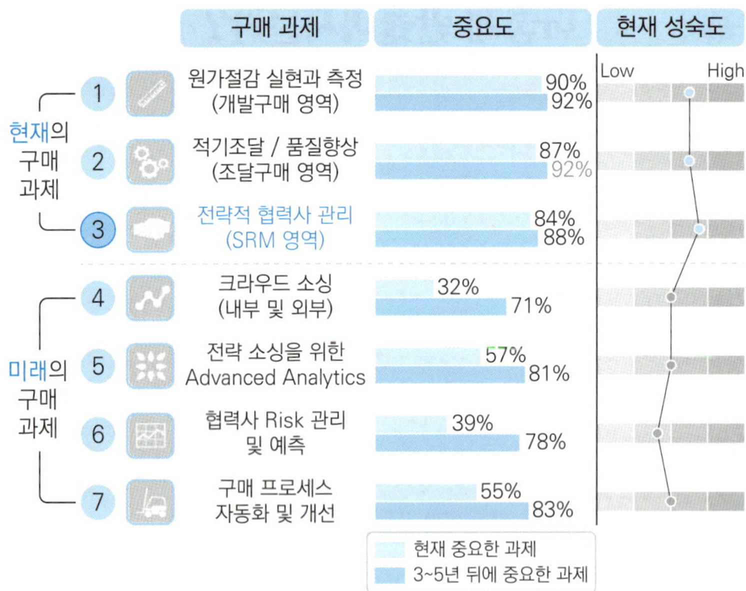

출처: CPO Rising, Ardent Partners, 2017.

10년 경력의 SRM 컨설턴트인 나의 입장에서 보면 아직도 국내기업들의 공급사 관계 관리 부문은 해결해야 할 숙제들이 많아 보인다. 그러한 이유로 여러 가지를 나열할 수 있겠지만 아래 3가지 정도가 가장 큰 이슈라고 할 수 있겠다.

첫 번째, 가장 먼저 SRM 적용이 어려운 이유는 실제 기업들의 구매 현장에서는 적기 조달 및 원가절감과 관련된 많은 기존 업무에 치여서 공급사 관리 및 육성에 집중하기가 어렵다. 또한 경영층에서도 구매 담당자들에게 가장 중요시하는 역할을 원가절감 부문에 집중하기 때문에 공급사의 지속적 육성관리보다는 단기간 내에 성과를 거둘 수 있는 문제해결 방식을 선호하다 보니 체계적 공급사 관리가 기업 내부에 제대로 안착하기 어렵다.

두 번째, 공급사 관계 관리는 기업 내에서 구매부서만의 책임과 의무에 해당하지 않는다. 무슨 말인가 하면 공급사 관계 관리의 업무는 자세히 들여다보면 구매 부서뿐만 아니라 생산관리팀, 상생협력팀, 재경팀 등과 함께 고민하고 실행해야 하는 업무들이 많다는 뜻이다. 실제 해외의 SRM 컨설팅의 경우 시작하는 단계에서도 보면 Cross Functional 조직들이 함께 모여서 고민해야 제대로 된 SRM 체계의 수립과 실행이 가능하다고 강조하고 있다. 하지만 국내의 경우 대부분의 SRM 컨설팅들은 구매팀 중심으로 발의되고 실행되는 것이 일반적이다. 국내기업들의 현실이 이렇다 보니 실질적이고 공급사들의 지원/육성 정책들이 탁상 행정처럼 문서상에만 존재하는 경우들을 나는 자주 보았다.

마지막 세 번째, 2, 3차 공급사들의 경우 실제로는 모기업에서 진행하는 공급사에 대한 지원, 육성정책에 관해 예상과는 달리 크게 관심을 갖지 않는 경우가 많다. 이는 앞에서 지적한 두 번째 이슈와 연결되는 문제인데, 2, 3차 공급사들의 어려움과 가려운 부분을 깊게 고민하여 현장적용이 가능하고 실질적인 지원정책들이 만들어져야 하는데 다분히 탁상행정에 가깝거나 피부로 느끼기 어려운 공급사 정책들이 수립되다 보니 당연히 관심과 적용이 낮아 질 수밖에 없다. 나는 실제로 자동차 부품부문의 2, 3차 공급사 또는 반도체 장비 부문의 2, 3차 공급사들을 컨설팅 과정에서 직접 만나 인터뷰해 보았는데 상당수의 공급사들의 모기업의 지원 내용을 잘 알고 있지 못하거나 실질적으로 도움을 크게 받지 못했다는 의견을 자주 들었다. 이러한 상황이다 보니 2, 3차 공급사들은 "모기업으로부터 연간평가만 나쁘게 받지 않으면 그만이다. 실제로 도움이 크게 되지 않는 이런저런 정책을 시행한다고 불려다니다 보면 시간만 아까운 경우도 많았다"라는 불평을 자주 들을 수 있었다.

이처럼 이미 "상생", "동반성장"과 같은 단어들이 일반화된 것 같지만 우리나라의 대기업과 중소기업 간의 관계에서 진정한 의미의 공급사 관계 관리는 아직도 많은 과제를 가지고 있으며 지속적으로 풀어나가야 하는 문제라고 나는 생각하고 있다.

2 공급사 관계 관리는 왜 중요한가?

많은 기업들에서 공급사 관계 관리에 관한 강의를 진행하면서 강의 초반에 구매 현업 담당자들에게 자주하는 질문이다.

"여러분은 왜 공급사 관계 관리가 중요하다고 생각 하십니까?"

답변

"공급사는 우리와 한몸이기 때문입니다."

"공급사와 협업을 해야지만 더 높은 목표를 이룰 수 있기 때문입니다."

"공급사들의 실력의 합이 모기업의 실력이 되기 때문입니다."

모두가 맞는 답변들이다. 교육생들은 나름대로의 고민들과 현재 자신이 속해 있는 조직의 특성들을 반영한 공급사 관계 관리의 중요성을 자신 있게 대답들을 하곤 한다.

그럼 이러한 누구나 쉽게 이해 가능한 이유들 말고 근래에 들어와서 공급사 관계 관리가 중요해진 객관적이고 보다 현실적인 이유는 무엇일까?

과거의 기업의 성공방식과 현재/미래의 기업의 성공방식이 크게 바뀌었기 때문이다. 쉽게 이야기하자면 과거의 경우에는 모기업의 자체 역량을 기반으로 내부혁신을 잘 하면 큰 성공을 이룰 수 있었다. 즉, 나 혼자 열심히 하고 모든 능력들을 갈고 닦는 것이 가장 쉬운 성공 방식이었다. 이러다 보니 많은 기업들은 대규모의 내부 연구개발 조직을 구성 운영하고 수직적으로 통합된 계열화에 힘썼다. 그리고 이렇게 계열화 된 연관 산업들로 사업확장을 통해 규모의 경제를 키워가면 큰 성공을 이룰 수 있었다.

가장 이해하기 쉬운 산업 부문은 자동차 산업이라고 할 수 있다. 수년전에 현대자동차는 "쇳물에서 자동차까지~"라는 광고 캐치프레이즈를 강조한 적이 있는데 실제로 철판에서부터 모든 자동차 부품의 생산을 수직 계열화하여 치열한 세계 시장에서 살아남았고 성공을 거두었다.

그러나 현재 또는 미래는 이와 같은 성공의 방식이 적용되지 않는다.

근래에 성공하고 있는 글로벌기업인 Google, Apple 등은 자체역량 보다는 네트워크와 외부적 융합을 통해 큰 성공을 이뤄내고 있다. 물론 자체적인 역량도 중요하겠지만 오히려 상호 협력하에 발 빠른 기술혁신 등에 초점을 맞추면서 예전에 이룰 수 없었던 큰 성공을 거두고 있는 것이다. 이를 위해서는 외부 공급사들의 역량을 정확하게 측정, 판별하고 적극적으로 활용할 수 있는 잘 짜여진 외부 협력 네트워크가 오히려 내부 역량보다 중요하게 되었다. 또한 어떠한 상품을 생산해 낼 수 있는가 보다는 상품과 서비스를 어떻게 융합해서 얼마나 많은 가치를 고객에게 전달할 수 있는가가 성공과 실패를 판가름 짓는 가장 큰 척도가 되고 있다. 많은 사람들이 알고 있는 것처럼 미국 Apple은 휴대폰 생산에 있어서 디자인과 연구개발만 담당하고 제품 생산은 전략 외부 공급사를 이용하는 Fabless 방식을 통해서 전 세계 휴대폰 시장을 장악한 공급사 관계 관리 방식은 너무나도 유명한 사실이다.

공급사 관계관리의 중요성

과거의 성공방식 Vs. 미래의 성공방식

계열화 & 수직통합		네트워크 & 융합
자체 역량 기반 내부 혁신에 초점 • 내부적 연구 개발(새로운 현상과 개념의 발견) • 수직적으로 통합된 운영 구조 및 기능 전문화 • 연관 사업 확장(규모/범위 경제 창출)	**Vs**	상호 협력 기반 동적 혁신에 초점 • 외부 역량을 활용한 동적 혁신 • 잘 짜여진 외부 협력 네트워크 • 상품과 서비스 융합 (New Market 창출)
예: AT&T, Kodak, IBM, Boeing 등		예: Google, Apple, Tesla 등

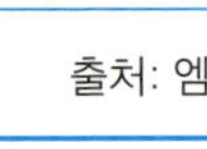

Google TESLA

출처: 엠로 사내 구매혁신 교육자료(국민대, 최정욱 교수).

3 체계적 공급사 관계 관리, 어떻게 하는 것인가?

앞에서 체계적인 공급사 관리의 어려움에 대해서 이해하고 또한 중요성에 관해서도 살펴보았다. 그럼 이제부터는 본격적으로 체계적인 공급사 관리를 기획하고 이를 실행하기 위해서는 어떠한 절차를 거쳐야 하고 무엇을 고민해보아야 하는지 살펴보도록 하자.

체계적인 공급사 관계 관리, 즉 SRM은 누구에게(Who), 무엇을(What), 어떻게 적용할 것인가를 정의하고 수립하는 일이라 할 수 있다.

공급사 관계관리 체계 수립 개요

출처: 엠로 사내 컨설팅 교육자료.

1) 어느 공급사를 대상으로 관계 관리체계를 수립할 것인가? (Who)

나는 SRM 컨설팅을 시작하면 제일 가장 고객사의 구매팀 담당자들에게 가장 우선적으로 질문하는 내용이 있다.

"우리 회사의 공급사(협력사)는 누구인가?"

"체계적으로 관리해야 하는 공급사의 대상은 어디까지인가?"

쉽게 생각하면 금방 답변이 가능할 것 같지만 조금만 더 깊이 생각해 보고 구매 담당자로서 우리 회사가 집중해야 하는 공급사 그룹은 어떤 범위의 공급사 인가를 깊이 있게 고민해야 답변이 가능하다.

일단 컨설턴트로서 앞에 질문에 대한 정답을 말하자면 "우리 회사가 체계적을 공급사 관리를 실시할 경우 상호 Win-Win할 수 있는 대상의 공급사가 SRM 체계 수립의 대상이 되는 공급사라고 하겠다."

이를 구체적으로 살펴보면 일단 회사들의 상황마다 다르겠지만 우리와 거래하는 거래 공급사 중에서 대기업과 외자기업(단순 해외 공급사)은 그 대상에서 제외되는 것이 일반적이다. 그 이유를 한마디로 말하면 대기업과 외자기업은 우리 회사가 적용하고자 하는 공급사 관리 체계를 수립한다고 해도 사실 우리의 관리 목적대로 움직여 주지 않거나 우리의 관리 범위를 뛰어 넘는 경우가 대부분이기 때문이다. 따라서 대부분 SRM 체계 수립 시 그 대상이 되는 공급사들은 중견, 중소 규모의 부품 공급사 또는 생산 공급사들이 대상이 되는 것이 일반적이다. 또한 우리회사가 만들어 내는 제품 또는 서비스에 영향을 미치지 않는 공급사 또는 MRO성 자재 또는 서비스 공급사 또한 그 대상에서 제외되어야 한다. 물론 이와 같은 기준은 일반적인 기준이며 독자 여러분들의 회사가 어떤 제품과 서비스를 생산하고 있으며 어떠한 공급사들과 협력관계를 맺고 있는가에 따라서 그 대상과 정의는 달라질 수 밖에 없다. 그렇다고 하더라도 전략적 공급사 관리체계 수립의 대상은 앞에서도 강조한 것과 같이 Win-Win이 가능한 중견, 중소 기업을 대상으로 하는 것이 가장 바람직하다.

2) 공급사와 어떠한 관계 관리 유형을 적용할 것인가?(What)

체계적 관계 관리 대상 공급사(Who)에 대한 정의가 명확해졌다면 다음으로는 그러한 공급사들과 어떠한 관계를 적용할 것인가에 대한 고민이 있어야 한다. 모기업과 공급사의 관계는 여러 가지 관계 유형을 정의할 수 있겠지만 SRM 컨설팅에서는 통상적으로 Kraljic's Cube라고 하는 4개 사분면으로 나뉘어진 객관적 기준을 적용한 가치중심(Value Based)관계 관리 모델을 활용하는 것이 일반적이다. - Kraljic's Cube에 대한 상세한 내용은 유튜브와 구글 검색을 활용해서 자료들을 검토해 보면 이해도를 높일 수 있다.

그럼 4가지 공급사 관계 관리의 유형 모델을 차례대로 살펴보자.

가치중심(Value Based) 협력사 관계관리 모델

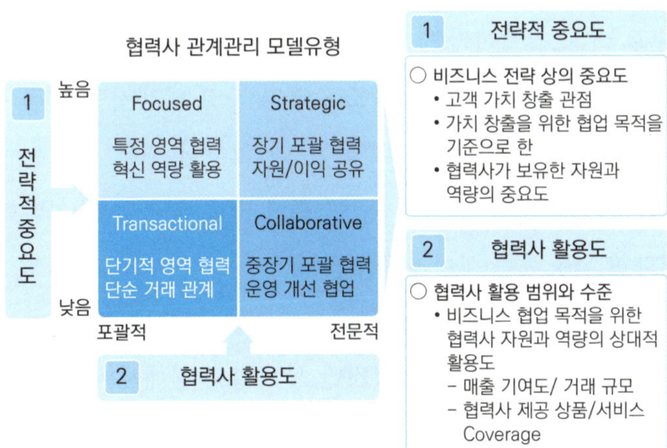

출처: 2018년 LG구매전문가 과정 교육자료.

3) 전략적으로도 가장 중요하고 활용도 면에서 전문적 부문이 인정된다면 그야말로 가장 중요한 장기적이고 포괄적인 협력관계를 맺어야 하는 **"전략적(Strategic) 공급사"** 그룹에 해당하게 된다. 나는 현대자동차 연구소에서 공급사 관리 관련 컨설팅을 하면서 수소자동차 개발에 있어서 가장 전략적으로 중요한 공급사들에 대해서 좀 더 깊게 이해하게 된 바가 있었는데 수소자동차 생산에 있어서 가장 중요한 전략적 공급사는 여러 종류의 회사가 있을 수 있겠지만 그중에서도 가장 핵심적인 공급사는 위험한 수소 액화가스를 안전하게 보관할 수 있는 액화수소 가스보관 탱크를 반드는 공급시는 명백한 "전략적 공급사"에 해당한다. 또한 수소를 활용해 발생한 에너지를 저장하고 사용하게 도와주는 연료전지 공급사가 가장 중요한 "전략적(Strategic) 공급사"라 하겠다.

4) 전략적으로 중요하지만 그 활용도와 제품에 적용하는 방식에 있어서 좀 더 포괄적이라면 **"중점(Focused) 공급사"**라 하겠다. 전략적 공급사 보다는 상대적으로 그 중요도가 낮다고 하겠지만 중점 공급사 그룹 역시 모기업이 가치를 창출하는 데 있어서 매우 중요한 역할을 담당하고 있으므로 지속적인 협력이 필요하고 해당 공급사의 혁신 역량을 최대한 활용하는 것이 바람직하다.

5) 다음은 **"협업적(Collaborative) 공급사"**가 되겠다. 이 그룹의 공급사들은 전문적 영역을 가지고 있지만 모기업 관점에서 봤을 때 전략적 중요도로 판단했을 때 상대적으로 낮은 기업들에 해당한다. 내가 수행했던 프로젝트 중에 매일유업의 경우를 들어보자면 우유 유제품은 유통기한이 짧기 때문에 유제품의 유통기간을 실온에서 3개월 이상 길

게 늘여줄 수 있는 전문적 포장재를 만드는 테트라펙 같은 기업은 유제품 생산기업들에게는 중요할 수밖에 없다. 그러나 테트라펙 공급사의 경우 이미 기술독점 기업에 해당하고 모든 유제품에 적용할 수는 없으므로 제한적으로 사용되다 보니 전략적 중요도는 상대적으로 낮게 평가되므로 "협업적 공급사"라 할 수 있겠다.

6) 마지막은 "거래적(Transactional) 공급사"가 되겠다. 이 그룹의 공급사들은 단순한 시장에서 판매되는 상용품 또는 정형화된 부품공급사들에 해당한다. 이러한 공급사들은 당연히 시장에서 쉽게 구할 수 있고 언제든 교체될 수 있으므로 전략적 중요도는 낮은 그룹들이다. 그러나 이러한 공급사들도 분명히 기업활동을 수행해 나가는 데 있어서 반드시 필요한 공급사 그룹에 해당하므로 최소한의 관리는 항상 필요하다.

이렇게 4가지 유형의 공급사 관리유형 모델을 알아보았다.

물론 이런 단순한 분류기준 이외에 좀 더 세분화되거나 거시적 차원에서 보다 큰 단위의 공급사 모델을 구성할 수도 있겠지만 다년간 컨설팅을 해보면 통상 3~4개의 공급사 모델을 정의하고 그에 따른 관리정책을 수립하는 것이 가장 일반적이고 효율적인 경우가 많았다. 또 하나의 조언을 하자면 구매 현업 담당자들의 경우 본인이 담당하고 있는 공급사와 품목들은 무조건 중요하다는 판단하에 전략적(strategic) 공급사 그룹에 두어야 한다는 편견에 빠져서는 안 된다. 객관적이고 보다 기업 전체의 관점에서 판단하여 공급사들의 유형을 나누고 그에 맞는 공급사 관리 정책을 적용하려는 노력이 반드시 필요하다.

4 공급사 관리 체계의 수립과 적용하기

앞에서 살펴본 바와 같이 공급사들에 대한 관리유형을 정의했다면 다음으로는 공급사 관리에 대한 전략적 접근으로 공급사 관리 체계를 수립하고 이를 운영, 적용하는 단계가 필요하다.

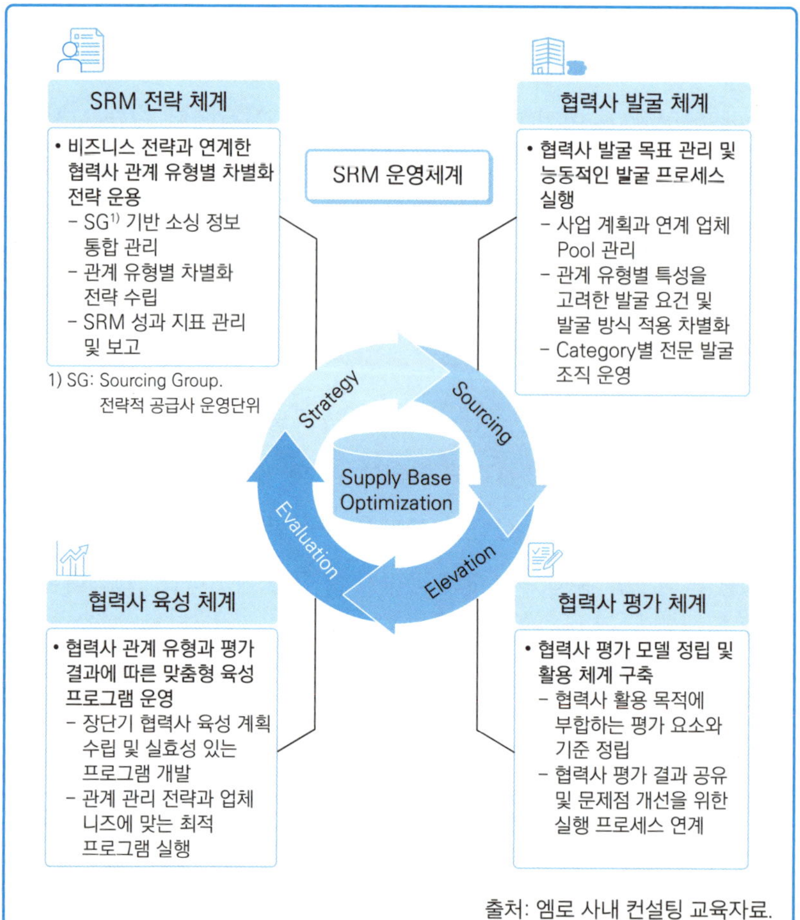

출처: 엠로 사내 컨설팅 교육자료.

체계적이고 전략적인 공급사 관리체계를 수립하기 위한 구성요소로는 SRM 전략체계, 공급사 발굴체계, 공급사 평가체계, 공급사 육성체계의 4가지 요소가 필요하다.

1) SRM 전략체계

체계적인 공급사 관계 관리를 위해서는 공급사 생태계를 충분히 이해하고 모기업의 비즈니스 전략을 충분히 반영한 공급사 관리 정책이 반드시 필요하다. 일반적인 기업들의 경우는 대부분 "거래적 관계"에 기초하여 적기조달과 구매원가 관리에 초점을 맞춘 관리체계를 가지고 있는 것이 일반적이다. 이러한 공급사 관계 관리 체계는 대부분 특정부서가 특정 공급사에 대한 소극적이고 제한적인 공급사 관리에 머물고 있는 것이 대부분이다. 상대적으로 SRM 체계의 수립과 운영이 World Class에 도달한 기업들은 단순한 원가관리 수준이 아니라 진정한 의미의 "가치창출(Value Creation)"을 위해 통합적이고 전략적인 관리정책을 수립하기 위해 노력하고 이를 실행할 수 있도록 비즈니스 전략과 공급사 관리 전략을 일관성 있게 운영하기 위해 노력한다.

2) 공급사 발굴체계

공급사 발굴체계는 새로운 비즈니스 창출과 기존 업무의 효율성을 높이기 위해서 반드시 필요한 운영체계에 해당한다. 내가 직접 KT, 현대차, SK이노베이션, 호텔신라 등의 민간기업은 물론 한국전력, 한국수력원자력 등 공공기관의 SRM 컨설팅에서 경험을 바탕으로 설명해 보자면 전략적인 구매를 잘하고 있는 기업들은 좀 더 적극적이고 체계적인 공급사 발굴 계획을 잘 정리해서 내재화하고 있다. 또한 능동적으로 새로운 공급사를 찾기 위해 노력하고 공급망 및 산업생태계 전체에 대한 전략적 검토를 통해서 공급사 발굴을 위한 실행 방안을 찾는다.

하지만 이와는 반대로 공급사 발굴체계가 미흡한 기업들의 경우는 대부분 필요시에 수동적으로 공급사 발굴에 나서는 것이 일반적이며, 정기적인 공급사 Pool을 검토하고 관리하는 데 있어서 매우 취약하다. 또한 이러한 새로운 공급사 발굴을 위한 노력들이 일부 담당자 또는 일부 부서에 편중되어 있으며 이마저도 구매 부문보다는 연구소나 생산 부문으로부터 정보를 얻어서 구매가 계약이나 정보만 업데이트하는 데 그치고 있다.

컨설턴트의 개인적인 욕심에 지나칠 수도 있지만 많은 구매 부서의 담당자들이 새로운 공급사를 찾아내고 이를 위한 노력을 장기적이고 전략적인 관점에서 1년 또는 2년 동안 신규 업체발굴 노력에 시간을 할애한다면 좀 더 좋은 결과를 얻을 수 있다고 생각한다. 하지만 대부분 컨설팅 과정에서 이러한 물음이나 접근방식을 구매팀에게 제시해 보면 원가관리와 조달관리 업무에 치여서 새로운 공급사 발굴에는 늘 신경을 쓸 수가 없다는 현업 담당자들의 대답만 듣게 된다. 이러한 어려움을 극복하기 위해서는 적어도 구매기획 또는 구매혁신을 담당하는 부서의 담당자들은 신기술과 새로운 공급사 발굴을 위해 항상 고민하고 새로운 정보들을 모으는 데 있어서 적극적인 모습을 보여주어야 제대로 된 공급사 관리가 가능할 것이다.

3) 공급사 평가체계

체계적 공급사 관계 관리 운영체계에서 가장 중요한 부분은 지금 다뤄지는 공급사 평가체계의 수립과 운영이 전부라고 말할 수 있다. 대부분의 기업들은 공급사들을 평가하기 위한 평가체계를 가지고 있으며 매년 또는 분기별, 월별 공급사들을 평가하고 있다. 그리고 이러한 평가결과를 바탕으로 공급사에게 인센티브나 상을 주기도 하고 불이익을 주거나 퇴출을 시키는 근거자료로 활용하고 있다.

이러한 내용들은 대부분 "구매 규정", "공급사 관리 사규" 등의 내용으로 기업 내부에서 체계적이고도 엄중하게 관리되는 것이 일반적이다. 하지만 조금 과장된 표현일 수도 있겠지만 나의 컨설팅 경험, 선·후배 컨설턴트들의 경험까지 합쳐서 판단하자면 우리나라 기업들의 공급사 평가체계는 한마디로 문제투성이인 경우가 많았다.

내가 SRM 컨설팅 프로젝트에 투입되면 제일 먼저 하는 일들은 기존의 공급사 평가 결과들을 3~5년 단위로 검토해 보는 것인데 이러한 장기간의 평가결과 Data를 들여다 보면 해당 기업의 공급사 평가 체계와 관리업무가 상당 부분 잘못되어 있음을 진단할 수 있다.

내가 컨설팅했던 다수의 대기업에서도 신규 공급사를 선발하기 위한 선발심사의 경우 거의 탈락하는 경우가 아주 희박했다. 그런데도 절차만 복잡해서 빨리 신규업체를 등록하고 싶어도 2~3주, 길게는 2~3개월을 기다려야 하는 불합리한 평가체계를 유지하고 있는 기업들도 보았다.

연간단위의 공급사 정기평가의 경우도 사실 평가를 왜 하는지?

그리고 무엇에 적용하고 활용할 것인지도 불분명한 상태에서 그냥

관습적으로 수행하고 있는 사례도 자주 보았으며, 이보다 더 심한 경우는 구매 담당자나 생산 담당자들은 더 이상 거래하고 싶지 않을 만큼 골치 아픈 공급사임에도 불구하고 매년 정기평가에서는 준수한 평가결과를 받기 때문에 이러지도 못하고 저러지도 못하는 상황을 겪고 있는 사례도 보았다.

그렇다면 많은 기업들의 공급사 평가는 왜 이렇게 잘못된 것일까? 나는 컨설턴트로서 항상 고민하고 고객사의 문제를 풀어주어야 하는 위치에 있다 보니 몇 가지 원인과 해결책을 찾기 위해 많은 고민을 해보았다. 이 책에서 이러한 고민과 해결책을 모두 설명하기에는 어렵겠지만 뒤에서 다뤄질 “평가체계 수립 및 개선하기”에서 좀 더 구체적으로 설명하도록 하겠다.

4) 공급사 육성체계

체계적 공급사 관리의 마지막 내용은 공급사를 체계적으로 지원/육성할 수 있는 사후관리 및 육성체계의 수립 부문이 되겠다. 앞에서 설명한 것처럼 전략적으로 중요하고 공급사 평가결과가 우수한 공급사가 존재한다면 적극적으로 인센티브를 지급하고 여러 가지 보상을 해주어서 지속적으로 전략적 관계를 유지하기 위해 노력해야 할 것이다. 또한 상대적으로 전략적 중요도가 떨어지는데 만일 공급사 평가결과까지 나쁘다면 무언가 대책을 마련하거나 심한 경우에는 퇴출까지 고려할 수 있어야 전사적으로 건강한 공급사 생태계를 유지할 수 있을 것이다.

따라서 공급사 육성 체계는 매우 객관적인 평가자료를 바탕으로 기준을 잘 수립해야 하는 것이 첫 번째 과제라고 하겠다. 이것은 앞에서 강조한 공급사 평가체계와 밀접한 관계를 가지고 있으므로 다시 설명하지는 않도록 하겠다.

오히려 두 번째 과제인 공급사 육성 지원체계 마련에 대해서 조금 깊게 이야기 하고자 한다. 사실 컨설팅 현장에서 많은 기업들의 공급사 육성 지원 정책에 대해서 살펴볼 때면 많은 한계점을 느끼게 된다. 이러한 한계점을 느끼는 여러 가지 사례를 살펴볼 수 있겠지만 가장 나쁜 케이스를 설명해 보자면 1, 2차 공급사들이 모기업의 지원, 육성 정책에 크게 관심이 없는 경우이다.

일단 이런 경우는 모기업과 공급사 간의 신뢰관계가 높지 않을 때가 많으며, 공급사들은 모기업의 지원 또는 육성정책의 대상이 되는 것에 그렇게 큰 관심이나 노력을 하지 않는다. 이는 모기업의 공급사 지원 정책들이 생색내기식 지원정책이거나 공급사들의 가려움을 긁어줄 수 있는 실질적인 지원정책이 아니기 때문일 경우가 많다.

이러다 보니 공급사들은 생존에 가장 직결되는 장기적이고 충분한 물량확보에만 관심이 있고 그 이외 지원정책은 관심을 안 가지게 된다. 오히려 모기업에서 지원 대상이라고 하면서 이것저것 교육에 참가하거나 레퍼런스 같은 것에 참가하는 것을 시간낭비, 인력낭비로까지 인식하는 공급사들까지 생겨나는 경우가 발생한다.

나는 컨설턴트로서 이러한 문제점들을 해결하기 위해서는 모기업들이 공급사 지원/육성 체계를 마련할 때 모기업에서 줄 수 있는 것을 찾는 것이 아니라 공급사들이 받고 싶어하는 육성/지원 체계를 열심히 찾고 함께 고민해서 그것을 정책적으로 지원하는 것이 바람직하다고 생각한다. 한마디로 진정한 지원 정책은 주는 사람의 생각에서 나오는 것이 아니라 받을 사람의 입장에서 무엇을 받으면 가장 좋은지를 고민해 보면 쉽게 답을 찾을 수도 있을 것이다.

5 공급사 평가 체계의 수립과 개선하기

앞에서도 반복적으로 강조한 것처럼 공급사 평가체계를 제대로 만드는 것이 체계적 공급사 관리체계 수립의 가장 핵심이고 중요하다. 따라서 기존의 평가체계를 제대로 개선하고자 한다면 다음에 설명하는 내용들을 명확히 이해하고 독자 여러분들의 기업에 반영할 수 있도록 노력한다면 반드시 좋은 결과가 있으리라 기대한다.

제일 먼저 공급사 평가체계는 무엇으로 이뤄져 있는지 살펴보자. 공급사 평가 체계는 크게 3가지 부문을 명확하게 정의하는 과정이라 볼 수 있다.

첫 번째, 어떤 공급사를 평가할지 평가대상(What)을 선정하는 것이다.

두 번째, 언제 공급사를 평가할지 평가단계(When)를 정의하는 것이다.

세 번째, 어떤 기준으로 평가할지 평가항목(How)을 정의하는 것이다.

협력사 평가체계 수립 방법

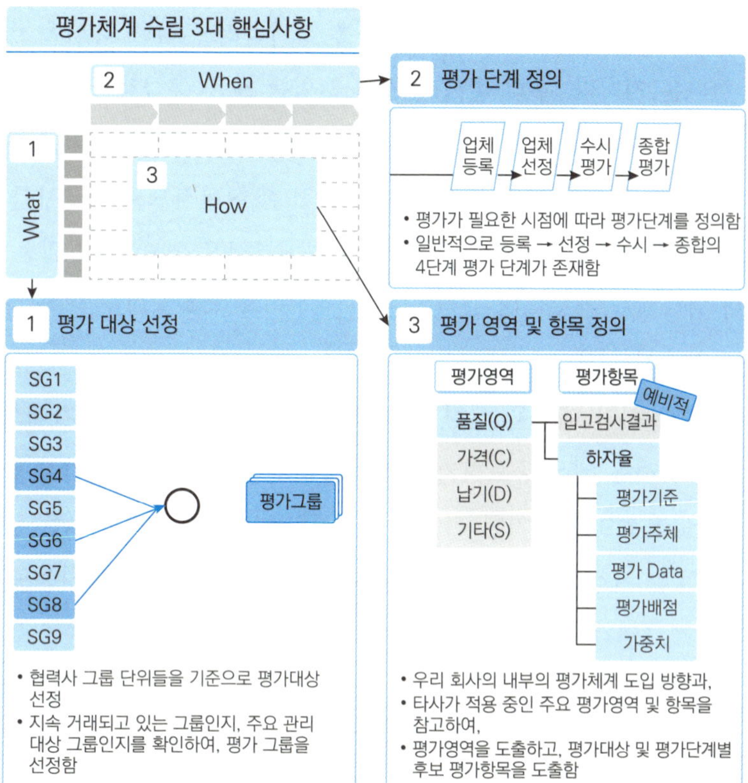

출처: 엠로 사내 컨설팅 교육자료.

1) 평가 대상의 선정 - Who

평가 대상을 선정하는 데 있어서 컨설턴트로서 조언을 하고 싶은 첫 번째 사항은 절대로 모든 공급사를 평가하려고 하는 욕심을 버려야 한다는 것이다. 우리 회사가 가지고 있는 모든 공급사를 평가하고 싶다는 의도 자체가 과욕에 해당한다. 모든 공급사를 평가한다고 해서 평가결과를 활용할 수 있는 것도 아니고 또한 현실적으로 공급사를 평가하기 위해서는 생산부서, 품질부서, 구매부서 등의 무수히 많은 부서와 담당자들의 노력이 들어가게 되는데 이를 위해서라도 평가 대상을 최적화해야 한다.

따라서 평가 대상을 선정할 때 명확한 기준을 가지고 평가대상을 정의하는 것은 매우 중요하다. 일단 평가 대상을 선정할 때 가장 중요한 것은 진정으로 평가할 가치가 있는 공급사 그룹을 찾아내는 것이다. 이럴 때 가장 좋은 방법은 일단 "지속적으로 구매가 이뤄지는 공급사인가?", "연간 구매금액이 크고 중요한 공급사인가?"를 기준으로 한다면 1차적으로 대상 공급사들을 걸러낼 수 있을 것이다. 이렇게 1차적으로 필터링을 하고 나서는 해당 공급사들이 공급하는 품목이 우리 회사에게 전략적으로 얼마나 중요한가를 판단해 보는 것이다. 이 과정에서 사실 반복적으로 구매하고 구매 금액이 크더라도 사실 우리 회사의 가치를 높이는 전략적으로 중요하지 않은 품목을 공급하고 있다면 과감하게 평가에서 제외하는 것이 맞다.

또한 평가를 수행한다고 해서 관리가 어려운 단독 업체(Sole Vender) 또는 구매 전략을 통해 컨트롤할 수 없는 해외 업체나 외자 에이전트 등은 공급사에서 제외되는 것이 타당하다. (물론 기업특성에 따라 이러한 기준은 유동적으로 적용될 수 있다.)

만일 독자 여러분께서 근무하는 기업이 공급사 평가를 처음으로 시작하는 회사라면 더욱 더 보수적으로 공급사 평가 규모를 선정하고 단계적으로 매년 조금씩 평가대상 공급사들을 늘려가는 것이 바람직하다.

이와 반대로 기존의 공급사 평가를 5년 이상 지속해왔던 기업이라고 하더라도 지금의 공급사 평가 진행에 어려움이 있거나 업무적으로 효율성이 떨어지고 있다면 적어도 20~30%의 공급사 평가대상을 줄일 것을 추천하고 싶다. 공급사 평가 대상을 많이 한다고 해서 공급사들의 경쟁력이 올라가는 것이 아니다. 오히려 공급사 평가가 보다 객관적이고 공정해져서 공급사 평가의 품질이 올라가는 것이 중요하다는 것을 강조하고 싶다.

2) 평가 단계의 정의 - When

공급사 평가의 단계는 각 기업의 특성마다 조금씩 차이가 있을 수는 있겠지만 대부분 공급사 등록심사 → 공급사 선정평가 → 수시평가 → 정기(연간) 평가의 4단계의 평가과정을 거치는 것이 일반적이다.

공급사 평가 단계 및 정의

	협력사 등록 평가	협력사 선정 평가	협력사 실적 평가	
			수시 평가	종합 평가
	1 기본적 거래 자격 평가 →	2 입찰업체 선발 평가 →	3 거래업체 실적 평가 →	4 주요 협력사 연간 평가
평가 개요	• 평가목적 - 기본적인 거래 대상으로서의 자격 검증 • 평가대상 - 공급사의 재무 상태, 인증자격, 기초적인 품질 관리 능력 등 • 평가방법 - 기본적인 서류 심사 - 서류 심사 이외의 공장 및 작업장 방문 심사	• 평가목적 - 경쟁력 있는 업체 선정 목적 • 평가대상 - 입찰에 참여한 모든 업체 • 평가방법 - 낙찰자 선정 방식에 선정 평가	• 평가목적 - 거래 발생에 따른 계약 이행 및 거래 실적 모니터링 목적 • 평가대상 - 거래규모를 고려한 수시 평가 대상 거래업체 • 평가방법 - 거래별 정량/정성 실적 입력을 통해 부진업체 선별	• 평가목적 - 협력사들의 전문/품질 역량 제고를 위한 정기적인 평가 및 개선 유도 목적 • 평가대상 - 연간 평가 대상 협력사는 명확한 대상 필요 • 평가방법 - 수시평가 결과의 종합 및 연말 평가 등급 부여

출처: 2018년 LG 구매전문가 과정 교육자료.

공급사 등록심사는 대부분 모기업과 거래를 원하는 공급사에 대한 기본적인 자격을 심사/평가하는 것을 그 목적으로 한다. 따라서 평가는 기본적인 공급사의 재무정보, 자격정보 그리고 특수한 부분에 있어서 사전 품질에 관한 정보들을 바탕으로 평가하게 되는 것이 일반적이다. 평가결과는 대부분 합격 또는 불합격으로 나뉘어지며, 이러한 평가 과정을 통해서 모기업과 거래를 할 수 있는 잠재업체 또는 등록업체 등으로 관리된다.

공급사 등록심사는 위와 같이 공급사들을 등록하고 활용하기 위한 목표가 가장 우선시되므로 객관적 자료를 바탕으로 빠르게 업체등록이 가능하도록 평가체계를 갖추는 것이 중요하다. 물론 깐깐한 등록심사를 통해서 수준 미달업체를 걸러내는 것이 중요하겠지만 사실 대부분의 업체등록은 이미 생산부서나 구매부서의 추천을 통해 이뤄지는 것이 일반적이므로 사실 기업들의 등록심사는 대부분 통상업무의 절차적 수준에 지나지 않는 것이 현실이다.

물론 자동차, 전기전자와 같은 복잡하고 납품 품질 수준이 중요한 산업군이나 식품, 화장품, 화학 분야의 기업들은 최종 상품의 품질과 안전을 확보하기 위해서 상당한 수준의 까다로운 등록심사 절차를 거친다. 그러나 이러한 특수한 분야의 기업이 아니라면 요즘처럼 급변하는 시대에 보다 발빠르게 공급사들을 확보하고 다양한 기술들을 내재화하기 위해서는 공급사 등록심사를 보다 전략적 차원에서 빠르게 가져가야 할 필요가 있음은 두말할 나위가 없다. 실제로 내가 컨설팅을 수행했던 대부분의 대기업 들은 등록심사에서 심사 통과율이 90% 이상이었으며 심사 탈락률이 2~3% 수준으로 매우 낮은 수준으로 나타난 것을 보면 최대한 간소화하여 보다 많은 공급사 Pool을 확보하고 빠르게 활용할 수 있도록 하는 것이 바람직하다고 나는 개인적으로 판단하고 있다.

업체선정 평가는 복수의 공급업체들이 참여시켜 공정한 경쟁을 통해 경쟁력 있는 업체를 선정하는 것을 그 목표로 한다. 따라서 입찰에 참여한 업체들의 거래 조건, 제안하는 제안사항 등을 공정하고 객관적으로 평가하는 것이 최우선시된다. 그러나 내가 컨설팅 과정에서 경험했던 상당수의 기업들은 이러한 공정성과 객관성이 가장 중요한 업체 선정을 평가에 있어서 많은 문제점을 가지고 있었다.

그러한 문제점들을 살펴보면 선정평가의 평가항목들이 경쟁력 있는 업체를 선정할 수 있는 충분한 변별력을 가지고 있지 못하거나, 품목군이 다르거나 업체 특성 다름에도 불구하고 이를 구분지어 평가 할 수 있는 선정평가 항목 구성 또는 평가 체계를 갖추고 있지 못했다. 심지어 어떤 기업은 제품 평가표 하나와 공사용역 평가표 하나로 단순하게 선정평가를 구성하고 운영하는 기업들도 종종 볼 수 있었다. 현재 이와 유사한 문제점을 겪고 있거나 개선이 필요하다고 생각하는 기업이라면 제일 먼저 선정평가를 위한 평가 항목과 평가 체계를 품목군의 유형의 특성에 따라 구분하고 상세화하여야 할 것이다. 쉽게 말하면 핵심 부품업체, 공사업체, 컨설팅 서비스 업체, 단순 MRO 업체들을 선정하기 위한 선정평가 항목과 절차는 구분해야 한다는 것이다.

내가 직접 구매 컨설팅을 진행했던 국내 최대의 다이렉트 마케팅 기반의 생활용품 판매업체인 C사는 구매 컨설팅 과정에서 가장 중요한 부분으로 위와 같이 지적했던 보다 객관적인 업체선정 평가를 위한 평가체계 수립을 가장 중요한 프로젝트 목표로 하였다. 따라서 나는 컨설팅 과정을 통해 뷰티 부문, 식음료, 홈 관리 제품, 프로모션 등의 제품 구매 영역의 선정평가 영역을 분류하고 이에 따른 평가 항목을 개별적으로 구성하고 각각 다른 가중치를 운영하도록 개선하였다. 이러한 세분화되고 객관적인 선정평가 체계는 현업 담당자들과 구매 임원들의 호응과 인정을 받았으며 컨설팅 이후 업체 선정평가에 적극적으로 활용될 수 있었다.

선정평가를 통해 최종적인 거래 공급사가 되고 나면 이후에는 수시평가와 연간(종합)평가를 진행하게 된다. 사실 수시평가를 체계적으로 수행하는 기업들은 자동차 산업과 같은 대규모 양산 제조부문 또는 반도체 및 전기전자 분야의 첨단제조들의 경우로 국한된다. 그렇지 않은 일반적인 기업들은 반기 또는 일 년에 한 번 하는 연간평가를 수행하는 것이 대부분일 것이다. 따라서 수시평가와 연간평가에 대해서는 하나로 다루도록 하겠다. 게다가 연간평가는 대부분 수시평가의 결과들을 누적치로 활용하는 경우가 대부분에 해당하므로 연간평가는 수시평가를 포함한다고 할 수 있다.

연간평가는 해당 공급사가 모기업과 거래한 1년간의 거래결과를 누적하여 평가하는 것이 일반적이며 주로 생산부서, 품질부서, 기술부서 등의 평가결과를 구매부서에서 종합하여 최종 평가결과를 완성하는 것이 일반적이다. 이렇게 하나의 공급사에 대한 연간평가를 위해서는 상당히 많은 사람들의 시간과 노력이 필요하다. 또한 이러한 연간평가 결과를 바탕으로 다음 연도의 물량 배분이나 새로운 제품 생산의 참여 기회 제공 또는 평가 결과가 나쁜 공급사는 정도에 따라서 퇴출의 대상으로 선정되기까지 하는 매우 중요한 평가영역이라 하겠다.

많은 기업들은 공급사들의 연간평가 결과를 활용해서 공급망 생태계 전체를 건강하고 지속가능한 상태를 유지하는 데 활용하는 것을 그 목적으로 한다. 평가결과를 통해 최우수 업체, 우수 업체, 보통 업체, 부진(미흡)업체 등으로 등급을 부여하여 공급사들의 역량강화를 도모하는 것이 일반적이다. 따라서 기업들은 이러한 연간(종합)평가를 효율적으로 수행하고 그 결과를 객관적으로 활용할 수 있는 체계를 수립하는 데 많은 노력을 기울이고 있다. 이 책의 앞에서 예를 들었던 삼성, LG, 현대차 그리고 포스코와 같은 기업들은 공급사들에 대한 체계적인 연간평가 프로세스를 잘 마련하고 있으며 적극적으로 활용하고 있다. 그러나 아직도 많은 기업들은 연간(종합)평가를 실시하고 있지 않거나 실시하고 있다고 하더라도 제대로 된 활용을 못하고 있는 것이 현실이다.

연간(종합)평가가 체계적으로 이뤄지지 못하는 이유에 대해서 여러가지 이유가 있겠지만 컨설턴트인 나의 관점에서 보자면, 그 첫 번째 이유는 "왜 공급사에 대한 연간 평가를 하는가?"에 관한 명확한 목표가 없는 경우이다. 공급사에 대한 연간(종합)평가 결과의 활용보다는 평가를 위한 평가만 하다 보면 목적을 상실하고 관례적으로 평가를 진행하게 되는 것이다.

두 번째로 평가 담당자 및 최종 관리자들의 변경으로 인한 연속성이 이어지지 않기 때문이다. 많은 기업들이 구매업무 부분은 순환보직체계로 운영하는 것이 일반적이다. 이러한 구매직군의 특성 때문에 적게는 2~3년 또는 4~5년 단위로 구매 담당자들이 보직변경을 하게 되면서 연간(종합)평가 업무의 인수인계가 정확히 되지 않거나 1년에 한 번 진행되는 업무절차에 해당하므로 그 중요성을 간과하게 되는 일들이 발생하게 된다.

다시 한번 강조하지만 체계적인 공급사 관리에 있어서 우리와 거래하는 공급사들의 수준을 매년 평가하고 이를 바탕으로 건전한 공급망 생태계를 유지 발전시키는 것은 모기업의 경쟁력을 강화하는 것뿐 아니라 공급사 전반의 안정적 성장을 이끌 수 있는 아주 중요한 업무에 해당한다. 따라서 연간(종합) 평가체계에 대해 심도 깊게 고민해 보고 개선의 방향을 찾아내기 위한 노력을 지속적으로 해야 한다.

3) 평가영역 및 항목 정의 - How

앞에서 평가대상(Who), 평가시점(When)에 대한 내용을 설명하였다. 이번에는 공급사를 어떻게 평가할 것인가에 대한 How에 해당하는 평가영역 및 항목 정의에 관한 부분을 알아보도록 하자.

나는 구매 컨설턴트가 된 이후 10여 년 가까이 공급사에 대해 공정하고 객관적으로 평가하기 위한 평가영역과 평가항목에 대한 문제에 대해 계속 고민해 왔다. 이러한 고민이 계속할 수밖에 없는 이유는 구매 컨설턴트로서 KT, 한국전력, SK이노베이션, 현대자동차, 호텔신라, 한국수력원자력 등의 SRM 컨설팅을 수행하면서 각각 기업들이 처해 있는 상황에 맞는 평가항목을 설계해야 했기 때문이다. 또한 2012년 이후로 LG인화원에서 매년 체계적 공급사 관리에 관한 강의를 해오면서 많은 교육 참가자들에게 가장 자주 질문을 받는 영역이기도 하기 때문이다. 그렇다면 어떻게 평가영역을 정의하고 평가항목을 구성하는 것이 바람직한 것일까?

여기에 관한 나의 오랜 고민의 답은 공급사를 평가하기 위한 평가영역과 평가항목의 구성은 마치 입시시험의 시험지를 구성하는 것처럼 깊이 있게 고민하고 객관성과 변별력을 확보할 수 있어야 한다는 결론을 얻었다.

입시시험의 평가항목이 객관성과 변별력을 반영하지 못하면 입시 정책과 학생선발에 혼란이 발생하기 때문에 출제위원들이 심사숙고하고 최적의 평가 시험지를 만드는 것처럼 공급사 평가영역과 평가항목을 정의한다면 지금보다 좀 더 공정하고 변별력 있는 공급사 평가가 가능할 것이다.

일반적으로 기업 입장에서 공급사를 체계적으로 관리하고 평가하려면 앞에서도 살펴본 바와 같이 등록평가 선정평가 수시(수행)평가 종합(연간)평가의 평가단계에 따른 평가항목을 구성 운영해야 한다. (물론 기업 특성에 따라 4가지 단계의 평가체계를 모두 적용하지 않을 수도 있다.)

① 등록평가

기본적인 공급사의 거래 자격을 검증하는 평가항목으로 구성하고 재무상태, ISO 등과 같은 각종인증 자격, 기초적인 품질관리 능력, 타사와의 거래 경력 유무 등을 평가항목으로 구성한다.

② 선정평가

입찰에 참여한 공급사들의 경쟁력을 평가하기 위한 평가항목들로 구성되며 주로 크게 가격 중심의 평가 방식과 기술 및 품질 중심의 평가 방식에 따라 평가항목들이 다르게 구성된다.

③ 수시(수행)평가

부품 또는 원자재 등을 공급하는 공급사들의 경우에는 입고 시 품질평가 또는 제품 생산과정에서 발생하는 불량과 관련된 평가 항목들로 구성한다. 공사/용역 업체라면 공사/서비스 진행 중 또는 종료 이후에 기성, 준공처리를 위한 결과를 평가하기 위한 항목으로 구성한다.

④ 종합평가

연간 평가라고도 불리는 종합평가는 1년간 거래한 공급사들을 대상으로 전문성, 품질역량 모기업과의 업무 협조도 등을 종합적으로 평가할 수 있는 평가항목들로 구성한다.

설명한 4단계별 평가항목들은 공급사 관리 체계를 어느 정도 갖추고 있는 기업들이라면 이미 잘 정리하여 공급사 평가에 적용하고 있을 것이다. 그러나 일정 수준의 공급사 평가체계를 갖추고 있는 기업들에서 평가를 담당하는 구매 현업담당자들과 이야기를 나눠보면 평가항목의 선정과 운영에 있어서 말 못할 고민이나 어려움들을 겪고 있는 것을 나는 컨설팅 과정에서 많이 목격했다.

여러가지 어려움들 중에서도 현업 담당자들의 고민을 들어보면 지금의 공급사 평가항목의 구성이 공급사들을 객관적이고 공정하게 평가할 수 있는지 확신이 없다는 의견들이 많았고, 다음으로는 자신이 몸담고 있는 회사와 유사한 기업들은 공급사 평가항목을 어떻게 구성하고 있는지 궁금하다는 의견이 자주 나온다.

이러한 고민들을 해결하기 위해서는 먼저 독자 여러분이 몸담고 있는 기업의 평가항목을 통해서 평가한 평가 결과가 객관적이고 공정한 평가결과를 나타내고 있는지를 확인 및 검증해야 한다. 막연히 공급사 평가항목이 제대로 된 평가결과를 보여주지 못하고 있는 것 같다는 의심과 고민을 해결하기 위해서 최근 2~3년간의 평가 결과들을 면밀히 검토하고 평가항목들이 어떠한 문제점을 갖고 있는지 판단을 해야 개선방안을 찾을 수 있다.

나는 공급사 평가체계 개선 프로젝트에 돌입하면 제일 먼저 해당 기업의 최근 3년간 평가결과를 수집하고 이를 분석 정리하여 문제점을 찾아낸 후에 개선 방향을 선정하고 이렇게 선정된 평가 결과 개선 방향을 바탕으로 평가항목을 재구성하는 단계를 거친다.

내가 실제로 컨설팅을 진행했던 A사의 경우도 최근 3년간의 수행 평가 결과 분석을 예시적으로 설명해보면 다음과 같다. 3년간 2,000여 건의 업무를 수행하고 그 수행 결과에 따라 공급사들을 평가했는데 평가 결과의 전체 평균이 92점을 넘고 있었다. 그리고 90점 이상인 업체들이 대부분을 차지하는 것이다. 이러다 보니 현업 구매 담당자들은 모든 평가 결과들이 너무 좋게 평가되다 보니까 어떤 공급사들이 개선이 필요하고 어떤 영역에서 업무 효율을 할 수 있는지 판단이 서지 않는다는 이야기를 조직 내의 모든 사람들이 이야기한다고 했다. 그리고 이런 일들이 비일비재하다 보니 수행평가의 객관성이 부족하고 이로 인해서 변별력이 낮아져 평가결과에 대한 신뢰부족 문제를 겪고 있었다. 결국에는 수행평가는 그냥 일을 잘 끝냈으니 한 번 거쳐가는 관례적인 업무 절차로 전락하고 만 것이다.

협력사 연간 평가 결과 Data 예시

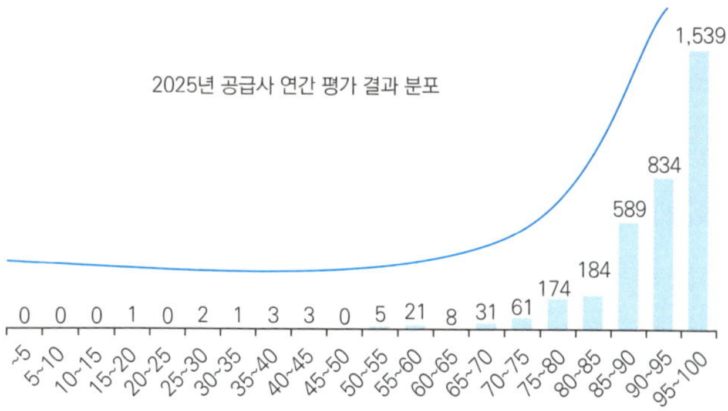

3개년간 연간 평가 분석

1) 전체 평균: 92.2점
2) 90점 이상: 2,373개(68.6%)
3) 50점 이하: 10개(0.3%)

→ 평가 결과가 고득점에 편중되어 있으며, 이는 평가 변별력과 객관성이 미흡한 것으로 판단됨

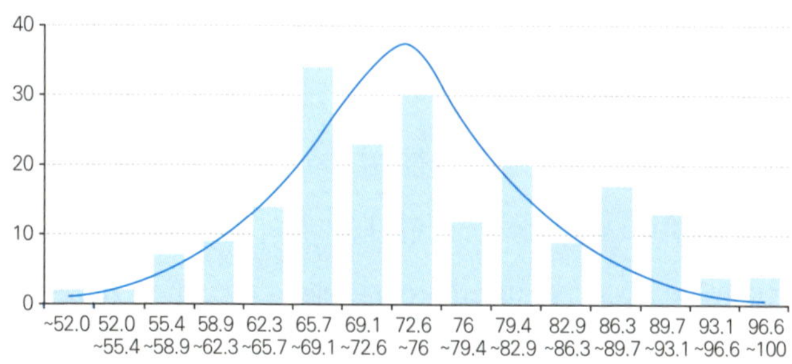

타사 평가 Data 사례

1) 전체 평균: 75.0점
2) 90점 이상 업체 수: 21개(10.6%)
3) 50점 이하 업체 수: 10개(6.0%)

→ 평가 결과가 정규분포를 따르고 있어 평가 변별력, 객관성이 높은 것으로 판단됨 가능

출처: 엠로 사내 컨설팅 교육자료.

이와 같은 문제점을 해결하기 위해서는 앞에서 말한 것처럼 우리 회사가 지금 평가하고 있는 평가항목들이 너무 하향 평준화되어 있거나 평가자들이 객관적인 평가를 수행하지 못하고 있는 것으로 판단할 수 있다. 이런 경우에는 평가항목 전체를 검토하고 평가결과들이 좀 더 정규분포를 따를 수 있는 수준으로 평가항목들을 재구성하고 평가 담당자들에게 보다 변별력 있는 평가를 하도록 교육해야 공급사 평가의 순기능을 회복할 수 있다.

사실 위와 같은 문제를 구매 현업 담당자 한두 명이 충분한 시간을 가지고 평가 결과를 분석하고 이 결과를 바탕으로 평가체계를 체계적으로 개선하는 문제는 쉽지 않다. 그렇다 보니 일반적으로 외부 전문가의 도움을 통해 공급사 평가 및 관리체계 개선 컨설팅을 진행하게 된다. 이러한 공급사 평가체계 개선 컨설팅 과정에서는 통상적으로 위와 같은 문제를 해결하기 위하여 가장 우선적으로 수행하는 과제는 공급사 평가영역을 세분화하는 것이다. 앞에서 살펴본 바와 같이 평가의 결과가 객관성과 공정성을 낮아지게 되는 다양한 이유들이 존재하는데, 그중 하나가 기업들이 공급사를 평가하는 평가항목과 평가배점 기준들을 세분화하여 나누지 않고 평가의 편의성을 위해서 공급사들의 특성을 고려하지 않은 채 단순한 한두 가지 정도의 평가 유형으로 다수의 공급사를 평가하기 때문인 경우가 많다.

이러한 점을 개선하기 위해 컨설팅에 돌입하면 평가그룹(EG: Evaluation Group)을 정의하고 각 단계와 공급사의 특성을 반영한 평가영역을 세분화한 후에 전면적인 평가항목을 개선하는 과정을 진행하는 것이 일반적이다.

평가그룹에 따른 평가항목 다르게 구성하는 것이란 쉽게 설명하자면 공급사들의 특성을 고려하여 평가 시험지를 다르게 하는 것이라고 생각하면 이해하기 쉽다. 마치 이과반 시험지와 문과반 시험지를 나누어 평가해야 평가 변별력이 올라가는 것처럼 말이다. 부품 공급사들을

공급사 평가 유형 세분화 예시

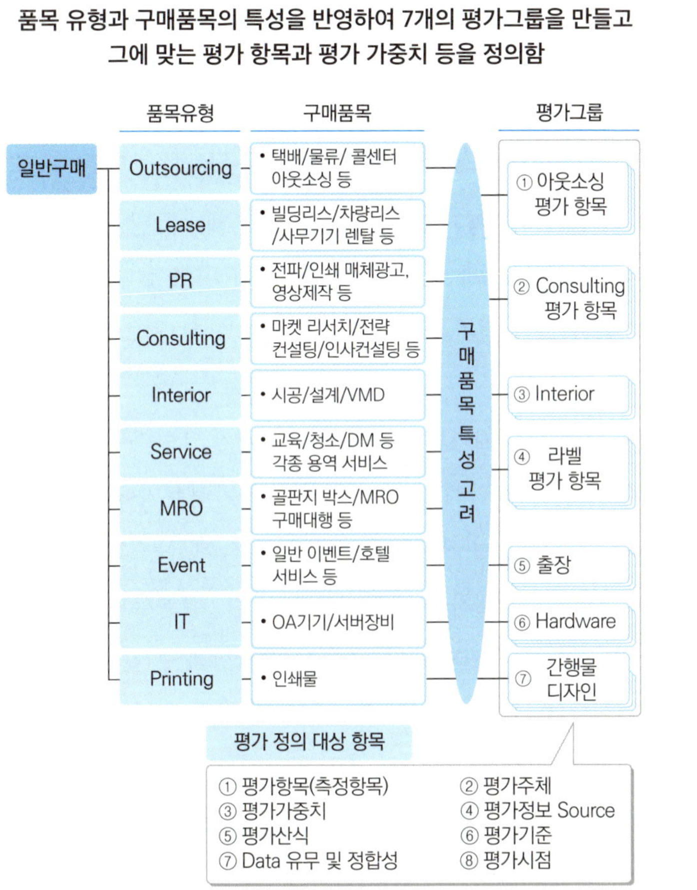

출처: A 기업 일반구매 유형 구분 예시 자료. 엠로 컨설팅.

평가하는 평가항목 체계와 외주 임가공 업무를 수행하는 업체를 평가하기 위한 평가 항목의 구성과 배점은 당연히 달라야 하지 않을까? 이러한 기본적인 의문만을 가져도 공급사 평가 문제의 절반 이상을 해결할 수 있는 출발점에 선 것이라고 할 수 있다.

물론 컨설팅 과정에서는 이러한 단순한 접근으로 시작하는 것은 아니고 모기업에 공급하는 모든 공급사들의 공급 물품과 해당 품목군에 속해 있는 공급사들의 특성을 고려해서 어떻게 평가그룹을 세분화하고 각각의 세분화된 평가그룹에 기반해서 어떠한 평가 항목을 구성하고 어떠한 평가 배점을 주는 것이 평가의 변별력을 높일 수 있는지 검토하고 개선의 방향을 선정하는 절차를 거친다.

이렇게 세분화된 평가 그룹을 정의하고 세분화된 평가그룹에 맞는 평가항목들을 구성하게 되면 기존의 공급사 평가에 대한 업무가 좀 더 객관적이고 공정한 평가를 수행할 수 있는 그 토대가 만들어진 것이라고 할 수 있겠다.

공급사 평가부문에 있어서 마지막 내용은 그렇다면 효율적인 공급사 평가를 수행하기 위해 어떤 항목들을 평가하는가에 대한 질문을 컨설팅 현장에서 많이 받게 된다. 그리고 타사에서는 어떤 항목들을 평가하고 있는지 궁금해하는 담당자들이 많다. 결론부터 먼저 말하자면 어떤 과정을 거쳐서든 타사의 공급사 평가항목을 알아내고 참고하는 것은 좋지만 사실 타사에서도 무언가 특별한 항목을 평가하고 있지 않다는 설명을 해주고 싶다. 또한 기본적이고 공통적인 요소들을 확인하고 우리 회사의 특성에 맞는 평가항목을 구성하는 것이 올바른 길이라고 강조하고 또 강조하고 싶다.

공급사 평가 요소 및 평가 항목

평가 요소 구분			평가 목표	평가 구분	주요 선정 평가 항목
비가격 요소	역량(M)	기본역량	거래 안정성 확보	공급사 역량 평가	업체 재무 상태 (업체 일반 사항)
		전문역량	우량 공급사 확보		업체 전문 역량
	기술(T)		용역/서비스 차별성 확보	공급사 거래 및 수행 능력 평가	용역/서비스 차별성 추진전략/수행방안
	품질(Q)		용역/서비스 품질 향상		용역/서비스 조건 품질 관리 방안
	납기(D)		적기 조달/수행		적기 수행 및 납기 관리 방안
	협조도(R)		원활한 서비스/업무 협력		부가 서비스 조건 업무 협력 방안
가격 요소	가격(C)		비용 절감/원가 변동 억제		견적가 (최저가, 적정가)

출처: 엠로 컨설팅 교육 자료.

대부분의 기업들의 공급사에 관한 공통적인 평가요소는 기술(Technique), 품질(Quality), 원가(Cost), 제품 납기(Delivery)를 기본으로 하고 여기에 기업역량(Management), 협조도(Responsibility)에 해당하는 것이 일반적이다.

내가 구매 컨설팅에 첫발을 시작했을 때 선배 컨설턴트들은 나에게 공급사 평가업무에 대한 설명을 하거나 이해시킬 때 "TQCDMR"을 외우고 그 정의와 내용을 이해하라는 주문을 자주 했었다. 독자 여러분들도 공급사 평가항목과 평가요소를 이해할 때 "TQCDMR"을 외워 두면 도움이 될 것이다.

이와 같이 공통적인 평가요소를 기본으로 하여 평가항목들을 구성하고 측정하면 공급사 평가에 관한 이슈들을 상당 부분 해결할 수 있을 것이다. 단 평가요소들 중에서 독자 여러분들이 몸담고 있는 기업들의 처해 있는 환경에 따라서 평가항목들 늘리거나 가중치를 높이는 방법들을 추가적으로 고민해야 한다. 좀 더 자세히 설명하자면 급격한 물량 증대로 인해 공급사들이 기술이나 품질 부문보다 납기에 중요성이 높아졌다면 기술(T), 품질(Q) 부문의 평가항목들을 조금 난이도를 낮추고 납기 부문(D)의 평가항목도 늘리고 가중치도 높이는 식의 개선 방안을 적용하면 바람직하다. 이와는 반대로 식품 또는 화장품과 같은 산업군에서는 한 번만의 품질 사고로도 큰 영향을 미칠 수 있으므로 다른 어떤 것보다 품질(Q) 부문에 대한 평가 항목과 가중치를 높이는 방향으로 개선이 필요할 것이다.

결론적으로 공급사 평가는 각 기업이 속해 있는 사업분야와 공급사들의 특징을 잘 고려해서 각각의 환경에 맞게 적용하고 지속적으로 수정 개선하는 것이 가장 바람직한 방법일 것이다. 그리고 수정과 반복을 통해서 가장 잘 맞는 평가체계를 수립하는 업무는 회사의 목표와 공급사의 내부사정을 잘 알고 있는 현업 담당자들이 오랜 고민 끝에 만들어 내는 것이 가장 좋은 평가체계가 될 것이라고 믿는다.

6 효과적인 공급사 육성/지원 정책 만들기

올바른 공급사 평가체계가 정비되었다면 이제 체계적인 공급사 관리를 위해서 고민해야 할 마지막 단계가 남았다. 그 마지막 단계는 공급사에 대한 육성 및 지원정책을 수립하는 단계이다. 공급사를 평가하는 목적과 이유는 공급사에 대한 육성/지원 정책을 수립하고 잘하는 업체들에게는 더 많은 포상과 당근을 주고 일부 잘 못하는 공급사들에 대해서는 지원하거나 퇴출시키기 위함이라고 하겠다. 그런데 컨설팅 과정에서 보면 일부 기업들의 경우 담당자들의 노력과 많은 시간을 할애해서 공급사를 평가해 놓고도 막상 활용하는 부분이 없거나 관례적으로 우수기업 선발기준 정도로만 활용하는 경우를 종종 보게 된다.

전략적으로 공급사 관리체계를 잘 운영하는 기업들은 평가결과에 따라서 공급사들의 공급 물량 및 배분율을 조절한다. 현대자동차가 속해 있는 자동차 기업들은 이러한 물량 배분율에 따라 하위 공급사들의 사활이 걸릴 수 있기 때문에 공급사들은 매년 우수한 평가결과를 받기 위해 많은 노력을 기울일 수밖에 없다. 또한 반도체 분야에 해당하는 SK하이닉스의 경우 공급사에 대한 평가를 분기 또는 월 단위로 실시하고 이러한 평가 결과를 기반으로 물량을 배분하는 배분 Rule을 적용하고 있다. (단 평가에 의한 배분 물량은 너무 크지 않도록 관리한다.) 그리고 국내 기업 중에 공급사 관리에 관한 교과서와 같은 Role Model에 해당하는 POSCO의 경우는 평가결과에 따른 당근과 채찍에 해당하는 지원/육성과 퇴출이라는 두 가지 정책을 외부에 공개하고 준엄하게 적용함으로써 공급사들과 동반성장, 모기업의 경쟁력 확보라는 두 마리 토끼를 잡을 수 있었다.

이와 같이 공급사를 평가하는 것도 중요하지만 전략적인 공급사 관리체계의 완성은 공급사를 평가하고 이를 활용하여, 잘하는 공급사는 더욱 더 잘하게 하고 일부 미흡한 공급사들도 잘할 수 있도록 도와주거나 수준이 낮은 공급사는 퇴출되도록 유도하는 것이 최종적인 모습이라고 하겠다.

그렇다면 이러한 공급사에 대한 지원/육성 지원 정책을 수립하는 절차와 과정은 어떻게 되는지 상세하게 알아보도록 하자.

공급사 육성/지원 정책 수립 절차

1 지원/육성 정책 방향 설정

공급사들의 성장과 모기업의 경쟁력을 높이기 위해 활용할 수 있는 육성/지원 정책의 방향을 설정함

2 지원/육성 정책 POOL 작성

공급사들이 요구하고(Needs) 지원이 꼭 필요한 지원/육성 정책들을 찾아내고 이를 LIST화하여 적용가능성 확인

3 실행용이성, 기대효과 평가

정리된 육성/지원정책들을 대상으로 실행 용이성, 기대효과, 협력사 Needs를 객관적으로 평가 및 선별함

4 지원/육성 정책 실행방안 수립

선별된 지원/육성 정책을 바탕으로 실제 공급사 관리에 적용하기 위한 실행방안을 수립함

출처: LG 구매전문가 과정 교육자료. 엠로 컨설팅 교육자료.

1) 공급사 지원/육성을 위한 정책 방향 설정

효과적인 공급사 육성/지원 체계를 만들기 위해서 가장 먼저 고민해야 하는 부분은 "방향성" 설정에 있다. 여기서 말하는 방향성이라는 것은 모기업의 전략적 목표와 공급사들이 처해있는 상황을 정확하게 이해하고 이를 바탕으로 정책의 방향성을 정해야 한다는 뜻이다.

모기업과 공급사와의 관계는 일반인들의 경우 매스컴에서 보여지는 것처럼 이분법적인 시각에서 "갑"과 "을"이라는 프레임으로 정의해 버리는 경우가 많다. 그러나 내가 컨설턴트로서 경험한 많은 경우들은 오히려 "을 같은 갑", "갑 같은 을"의 경우들을 종종 접하는 경우가 있다. 모기업에게 불친절하고 원하는 제품의 스펙이나 품질기준에 부합하지도 않지만 단독업체(Sole Vender)이기 때문에 어쩔 수 없이 사용해야 하는 공급사도 있고, 사용 물량 자체가 많지 않아서 "갑 같은 을"에게 수많은 노력을 기울여야만 원하는 부품을 공급받을 수 있는 이러한 환경에 놓여 있는 모기업들도 생각보다 많이 존재한다.

따라서 공급사에 대한 육성/지원 정책을 수립할 때에 있어서도 공급사와의 역학관계를 충분히 이해하여 적절한 지원/육성 정책 그리고 때로는 과감한 제재와 퇴출과 같은 정책의 방향성을 선정해야 한다는 뜻이다.

물론 대부분의 경우는 공급사들의 경우는 모기업보다 영세하고 기술력이나 자금력에서 열악할 수밖에 없다. 따라서 채찍보다는 보다 많은 당근과 같은 지원정책으로 공급사들의 힘든 점을 개선해 주는 것이 모든 공급사 지원/육성 정책의 기초가 되어야 한다. 또한 진정한 공급망 생태계 유지와 Win-Win하는 상생협력의 장이 마련될 수 있을 것이다.

2) 공급사 지원/육성 정책 Pool 작성

이제 구매 담당자, 공급사 관리 담당자들이 실제 고민하고 브레인스토밍과 같은 협의 과정을 거쳐서 실제 적용할 수 있는 지원/육성 정책들을 자유롭게 나열하여 정리해 보도록 하자. 이 과정에서 담당자들이 가장 쉽게 빠질 수 있는 유혹들은 다른 회사들 혹은 공급사 관리의 체계 또는 대기업들의 지원/육성 정책을 비판 없이 수용하거나 베끼는 것이다. 물론 잘하고 있는 기업들의 벤치마킹을 통해서 지원/육성 정책을 마련하는 방식이 나쁜 것은 아니다. 이미 시장에서 검증되었고 보편 타당하게 어떠한 공급망 생태계에서도 유용하게 적용될 수 있는 정책들이라 할 수 있기 때문이다.

다만 남에게 잘 어울리는 옷이 나에게 안 맞을 수도 있는 것처럼, 컨설턴트인 나의 개인적인 판단으로는 남의 흉내를 내는 지원 정책보다는 정말 우리 회사와 공급사들에게 도움이 될 수 있고 가려운 부분을 긁어 줄 수 있는 정책들을 고민해 보고 나열해 보는 것이 중요하다. 그리고 정책 Pool을 작성하는 과정에서는 비판하기보다는 무조건적으로 지원/육성 정책의 개수를 많이 나열하고 이를 함께 모으는 과정에 충실해야 한다.

단 육성/지원 정책 LIST를 만드는 과정에서 생각나는 그대로 또는 아무런 기준 없이 정책들을 만들어 내는 것은 무의미하다. 그래서 공급사 관리 지원/육성 전략을 수립할 때는 기본적인 기준에 대해서는 이해를 한 뒤에 그에 맞는 정책들을 생각하는 과정이 필요하다.

그 기본적인 기준은 첫 번째 포상 및 혜택 중심의 정책은 어떤 것들이 있는지 나열하고, 두 번째 제재 및 개선 중심의 정책은 어떤 것들이 있는지 나열해 본다. 그리고 마지막으로 교육 또는 다양한 지원 방안들은 어떤 것들이 있는지 나열해 보는 것이다. 그리고 이러한 것들을 나열하는 과정에서 반드시 고려해야 할 것은 해당 정책들이 비용이 발생하는 "재무 중심"의 정책인지, "비재무 중심"의 정책들인지 반드시 구분해야 한다.

공급사 육성/지원 정책 수립 절차

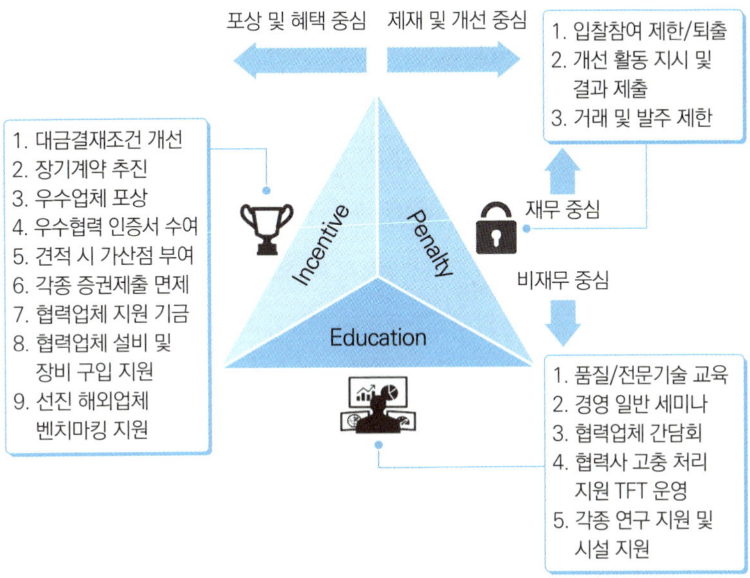

출처: LG 구매전문가 과정 교육자료. 엠로 컨설팅 교육자료.

3) 지원/육성 정책의 실행 용이성, 기대효과 평가

앞에서의 예시와 같이 육성/지원 정책 Pool을 구성했다고 해서 끝나는 것이 아니다. 이제 다양한 아이디어와 타사 사례 등을 통해서 정리된 정책들을 하나하나 검증하고 평가하는 과정이 필요하다. 앞에서도 말한 것처럼 다른 회사에서 잘 적용되었던 정책이라고 해서 우리회사와 공급사들에게도 무조건 잘 적용될 것이라고 판단하는 것은 오류가 있기 때문이다.

지원/육성 정책들에 대해서 객관적으로 판단하기 위해서는 첫 번째, 측정해야 하는 항목은 해당 지원정책이 공급사가 진정으로 원하는(Needs) 정책인가 하는 것이다. 아무리 좋은 지원정책이라고 하더라도 실제로 우리와 거래하는 공급사들에게 크게 도움이 되지도 않고 공급사들도 원하는 정책이 아니라면 실제로 효과를 거둘 수 없는 것이 당연하기 때문이다.

두 번째로는 해당 정책을 실제로 적용하는 데 있어서 얼마나 쉽고 어려운지에 관해서 판단해야 한다. 공급사들이 아무리 원하는 정책이라고 하더라도 모기업에서 지원해주기 위해서 너무 많은 비용이 필요하거나 아니면 담당자들의 노력이 너무 많이 들어가게 된다면 적용과정에서 어려움에 봉착할 수 있으므로 이에 대한 판단을 거쳐야 한다.

세 번째로는 해당 지원정책이 실제로 실행했을 때 얼마나 큰 기대효과를 볼 수 있는지에 대한 판단을 해야 한다. 모기업의 지원 정책은 공공기관이나 정부의 지원정책과는 다르다. 비용과 인력을 투입해서 제공하는 지원정책이 반드시 기대효과를 거두어야 하고 그 기대효과의 크기에 따라서 적용의 우선순위가 분명히 존재해야 하기 때문이다.

여기에 설명한 3가지 평가 기준들을 객관적으로 평가할 수 있도록 점수화 하고 이를 앞에서 나열된 모든 지원정책 하나하나에 대해 평가점수를 기록해보면 어떠한 지원정책이 우수하고 실제로 적용가능한 것인지에 대해서 좀 더 객관적인 시각을 갖게 해줄 수 있을 것이다.

4) 지원/육성 정책 실행방안 수립

공급사를 지원/육성하기 위한 정책들이 결정되었다면 이제 이를 실행하기 위한 실행방안을 수립하는 과정을 거치면 완성이다. 실행방안이라는 것은 사실 복잡하게 생각할 필요는 없다. 선별된 지원 정책을 어떤 공급사에게(Who), 언제(When), 어떻게(How) 지원할 것인가에 대한 세부 계획들을 수립하면 된다.

기본적으로 모든 공급사들을 대상으로 지원정책을 제공해 줄 수는 없으므로 앞에서 살펴보았던 것처럼 공급사 평가를 통해서 지원을 우선적으로 해야 하는 우수 공급사와 개선이 필요한 열위 공급사들을 선별하는 정도의 과정을 진행하면 어떤 공급사들을 대상으로 해야 하는지 고민은 해결될 것이다. 그리고 지원의 시기는 공급사들의 준비 수준과 시기적 특성을 고려하면 효과적일 것이다.

다만 여기서 컨설턴트로서 한 가지 당부를 하자면 공급사들의 Life Cycle을 고려하여 공급사에 대한 지원 정책을 적용한다면 좀 더 큰 효과들을 볼 수 있을 것이다. 이미 잘하고 있는 우수 업체들에게만 업체 포상을 하고 모든 인센티브와 지원 정책을 집중하면 효과가 떨어진다. 쉽게 말해서 신규로 진입한 공급사들을 대상으로 교육과 지원정책을 집중하고 이러한 업체들이 성장하면 우수 공급사로 포상하고 더욱더 강력한 공급망 생태계를 만들어가는 것이 가장 바람직하다.

공급사의 Life Cycle을 고려한 공급사 지원정책에 대한 내용을 설명할 때 나는 자주 CRM(Customer Relationship Management) 분야에서 사용되는 "고객관리 및 육성방안"을 예로 들고는 한다. 나는 구매 컨설턴트로 일하기 전에 실제로 CRM 컨설턴트로서 많은 기업들의 컨설팅을 담당했던 경험을 가지고 있다. 이러한 경험 때문인지 나는 공급사 지원/육성체계 수립이 CRM의 고객관리 및 육성방안을 적용한다면 상당한 효과를 낼 수 있을 것이라는 생각을 자주했고 이러한 경험을 바탕으로 구매 컨설팅 시에도 적용하여 큰 호응과 효과를 본 바 있다. 또한 LG인화원에서의 구매전문가 과정에서는 별도의 공급사 관리/육성 프로그램 개발이라는 교육과정에 해당 내용을 포함하여 강의를 진행하고 많은 현업 담당자들로부터 우수한 강의 평가 결과를 얻은 바 있다.

CRM의 고객 육성/지원 체계

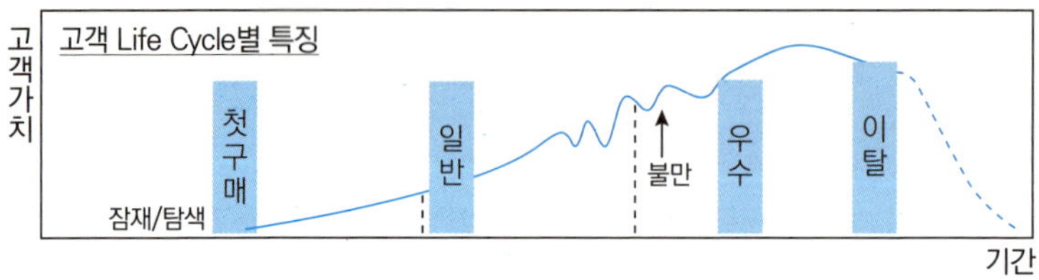

잠재고객	신규고객	일반고객	우수고객	휴면/이탈고객
첫 구매 유도	정착화	고객 가치 강화	유지 및 이탈 방지	재활성화
• 가입 축하 인사 • 상품 이용 안내 도우미 서비스 • 무료 체험 프로그램	• 다양한 이벤트 참여 유도 • 상품의 다양한 흥미 요소 체험 유도 • 초기 이탈 가능 고객 방어 프로그램	• 교차판매 유도 • 등급상향화 유도 • 등급 하향 우수 고객에 대한 이탈 방지 활동	• 우수고객 우대 혜택 제공(로열티 프로그램) • 등급하락 가능 고객 이탈 방지 프로그램 • 차별적 프로모션	• 휴면 및 이탈 원인 개선 • 과거 충성고객 대상 Winback 캠페인

출처: LG 구매전문가 과정 교육자료. 엠로 컨설팅 교육자료.

CRM 고객 지원과 육성을 위한 정책은 고객의 Life Cycle(생애주기)와 가치등급의 발전 단계에 따라 세분 고객군별로 차별화된 지원과 육성정책을 구성하여 적용하도록 되어 있다.

이러한 CRM의 고객지원 육성/정책과 같이 공급사에 대한 지원/육성정책을 수립하고 적용하는 과정에 있어서도 신규 공급사에 대한 지원정책 그리고 일반 또는 중견기업을 위한 지원정책, 우수 공급사용 지원 정책과 공급사의 이탈방지와 재활성화 등을 고려한 지원정책들을 세분화하여 만들고 운영한다면 반드시 좋은 성과가 있을 것이라고 나는 확신한다.

7 삼성, LG, 현대차의 육성/지원 체계 알아보기

1) 삼성전자

삼성전자는 사회적 가치창출을 위해서 협력사와의 상생협력 활동이 선택이 아닌 필수, 비용이 아닌 투자라는 철학을 바탕으로 모든 정책과 지원 활동을 수립하고 있다. 또한 기업과 기업 간의 일대일 경쟁이 아닌, 각 기업들의 전체 공급망이 상호 경쟁하고 있는 환경변화를 절실하게 인식하고 있으며 이에 따라 삼성에 납품하는 협력사들의 경쟁력을 높이고 삼성이 기업활동을 영위하는 기업생태계의 경쟁력을 강화하는 것이 향후 삼성의 핵심경쟁력이라는 사실을 깊게 이해하고 있다. 이에 따라 삼성전자의 협력사 육성/지원 정책은 이러한 철학을 바탕으로 거래하는 협력사뿐만 아니라 미거래 중소기업까지도 지원하는 체계적인 상생협력 프로그램을 수립하고 이를 통해 공급망을 지속적으로 강화하고 더욱 건전한 기업 생태계를 만들어 나가는 데 주력하고 있다.

삼성전자 협력사 육성/지원 정책

1 우수인력 확보/교육

- 협력사 우수인력 채용 지원(채용박람회)
- 협력사 맞춤형 교육과정 개발 및 무상 지원
- 차세대 경영자 양성을 위한 미래경영자 과정 운영

2 자금지원

- 설비투자, 기술개발 등 자금조달 지원을 위한 1조 원 규모 상생펀드 조성 (업체당 90억까지 저리 대출)
- 1, 2차 협력사 간 대금지불조건 개선을 위한 5,000억 규모 대물펀드

3 기술확보/경쟁력 향상

- 신기술개발기금 출연, 중소기업 기술개발 지원
- 삼성전자보유 특허개방, 국내 연구기관 우수 보유 기술 소개
- 협력사 및 미거래중소기업 스마트공장 구축 지원

4 판로개척

- 글로벌 네트워크를 활용, 협력사 우수제품 수출 마케팅 지원
- 스마트비즈 엑스포 개최
- 국내외 바이어 대상 판로확대 기회 제공

출처: 삼성지속경영 리포트.

2) LG전자

LG는 협력사가 경쟁력을 갖출 수 있도록 경영 및 기술에 대한 노하우를 지원하고 협력회사는 LG가 경쟁력을 갖출 수 있는 우수한 품질의 부품을 공급함으로써 협력사와 파이를 나누는 것이 아니라 파이를 키우는 것을 상생경영과 협력사 지원/육성 정책의 기본으로 하고 있다.

또한 LG는 공급망 내의 모든 협력사를 주요한 비즈니스 파트너로 인식하고, 협력사와 흔들리지 않는 신뢰의 동반성장을 실현할 수 있도록 추진과제를 설정하고 이를 통해서 지속적으로 공급사를 육성/지원하고 있다.

여기에서 더 나아가 공급망 내외에서 발생 가능한 리스크를 파악하고 이슈 발생 시 효과적으로 해결하기 위한 공급망 리스크 관리 활동을 병행하고 있다.

LG전자 협력사 육성/지원 정책

협력사 경쟁력 향상을 위한 상생협력 추진전략	협력사 육성 추진과제
상생협력 3대 사상 공동 운명체 일등정신 • LG전자는 신뢰와 협력을 통한 공동노력으로 No.1 경쟁력을 가진 협력회사 육성을 지향한다. • 협력회사는 LG전자의 경쟁력 확보에 중요한 원천이고, LG전자와 함께 경쟁을 도모하는 공동의 주체이다. • 단지 있는 것을 나누는 것이 아니라, 개선활동을 통해 창출한 경쟁력으로 동반성장해야 한다.	1. 상생협력 5대 추진과제 • 글로벌 No1. 경쟁력 확보 지원 • 차세대 기술역량강화 지원 • 자금지원 • 무상교육 지원 • 프로세스 혁신
협력사 육성 5대 원칙 변화와 혁신 정도경영 • LG전자 스스로 글로벌 수준의 프로세스와 룰을 준수한다. • 경쟁력 있는 협력사 육성을 위해 단순 지원이 아닌 근본적 체질 개선에 초점을 둔다. • No.1 수준을 명확히 하여 목표를 설정하고 추진한다. • 투명하고 공정한 기준을 엄정하게 준수하고 상호 협력한다. • 소통과 신뢰를 기반으로 장기적이고 지속적인 활동을 한다.	2. 공급망 리스크 관리 • 협력사 화재/안전 컨설팅 • 협력회사 CSR 리스크 관리

출처: LG지속경영 리포트.

3) 현대자동차

현대자동차는 협력사와의 건강한 파트너십을 구축하여 장기적이고 안정적으로 제품/부품을 수급함으로써 완성차의 품질을 높이기 위하여 노력하고 있다. 또한 향상된 자동차 품질을 통해 발생되는 긍정적인 경제적·사회적 효과를 다시 협력사에 환원하는 선순환 구조를 만들어가는 것을 목표로 하고 있다.

현대차 협력사 육성/지원 정책

1 글로벌 경쟁력 육성

- 품질경쟁력 육성
  - 품질 Five Star 제도
  - 품질/기술학교 운영
  - 부품산업 진흥재단
- 생산성 향상
  - 산업혁신 운동
  - 스마트공장 육성
  - 상주 기술지도
- 기술 개발력 육성
  - Guest Engineering
  - R&D 협력사 Tech-Day
  - 특허 및 기술 보호

2 지속성장 기반 강화

- 성장인프라 구축
  - 협력사 인재채용지원
  - 차량 IT 혁신센터
  - 미래경영자 세미나
- 글로벌 판로 확대
  - 해외시장 동반 진출
  - 2, 3차사 해외공장
  - 협력사 수출 지원
- 경영안정 기반강화
  - 납품대금 현금 지급
  - 원자재 가격 조정
  - 자금지원 프로그램

3 동반성장 시스템 구축

- 협력사 네트워크 강화
  - 1차 협력사회 운영
  - 동반성장 포털 운영
  - 원자재 가격 공유
- 2, 3차사 지원 강화
  - 2, 3차사 품질육성
  - 2, 3차사 자금지원
  - 2, 3차사 해외진출
- 동반성장 문화조성
  - 동반성장 협약
  - 투명구매실천 센터
  - 동반성장 포상

출처: 현대차 지속경영 리포트.

현대자동차의 협력사는 직접 부품을 납품하는 1차 부품협력사와 1차 협력사에 부품을 납품하는 2차 협력사, 일반제품을 구매하는 일반 구매 협력사로 구분되며 동반성장팀을 중심으로 협력사 육성정책을 추진하고 있다.

현대차가 의미하는 협력사와의 동반성장은 글로벌 경쟁력을 육성하고, 지속성장의 기반을 강화하며, 동반성장 시스템을 구축하는 것을 의미한다. 이러한 3가지 목표를 달성할 수 있도록 기존의 협력사 지원 정책을 강화하고 새로운 제도와 프로그램을 꾸준히 발굴하고 있다.

CHAPTER 06

구매혁신 글로벌 리더로 가는 길

글로벌 구매혁신 전문가를 위한 Web Site List

BUY

CHAPTER 06

구매혁신 글로벌 리더로 가는 길

글로벌 구매혁신 전문가를 위한 Web Site List

1) GEP Knowledge Bank

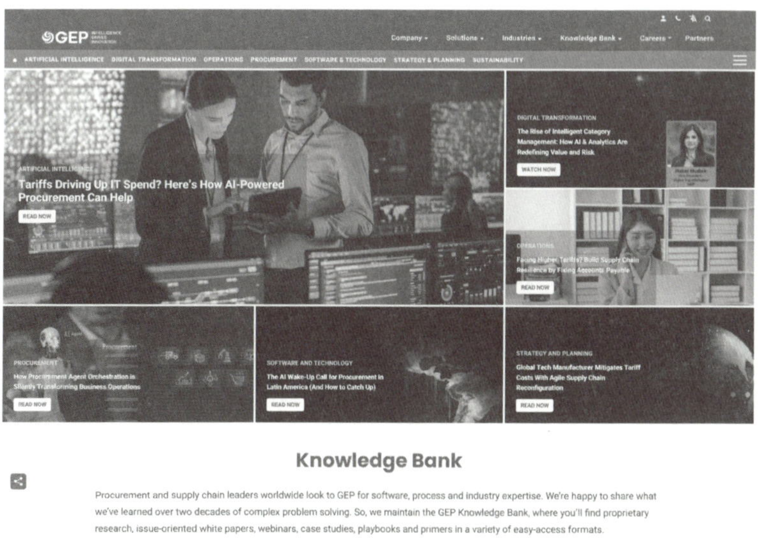

Bookmark URL: www.gep.com/knowledge-bank

글로벌 시장에서 구매 솔루션과 구매 컨설팅을 함께 제공하고 있는 구매 분야의 전문 회사인 GEP에서 운영하는 웹사이트이다.

GEP는 기본적으로 구매 관련 전문 소프트웨어 회사이지만 컨설팅과 관련된 업무들도 수행하고 있으며 특히 Knowledge Bank라는 카테고리 아래에 아주 품질 높은 구매 관련 자료들이 잘 정리되어 있으며 업데이트 또한 충실하게 되고 있다.

전 세계의 구매 담당자들이 관심을 가질 만한 주제들로 많은 정보를 제공하는데 <Explore By Topic> 메뉴에 들어가 보면 확인할 수 있다. 특히 최근에 많은 관심을 가지는 주제들로 정보들을 잘 정리해 놓았다. 그 내용들을 살펴보면 다음과 같다.

1) Artificial Intelligence

2) Software and Technology

3) Digital Transformation

4) Operations

5) Procurement

6) Strategy and Planning

7) Sustainability

개인적으로 나는 구매 분야에 있어서 디지털 전환에 관심이 있어서 1번, 2번, 3번에 새로운 토픽이 올라오면 챙겨보는 편이다. 독자 여러분들도 인공지능(AI), 구매 업무 분야의 디지털 전환 등에 관심이 있다면 북마크를 해놓고 새로운 지식들을 탐험해 보면 좋을 것이다.

또한 GEP에서 제공되는 구매 관련 콘텐츠 중에서 Web Cast는 제목에서 알 수 있는 것처럼 Web을 통해서 구매와 관련된 행사를 Live로 방송해 주거나 또는 구매 관련 전문가들이 구매혁신과 관련된 주제를 가지고 토론하는 등의 내용들을 동영상 형태로 제공하는 자료들이다.

Ardent Partners와 같은 구매 관련 World Class 컨설팅 회사 컨설턴트들의 구매혁신에 관한 설명들을 들어볼 수도 있고, 각 산업별 영역의 구매전략과 IT 트렌드를 확인할 수 있는 세미나 자료들이 많이 올라와 있다. 사실 동영상 자료라고 하지만 대부분 텍스트 화면을 바탕으로 음성으로 설명해 주는 내용이라서 그렇게 재미 있지는 않다. 그러나 다른 어느 사이트의 구매 관련 자료들보다도 깊이가 있고 현실적인 주제들에 대해 다루고 있어서 매우 유익하다. 다만 내용들이 GEP 회사 IT 솔루션과 자신들이 수행한 컨설팅 사례를 중심으로 하고 있음을 인지하고 활용해야 한다. 이러한 점만 감안한다면 구매혁신에 관한 상당한 정보들을 모을 수 있는 가장 유용한 웹사이트이다.

2) CPO Strategy

Bookmark URL: www.cpostrategy.com

B2e Media Ltd.라는 회사에서 운영하는 최고구매담당자 CPO에 관한 온라인 매거진이다. 쉽게 말해 “온라인 잡지”라는 건데 표현에 맞게 실제로 잡지처럼 넘겨가면서 볼 수 있는 특이한 웹사이트이다.

B2e Media 회사의 설명을 살펴보면 역동적이고 혁신적인 글로벌 미디어 회사로서 다양한 부가가치가 있는 콘텐츠를 제공하기 위하여 만들어진 전문가 사이트에 해당하며, 조달 및 공급망 분야의 혼란과 변화에 대하여 전문적인 스토리텔링 방식을 구현하여 고객에게 전달하기 위해 만들어진 웹사이트에 해당한다. 참고로 해당 회사는 최고구매담당자에 관한 매거진뿐만 아니라 최고 기술담당자(CTO, CIO)에 관한 매거진 등의 추가적인 웹진들을 제공하고 있다.

다시 CPO Strategy 콘텐츠에 대해서 좀 더 설명하자면 2019년 4월을 시작으로 2025년 현재까지 발행된 총 매거진의 수는 62호까지 잡지가 발행되어 있다. 단순한 구매 전략, 공급망 관리에 대한 이야기만을 하는 것이 아니라 좀 더 “사람”에 집중하고 있는 느낌의 콘텐츠들을 많이 접할 수 있다. 당연히 CPO라는 사람을 통해서 다양한 구매 이야기, 공급망에 관한 흥미로운 스토리텔링 방식으로 적혀져 있다.

독자 여러분들은 시간이 허락되고 유창한 영어실력이 뒷받침된다면 여유롭게 읽어보면 재미와 유익함을 함께 얻을 수 있는 좋은 자료이다. 저자인 나도 현재까지 출간된 60여 권의 모든 내용을 읽은 것은 아니지만 책장을 넘기면서 재미있는 내용이 나오면 자연스럽게 집중하면서 읽어 보았다. 당연히 잡지 형식의 내용이므로 초기에 발행된 내용들을 살펴보면 구매 분야의 경쟁력 있는 담당자들을 인터뷰한 내용이 개인적으로 가장 관심있게 읽을 수 있었던 내용이다.

1) CPO Magazine 2권: 세계적 ERP 전문 기업 SAP에서 일하고 있는 Marcell 박사가 생각하는 4차 산업혁명의 시대에서 구매/조달이 어떻게 중추적역할을 하게 될 것인지에 예측에 관한 내용이 담겨 있다.
2) CPO Magazine 4권: William Hill이라는 기업의 최고 구매책임자 담당자의 전략적 조달 및 혁신이 글로벌 시장에서도 경쟁력 있는 게임을 계속하기 위해서 어떻게 변화해야 하는지 무엇을 지원해야 하는지에 대한 생각이 정리되어 있다.
3) CPO Magazine 8권: 세계적인 컨설팅 기업인 KPMG의 CPO인 Martine Lee와의 인터뷰를 통해서 구매혁신이 가져다 줄 수 있는 기업 내에서의 진정한 가치(Value)에 대한 의견을 읽을 수 있다.

최근에는 많은 주제들이 구매 분야에서 AI와 Data Driven 방식을 통한 혁신이 어떻게 이뤄지는 것에 대한 내용을 집중적으로 다루고 있다. 새로운 구매혁신 분야에 관심을 가지고 있는 독자 여러분들 이라면 아주 재미있게 읽으면서 구매분야의 최신 동향에 대한 인사이트를 얻을 수 있을 것이다.

나는 CPO Strategy라는 웹사이트를 처음 찾았을 때, "아, 우리나라에도 이런 구매담당 임원들을 위한 웹사이트가 있으면 너무나 좋겠다."라는 생각을 마음 깊이 가졌다. 기업에서 어찌 보면 가장 궂은 일을 하고 있는 구매 담당자들과 구매 임원들의 목소리를 대표하고 그들의 생각을 전할 수 있는 매체가 있으면 더 다양한 구매혁신의 방법이 생겨나고 공유될 수 있지 않을까 하는 생각을 해본다.

3) CPO Rising

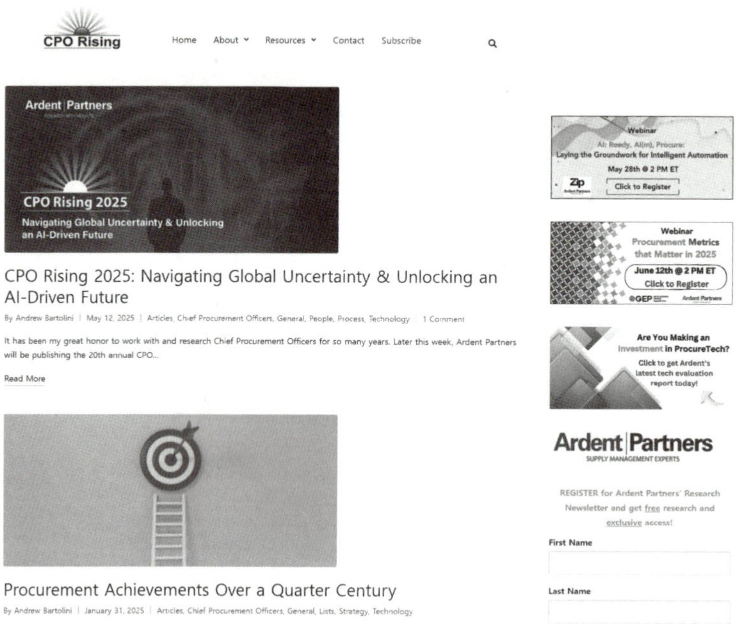

Bookmark URL: www.cporising.com

웹사이트의 제목에서 느껴지는 것처럼 최고 구매책임자 CPO들을 대상으로 구매 정보 전문 웹사이트이다. 구매 분야에서 가장 경쟁력 있는 컨설팅 회사로 인식되고 있는 Ardent Partners에서 대부분의 콘텐츠들을 작성 관리하고 있으며 앞에서 설명했던 GEP 회사가 Main Sponsor-ship을 제공하여 운영하고 있다.

여기 CPO Rising Site에서 가장 주목해 볼 만한 자료는 매년 연초에 Ardent Partners의 최고 수석 연구원(Chief Research Officer)인 Andrew

Bartolini에 의해서 정리되고 발표되는 "CPO Rising 20XX(연감)" 자료이다.

CPO Rising 연감자료는 방대한 민간기업들의 CPO들을 대상으로 설문조사 한 결과와 그 해의 구매 환경이나 구매와 관련된 IT 트렌드 등에 관해서 매우 폭넓게 다루고 있다. 구매와 관련된 컨설팅 업무를 하고 있는 담당자 들이라면 거의 매년 해당 내용을 받아보고 그 해의 새로운 구매 업무의 트렌드와 구매혁신의 방향성을 참고하는 자료로 자주 사용되고 많은 제안 자료 등에 인용된다.

또한 매년 CPO들이나, 현업 구매 담당자들을 대상으로 진행하는 세미나 형식의 CPO Rising Summit를 주최하여 그 해의 구매와 관련된 심도 깊은 주제들에 대해서 토론하고 사례들을 발표하는 자리를 마련하고 있다. 독자 여러분들도 꼭 해당 사이트를 방문해서 구매전략 및 CPO로서 알아야 할 Global Trend와 관련된 정보를 폭넓게 접해보기를 바란다.

4) Strategic Sorceror

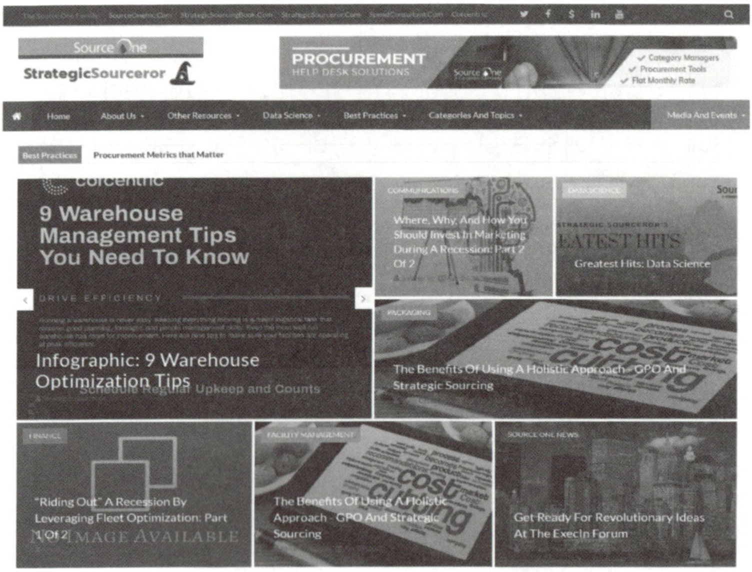

Bookmark URL: www.strategicsourceror.com

앞에서 소개한 웹사이트들은 구매 분야의 최고책임자인 CPO에 관한 정보들을 다루고 있다. 당연히 구매 분야에서 최고의 자리에 해당하는 구매 최고책임자인 CPO에 관한 콘텐츠들이 많은 것은 당연한 일이다. 지금 소개하는 Strategic Sourceror는 앞에 소개한 것과는 달리 정말 구매업무, 소싱 업무를 담당하는 담당자들에게 큰 도움이 되는 사이트에 해당한다. 구매와 소싱 전문가를 마치 마법사라는 단어를 살짝 빗대어 표현한 "Sourceror"라는 표현이 너무 재미있게 느껴진다.

여기 웹사이트는 다른 어떤 구매 및 소싱과 관련 웹사이트들보다

알차고 핵심적인 내용들을 일목요연하게 정리하여 메뉴를 구성하고 있다.

1) Best Practice

2) Data Science

3) Category & Topics

4) Media & Events

이 중에서도 가장 추천하고 싶은 콘텐츠를 3번 Category & Topics 부문이다. 메뉴에 들어가 보면 구매와 소싱과 관련해서 생각해 볼 수 있는 거의 모든 품목군에 대한 내용들이 다뤄지고 있다. 특히 직접자재에 관한 부분뿐만 아니라 대부분의 기업에서 간접재로 다뤄지고 있는 MRO, 마케팅, 물류, IT 서비스 등의 콘텐츠를 담고 있다. 이러한 내용의 콘텐츠를 깊이 있게 다뤄지고 있는 이유는 해당 웹사이트를 만들고 운영하고 있는 Source One Inc.라는 회사가 해당 부분의 전문적인 컨설팅을 제공하고 있기 때문인 것으로 판단된다.

여기에 소개한 Strategic Sourceror 웹사이트 이외에 Family 웹사이트로는 전략적 소싱에 관한 전문 웹사이트 Strategic Sourcing Book.com, 그리고 비용분석에 관한 전문 웹사이트 SpendConsultant.com과 같은 사이트도 방문해 본다면 더 다양한 정보를 얻을 수 있을 것이다.

5) Supply Chain Brain

Bookmark URL: www.supplychainbrain.com

1882년에 설립되어 130년 이상의 역사를 가지고 있는 출판기업인 Keller International Publishing에서 운영하고 있는 SCM 관리는 물론 협력사 관리와 구매혁신에 관한 정보들을 제공하고 있는 웹사이트이다.

해당 사이트에서는 SCM 및 물류관리(Logistics)에 관한 다양한 정보들을 제공하고 있으며 SCM에 관한 산업군별, 국가/지역별 Best Case 정보들을 정리하여 제공하고 있다. 주요 정보제공 항목은 아래와 같다.

1) Logistics

2) Technology

3) General SCM

4) Warehousing

5) Industries

6) Thinktank

이외에 좀 더 심도 깊은 주제들의 내용은 White Paper를 이용하여 지속적으로 업데이트되고 있다. 이들 White Paper들의 내용들을 간단하게 돌아보면 현재 구매혁신 분야에서도 뜨겁게 다뤄지고 있는 AI(Artificial Intelligence), RPA(Robotic Process Assistant), Data Driven과 관련 정보들이 제공되고 있다. White Paper 자료를 읽어 보기 위해서는 구독 신청 및 정보등록이 반드시 필요하니 이 점을 참고하시기 바란다.

마지막으로 Supply Chain Brain 사이트에서 가장 자신 있게 다뤄지고 자랑하고 있는 정보는 100여 년 이상 지속적으로 정보들을 수집해 북/남미 국가들의 다양한 공급사들의 정보들을 총망라하고 있는 Supplier Directory 정보들이라 하겠다. 직접 몇 개의 공급사들이 등록되어 있는지 일일이 숫자를 세어보지는 않았지만 알파벳 순서에 따라 수많은 공급사들의 업체명과 주요 생산제품, 기본적인 업체 정보들을 파악할 수 있는 기능들을 제공하고 있다. 물론 해당 기업의 상세내용 한번에 파악할 수 있는 충분한 수준의 정보는 아니지만 적어도 어떤 산업군에 어떤 회사들 또는 간단하게 회사 타이틀만 들어봤던 공급업체들을 검색해 보고 내용들을 파악하는 데 매우 유용한 정보들을 확인 할 수 있는 활용도가 매우 높은 정보라고 하겠다.

6) ZYCUS

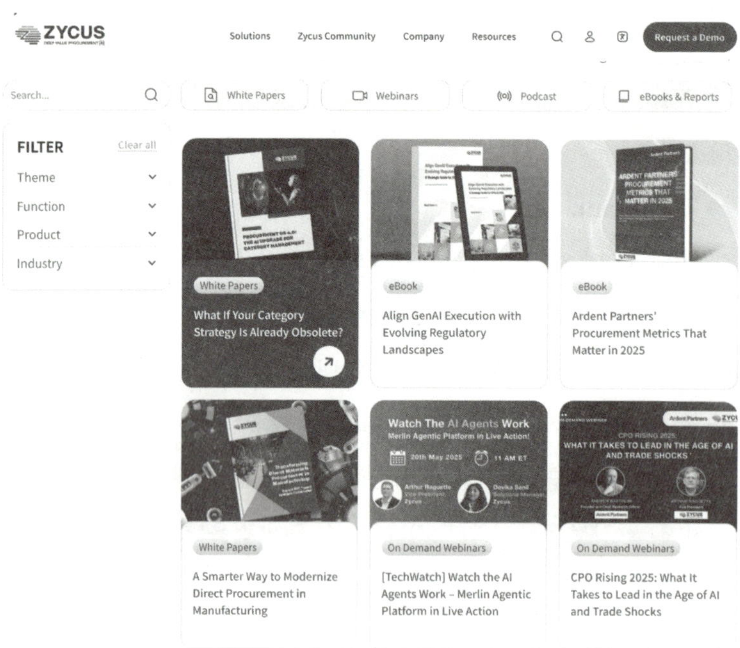

Bookmark URL: www.zycus.com/knowledge-hub.html

ZYCUS는 글로벌 시장에서 구매 분야의 IT 솔루션 전문업체로서 Gartner가 조사하는 구매 분야 IT 솔루션 부문에서 수년째 상위권을 차지하고 있는 구매 솔루션 전문회사이다. 앞에서 소개한 GEP 회사와 경쟁관계에 있으며 솔루션 판매 및 시장 인지도에서는 ZYCUS가 더 선도적인 위치를 차지하고 있다.

이러한 ZYCUS에서도 구매전략 및 혁신과 관련된 다양한 자료들을 제공하고 있는데 "Knowledge-Hub"라는 목록으로 관련 자료들을 정리하여 제공하고 있다. 또한 ZYCUS의 콘텐츠는 구매와 관련된 지식정보들을 찾아보기 쉽도록 아주 효율적으로 나누어 놓았다.

Knowledge-Hub에 들어가보면 모든 자료들을 4가지 구조로 나누어서 운영하고 있다.

1) By Theme: 구매 분야의 다양한 주제별로 정보 제공

2) By Function: 구매의 업무 기능 단위의 정보 제공

3) By Product: 구매 지원 IT 시스템의 제품 단위 정보 제공

4) By Industry: 산업군 단위별로 다양한 적용 Case Study 정보

이상의 4가지 유형별로 정리된 구매와 관련 자료들을 열람할 수 있도록 되어 있어서 매우 편리하다. 특히 1번의 주제별 분류에는 구매전략과 혁신을 적용 실행할 때 반드시 알아야 하는 15개 이상의 상세한 주제들에 대한 구분이 잘되어 있어서 보다 효율적으로 자료를 검토하고 확인할 수 있는 장점을 가지고 있다.

특히 ZYCUS는 IT 솔루션 중심의 회사이어서 3번째 분류 내용인 Product 단위로 우리 기업에 필요한 구매 서비스 제품들은 어떤 것이 있는지, 그리고 그러한 기능 서비스를 이용하려면 어떤 것들을 고려하는 것이 좋은지에 대한 좋은 정보를 획득할 수 있다. 특히 글로벌 구매 IT 솔루션에 대한 트렌드와 기술에 대한 궁금함이 많은 독자라면 어디에서도 볼 수 없는 의미 있는 정보들을 찾아볼 수 있는 좋은 정보 창고가 되어줄 것이다.

7) Skill Dynamics

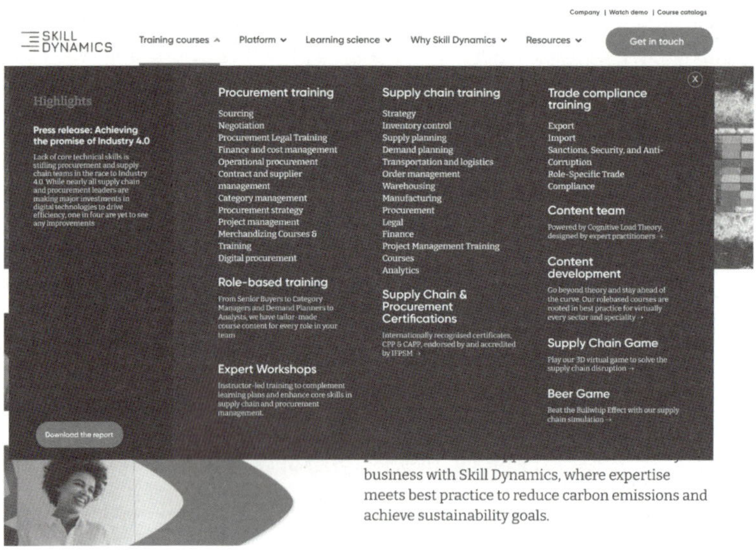

Bookmark URL: www.skilldynamics.com

이번에 소개하는 웹사이트는 구매와 관련된 전문적인 온라인 교육 사이트를 소개하고자 한다. 이 책의 초판을 작성하던 당시에는 웹사이트 주소가 해당 사이트는 Procurement Academy라는 주소로 운영되고 있었는데 지금은 구매뿐만 아니라 SCM 전반을 다루는 더 광범위하고 더 폭넓은 전문화된 교육을 제공하는 사이트로 업그레이드되었다. 일부 교육 내용들은 Demo 형식으로 '맛보기' 기능을 제공하고 있다. 하지만 대부분의 자료는 유료 회원으로 등록해야 교육 자료들을 활용할 수 있게 구성되어 있다.

오랜 기간 컨설턴트로 일해 오면서 나는 구매나 SCM에 대한 체계적인 학습을 할 수 있는 사이트나 서비스가 있으면 좋겠다는 생각을 자주 하고는 했다. Skill Dynamics 구매 관련 교육 내용들은 내가 생각한 거의 모든 범위의 구매 교육들을 총망라하고 있으며 아주 세분화되어 있고 체계적으로 구성되어 있음을 알 수 있다.

여기서 약간 팁을 이야기하자면 유튜브에서 procurement academy로 검색을 해보면 Skill Dynamics에서 제공되는 무료 온라인 강의 자료를 찾아볼 수 있다. 나는 해당 자료들이 유료화되기 이전에 거의 빠짐없이 보았는데, 애니메이션 형태로 구성된 온라인 자료들의 퀄리티는 매우 높다. 교육 자료의 내용 역시 단순한 이론적 내용을 전달하는 것이 아니라 실제로 하나의 회사를 모델로 해서 해당 회사의 구매 부서장과 신규 구매담당자들이 팀을 이뤄서 구매와 관련된 여러 가지 이슈들을 토론하고 해결해 나가는 형태로 콘텐츠들이 구성되어 있다.

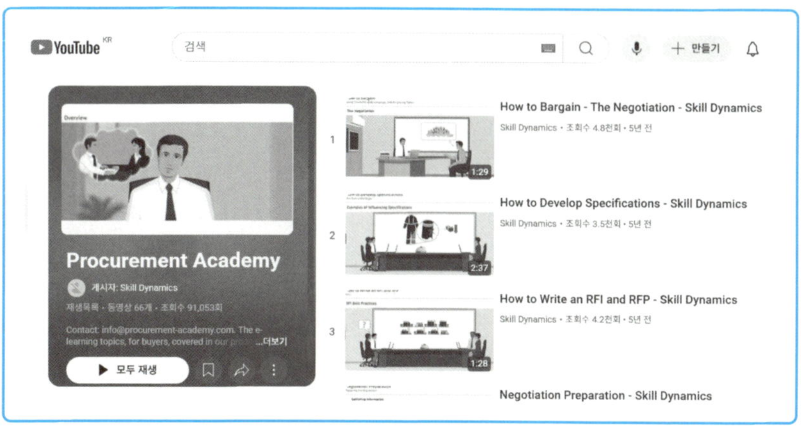

국내 온라인 교육 사이트들에서 제공하는 구매 교육들이 대부분 단순한 설명 중심의 이론 교육 수준이거나 Text로 만들어진 콘텐츠들을 전달해주는 방식의 교육에 해당하는데 여기 Procurement Academy 콘텐츠들은 매우 흥미롭게 구성되어 있어서 전혀 지루하지 않게 구매에 관한 기초에서부터 꽤 깊이가 있는 구매전략이나 구매혁신의 방법론에 대한 교육을 받을 수 있도록 되어 있다.

개인적으로 여유가 된다면 유료회원으로 등록해서 해당 사이트가 가지고 있는 모든 교육내용을 이수해 보고 싶은 욕심이 있을 정도로 가치가 있는 교육자료들이 많이 있다.

만일 이 글을 읽고 있는 독자들 중에서 정말 온라인을 통한 구매교육의 필요성을 절실히 느끼고 있는 담당자라면 유료 회원가입을 통해서 집중적으로 교육을 받아보는 것도 좋을 것으로 판단된다. 모든 온라인 교육자료는 영어로 진행되니까 구매와 관련된 영어 스킬도 업그레이드될 수 있을 것이다.

8) 바이블 Buyble

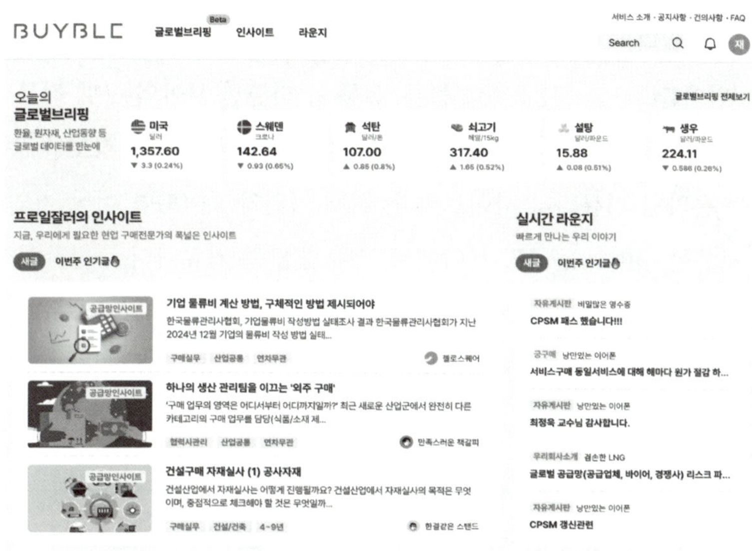

Bookmark URL: www.buyble.ai

마지막으로 소개하는 웹사이트는 국내 1위 공급망관리 소프트웨어 기업 엠로가 구매 담당자를 위해 온라인 커뮤니티 서비스를 목적으로 운영중인 '바이블(BUYBLE)' 웹사이트이다.

책 내용 중 이번 장은 기본적으로 해외의 공급망 및 구매 관련 지식 정보 웹사이트를 소개하는 것을 목적으로 하고 있었다. 하지만 이번 개정판 책을 작성하면서 해외 사이트는 아니지만 국내 웹사이트 중에서 가장 많은 구매 및 공급망 관리에 관한 정보와 체계적으로 구매 교육자료를 무료로 제공하고 있는 바이블 Buyble 웹사이트를 꼭 소개할 필요가 있어서 이렇게 다루게 되었다.

바이블(BUYBLE)은 구매를 뜻하는 Buy와 가능하다는 뜻의 Able의 합성어로, 더 나은 구매 업무를 위한 모든 정보를 제공하겠다는 의미를 담고 있다.

'바이블(BUYBLE)'은 제조, 물류, 유통 등 다양한 분야의 구매 직무 관련 실무자와 전문가, 취업준비생 등 다양한 사람들이 모여 정보를 공유하는 온라인 커뮤니티 사이트이다. 현재 가입자 3,000명 이상 가입자를 보유한 구매와 공급망 분야에서 국내 가장 큰 커뮤니티로 성장했다.

그리고 바이블이 가지고 있는 다양한 콘텐츠들 중에서도 독자 여러분들에게 가장 추천하는 내용은 무료로 제공되는 동영상 강의 콘텐츠들이다.

국내 최고의 구매 강의 권위자이신 국민대 최정욱 교수님의 구매기본 강의는 물론 다양한 부문별 전문가들의 동영상 강의가 무료로 제공된다. 이렇게 제공되는 무료 동영상 강의는 그 내용과 깊이에 있어

서도 매우 가치 있는 콘텐츠에 해당한다. 또한 CPSM 자격증을 보유하고 있는 구매 현업 담당자들의 자격증 취득 이후 3년마다 총 60시간의 관련 교육 이수를 통한 재인증을 해야 하거나 구매 담당자들이 온·오프라인에서 강의를 직접 찾아 들어야 하는 등 어려움들이 존재하고 있었는데 바이블(BUYBLE)에서는 한국구매전문가협회(ISM Korea)와 협의를 통해 바이블의 동영상 강의를 수강하는 것으로도 CPSM 재인증을 위한 구매 직무 교육 영상 수강부터 수료증 발급이 가능하도록 연계하고 있다.

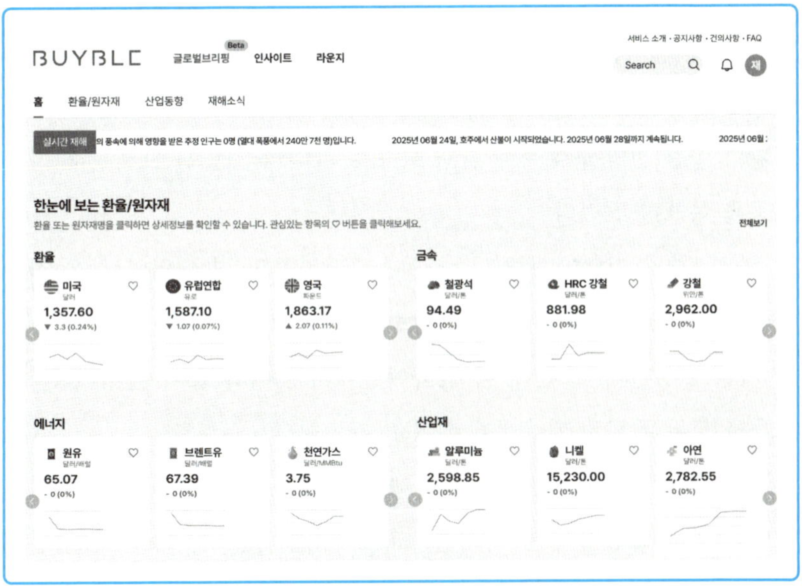

품질 높은 강의자료 이외에도 현직 구매 담당자라면 반드시 알아두면 업무에 큰 도움을 받을 수 있는 서비스는 글로벌 브리핑 콘텐츠

이다. 환율이나 산업 동향, 재해 정보 등 구매 업무에 필요한 전문적인 글로벌 시장 정보를 한눈에 볼 수 있도록 시각화하여 정보를 거의 실시간 수준으로 제공하는 것이 특징이다. 이를 통해 전 세계 공급망에서 발생하는 리스크에 신속한 대응은 물론 데이터 기반의 의사결정에 활용 가능하다.

그 내용들을 세부적으로 살펴보면 현재까지는 22개국 환율 정보, 100여 가지 원자재 가격 동향(알루미늄, 니켈 등 주요 원자재는 LME 가격 제공) 정보가 제공된다. 또한 자동차, 반도체, 철강 등 13개 산업군의 생산·내수·수출입 동향은 물론 글로벌 물류 Risk의 원인이 될 수 있는 지진 등 세계 재해재난 소식까지 한눈에 확인할 수 있다. 장기적으로 이러한 정보들은 바이블의 AI기술을 활용해 각종 데이터를 분석, 최근 현황과 향후 전망을 예측해 알림 톡으로 안내해주는 AI 브리핑 서비스 제공을 목표하고 있다.

중견·중소 기업에서 일하는 구매 담당자들의 경우 위와 같은 정보들을 활용하고 지속적으로 모니터링 하기 위해서는 많은 시간과 노력을 기울여야 한다. 그런데 이제 바이블에서는 이와 같이 깊이 있는 정보들을 모두 무료로 자유롭게 활용이 가능하다.

개인적인 생각일 수 있지만 이제 국내에서 구매 업무를 하고 있는 기업의 구매 담당자라면 '바이블(BUYBLE)' 웹사이트는 하루에 한 번씩은 무조건 접속해야 하는 구매 담당자들의 필수 웹사이트가 아닌가 하는 생각이 든다.

CHAPTER 07

구매혁신의 완성
- 개발구매의 이해와 적용

1. 개발구매란 무엇인가?
2. 개발구매 체계 수립하기
3. 개발구매 실행 Frame Work 이해하기
4. 목표원가 관리 체계 수립 및 적용하기
5. 개발구매 최적부품 선정 방안
6. 삼성전자의 개발구매 적용 사례

BUY

CHAPTER 07

구매혁신의 완성 - 개발구매의 이해와 적용

1 개발구매란 무엇인가?

이제 구매혁신의 세 번째이며 주제이며 구매혁신의 단계를 나눈다면 최종 완성 단계에 해당하는 개발구매에 관해서 알아보려고 한다.

앞에서 설명한 전략구매와 체계적인 협력사 관리를 이미 성공적으로 적용한 기업이라면 마지막 단계인 개발구매에 대한 도전이 가능하다.

개발구매라는 구매혁신의 방법이 일반적인 모든 기업, 대부분의 구매 조직에게 필요한가라고 누군가 묻는다면, 나는 10여 년간의 구매 컨설팅 경험과 국내 기업들의 사례를 비추어 볼 때 단연코 "NO"라고 말하겠다. 그만큼 개발구매의 적용과 활용은 생각보다 쉽지 않다. 그럼에도 불구하고 개발구매를 마치 구매혁신 방법의 하나의 유행처럼 여기거나, 선진기업들의 성공적인 개발구매 효과에 현혹되어 성급한 적용을 서두르는 기업 또는 구매 조직이나 CPO가 있다면 충분한 시간을 두고 의사결정하기를 당부하고 싶다. 그만큼 개발구매는 업무 프로세스, 기업 조직, 구매 전략, IT 시스템 등의 전반적인 준비가 필요하다.

그럼 개발구매에 대한 정확한 정의와 개념부터 알아보도록 하자.

개발구매란 신제품의 기획단계 또는 그 이전부터 미래의 생산 제품과 서비스에 필요한 품목(원자재, 부품, 설비, 장비, 기술, 서비스)을 정의하고, 이를 공급할 공급시장과 공급사를 발굴하고 개발하여 신제품 개발에 필요한 자재와 설비를 제공하고 목표원가와 품질, 안정적 공급확보와 납기를 달성하는 개념이라 하겠다. 간단하게 요약하면 신제품 개발에 필요한 자재나 설비를 사전에 기획해 발굴, 개발하여 신제품 개발을 선도하는 것이다.

개발구매라는 단어 자체가 쓰이기 시작한 것은 국내의 경우 전략구매와 구매혁신을 집중적으로 대기업에서 적용하던 2000년대 초반이라고 할 수 있다. 그러나 개발구매의 그 개념은 상당히 오래전부터 존재해 왔다고 보면 된다. 생산과 개발에 관해 엄청난 노력을 기울였던 일본의 경우에는 1980년대부터 개발구매라는 컨셉의 내용을 원류(源流)구매, 원류관리라는 용어로 표현하고 기업조직에 적용했다. 미국에서는 일본의 그 개념과 유사한 개발구매라는 용어가 별도로 존재하지 않은 것으로 판단되며 다만 국내에서 구매혁신 프로젝트를 주도했던 IBM에서 2000년 초반 개발부서와 구매부서간 협업이라는 개념의 개발구매(PE: Procurement Engineering)이라는 개념을 소개했다. PE라는 개념을 통해 초기 원가절감 기회를 창출하고 보다 효과적인 적기 조달을 완성해 내는 개념을 정립하고 완성했다고 보면 되겠다.

개발 구매 프로세스 완성 및 성과

개발&구매 협업 체계적 프로세스 확립

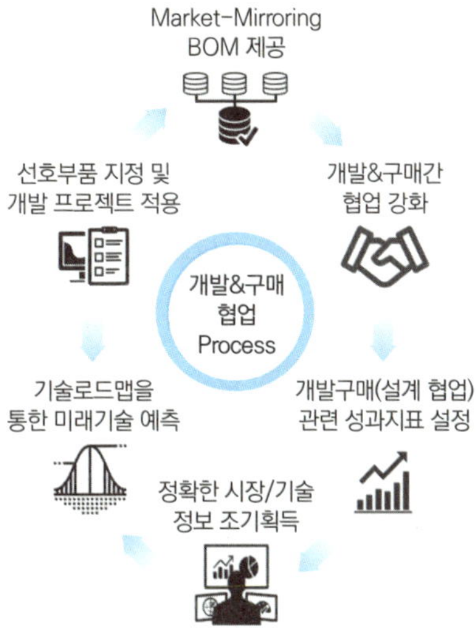

개발구매 추진성과

1. 개발단계 참여를 통한 개발 리드타임 단축

- 대체 부품 정보 제공
- 개발 원류 단계 협업을 통한 개발리드 타임 최소화

2. BOM 단위의 목표원가 / 변동요인 관리

- Simulation을 통한 최적 원가 부품 구성
- 정확한 목표 원가 분석 및 예측 가능
- 부품 Life Cycle 정보 관리 가능

3. 선호부품 사용, 재사용 유도, 표준화 제언 등으로 설계 중복 최소화 및 비용 절감

- 부품 재사용률 증대
- 신규부품 증가 최소화
- 부품수 감축에 따른 관련 비용 절감 및 재고 Life Cycle 관리 및 품질 이슈 경감

출처: 개발구매 협업 Image - IBM 컨설팅 자료. 2006.

그렇다면 개발구매는 왜 필요한 것인가?

대다수의 기업들은 개발부서와 구매부서 간 협업이나 협조가 활발히 이뤄지지 않는다. 개발부서의 구매 요청에 따라서 구매부서는 필요한 부품을 구매해주는 단순한 관계가 일반적이기 때문에 사실 협업의 필요성이 크게 존재하지 않는다. 또한 구매부서의 핵심 목표는 양산 시점에서 적기 조달, 납기관리 및 원가절감에 맞춰져 있는 것이 일반적이다. 제품의 개발을 담당하는 설계부서는 이상적인 제품을 구현하기 위하여 최고의 부품과 이상적인 사양을 중시하는 경향이 있다. 그러나 이러한 시각은 원활한 부품 수급과 납기 그리고 원가까지 고려하게 된다면 설계팀의 시각과 구매팀의 시각은 매우 큰 차이를 나타내게 된다. 대부분의 기업들에서 이러한 개발과 구매 부문의 시각 차이는 결과적으로 양산시점에서는 많은 문제점을 만들어낸다. 이러한 문제점들을 결과적으로 원가상승과 시장 기회를 잃어버리게 되어 기회비용의 손실까지 초래하게 된다. 결국 요즘과 같은 극한의 경쟁시대에는 개발비용의 절감, 설계주기의 단축, 소비자 및 기술 트렌드의 빠른 적용과 최적의 제품 개발을 위해 개발 초기 단계부터 개발 부서와 구매부서 간의 협업이 날로 중요해지고 있는 것이다.

제품개발 단계에 따른 원가결정 및 절감기회

원류 단계에서 원가의 85% 이상이 결정되므로 원가 절감을 위한 개발 구매 협업이 초기 단계에서 수행되어야 함

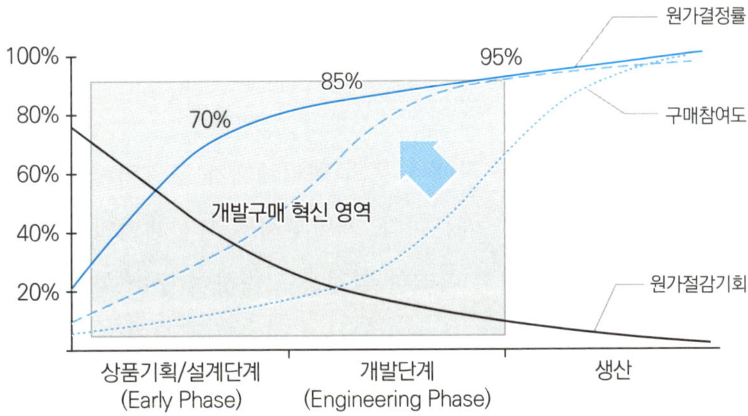

출처: IBM 컨설팅 자료.

또한 제품 개발과정에 있어서 상품의 설계와 개발단계에서 이미 모든 제품의 원가에 85% 이상이 결정되기 때문에 원가 경쟁력을 확보하기 위해서는 구매 부문의 참여도를 높여야만 한다. 이미 개발단계가 완료되고 양산 시점인 생산 단계에 이르면 원가절감의 기회는 현저하게 줄어들게 된다는 것이 일반적인 상식이다. 그러나 앞에서도 밝혔듯이 개발구매를 기업 내에 성공적으로 정착시키기는 쉽지 않다. 그 이유는 크게 3가지로 정리해 볼 수 있다.

첫 번째, 구매부서의 기능이 단순 조달업무에 편중되어 있거나 고착화되어 있는 경우가 일반적이기 때문이다. 구매부서에서는 쏟아지

는 양산물량을 감당하기 위해서 하루 수십~수백 건의 PR, PO를 처리하기에도 정신 없이 바쁘다. 이렇게 생산차질이 발생하지 않도록 조달업무를 수행하기 위해 늘 시간에 쫓기고 인력의 여유 또한 없기 때문에 개발시점보다는 양산시점의 원가절감 활동에 노력을 집중하는 경우가 대부분이다. 따라서 개발시점에 있어서 구매부서의 충분한 역량 발휘가 힘들고 개발부서와의 협업은 더욱더 어렵게 만드는 첫 번째 이유라 하겠다.

두 번째, 개발 부문과 구매 부문의 협업체계가 구축되지 않았거나 원활하게 운영되지 않기 때문이다. 개발부서로부터 개발일정에 대한 공유가 원활하게 이뤄지고 이러한 일정을 고려하여 구매 부문의 다양한 의견제시가 이뤄진다면 좋겠지만 사실 이러한 이상적인 조건은 만들어지기 어렵다. 내가 가장 최근에 경험한 SK하이닉스의 경우도 장기적 양산 규모에 대한 예측은 있었지만 실제로 현장에서 통용되는 수준의 3~6개월 정도의 양산 일정에 맞춰서 구매부서가 전력을 다해 조달업무를 수행해야만 원활하게 생산을 진행할 수 있는 것이 현실이다. 또한 3개월, 6개월 단위의 계획이 존재한다고 하더라도 수시로 변동되는 위험성으로 인해 물량 변화에 대응해야 하는 구매부서는 늘 바쁘고 계획에 따른 구매 진행이 이뤄지기 힘들다.

세 번째, 개발초기 단계에서 부품, 공급사 CAPA, 단가 정보 등의 종합적인 정보체계 구축이 안 되어 있기 때문이다. 결과적으로, 공급업체 관련 정보가 충분히 공유되지 않아서 개발부서는 독단적으로 미리 부품을 선정하여 개발하고 이후에 이를 구매부서에 공지하거나 부서별로 신규업체를 중복해서 등록하는 경우, 기존 공급업체의 선택과 활용 등이 제한될 수밖에 없다. 또한 개발 단계에서 이미 확정되어 버린 공급업체와 공급단가를 변경하거나 조정하는 경우가 발생하게 되면 당연히 수많은 이슈들을 발생시킬 수밖에 없다.

이러한 개발구매 적용의 어려움과 현실적인 한계들이 존재하고 있지만 이러한 문제점들을 극복하고 독자 여러분들이 속해 있는 기업의 특성을 반영한 최적의 개발구매 방법을 도입하고 활용할 수만 있다면 치열한 경쟁체제에서 한발 더 빨리 앞서나갈 수 있는 기회를 마련할 수 있을 것이다.

2 개발구매 체계 수립하기

앞에서도 살펴본 바와 같이 개발구매란 제품의 기획으로부터 양산에 이르는 일련의 개발 프로세스에 구매부서가 적극적으로 조기에 참여(EPI: Early Procurement Involvement)하여 궁극적인 제품 또는 서비스 경쟁력을 달성하는 업무체계를 말한다. 이러한 개발구매 체계는 품질, 비용, 납기 측면에서 최적의 부품 선정과 조달이 가능해야 하고 양산을 고려하여 최적의 공급사를 미리 확보 함으로서 안정적이고 효과적인 개발 및 양산화를 지원하는 것이 가장 중요한 목표라고 하겠다.

개발구매에 관해서는 최근 많은 기업들에서 논의되고 검토되고 있지만 국내에 있어서는 몇 개의 대기업 이외에 실제로 개발구매 조직을 구성하고 운영하고 있는 사례는 많지 않다. 또한 개발구매는 단기간의 프로젝트처럼 수행해서 결과를 얻어낼 수 있는 개념이 아니기 때문에 그 적용을 위해서는 장기적인 관점에서 검토되는 것이 바람직하다고 나는 강조하고 싶다.

제품개발 프로세스 상의 구매 기능 단계별 목표

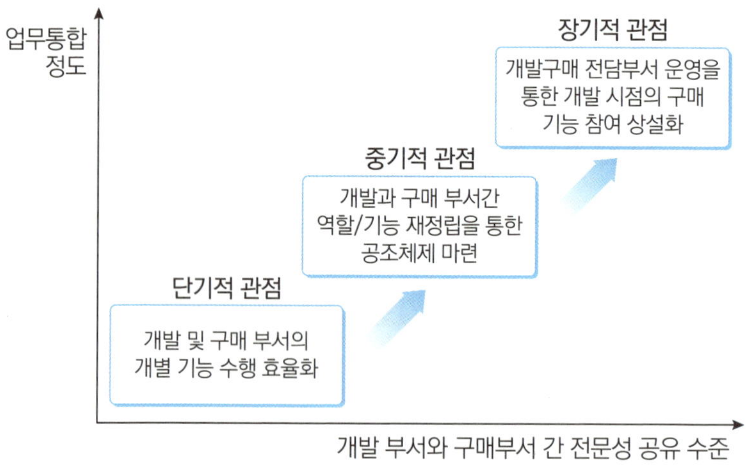

국내에서는 개발구매 체계를 어떻게 기획할 것인지? 그리고 이를 실제 기업 내부에 어떻게 적용할 수 있는지에 대한 자료나 사례는 찾기가 어렵다. Google 검색 등을 통해서 해외의 정보들을 찾으려고 해도 그 역시 쉽지 않기는 마찬가지다. 국내의 개발구매와 관련된 자료들을 여러 가지 검토하고 다양한 기업들의 컨설팅 결과들을 검토해 보면 공통점을 찾을 수 있다. 그러한 공통점을 잘 이해 한다면 개발구매에 대한 첫 단추를 잘 끼울 수 있을 것이다. 그럼 다양한 자료들과 컨설팅 결과에서 공통적으로 알 수 있는 개발 구매 도입과 활용을 위한 4단계 절차에 대해서 알아보자.

1) 개발구매 프로세스의 설계와 정립

개발구매를 위해서는 기존의 구매업무와는 차별화된 새로운 구매 프로세스의 정립이 필요하다. 신상품의 개발과정은 많은 부서의 협업을 통해서 이뤄지는 데 상품기획, 개발, 생산, 구매 등 다수의 부서들이 참여하게 된다. 따라서 기획에서 양산에 이르는 전 과정에 각 부서들이 유기적으로 연결되고 소통할 수 있는 프로세스가 필수적이다. 특히 개발부서와 구매부서 간의 업무 연계는 개발의 효율성을 최대한 끌어 올릴 수 있는 방식으로 고려되어야 한다.

개인적으로 수많은 구매혁신 컨설팅을 하면서 경험을 떠올려 보면 연구개발팀과 구매부서 간의 협업은 매우 어렵다. 최고의 연구장비를 활용하고 최고의 설비와 원자재, 부품을 투입하여 최고의 성능을 보여주는 제품을 만들고 싶은 연구개발팀의 목표는 원가절감을 최우선으로 해야 하는 구매팀의 목표와 이해충돌을 일으키기 때문이다. 따라서 견원지간이 될 수밖에 없는 두 조직의 목표를 한곳만 바라볼 수 있게 조율하고 지속적으로 협력할 수 있는 개발 구매 프로세스의 설계와 정립이 가장 중요하다.

2) 개발구매 관련 조직 및 인력에 대한 정비

개발구매 관련 조직 및 인력에 대한 정비가 반드시 필요하다.

개발구매 관련 조직은 단기적으로는 구매부서와 개발부서의 소통과 공조체제를 강화해서 협업체계를 정착시키는 것이 가장 바람직하다. 그러나 앞에서도 살펴본 바와 같이 각각의 목표가 상이한 두 개의 조직이 단기간에 협조와 전문성을 발휘하기는 어려운 것이 사실이다.

이를 극복하기 위해서 국내 대기업들에서 대부분 설계 관련 인력들을 구매부문으로 이동시키고 기본적인 제품설계에 대한 이해도를 갖고 있는 인력들이 개발구매 업무를 담당하게 하여 조직을 구성하는 경우를 자주 보았다.

솔직히 컨설턴트인 나의 관점에서 보면 이런 방법은 별로 성공적이지 않았던 케이스가 많았던 것으로 기억된다. 왜냐하면 이런 방식으로 개발구매 팀의 인력을 구성하는 경우 대부분 개발 부서에서 막내급 사원이 차출되거나 상대적으로 저성과자가 부서 이동하여 개발구매업무를 담당하게 되는데 이런 경우 개발팀의 요구사항을 객관적이고 비판적으로 수용하거나 거부할 수 있는 명분과 논리가 취약해 지기 때문이다. 물론 이러한 부작용을 최소화하고 장점만을 이용할 수 있다면 가장 좋을 것이다. 그리고 단기적 처방보다는 장기적으로 개발구매에 관한 전문인력을 육성하거나 외부에서 충원하는 방식이 바람직하다고 개인적 생각한다.

3) 개발구매 정보 공유 및 교류 활동 실시

기술변화 추세에 따른 개발구매 부서의 적극적인 대응 및 경쟁력 확보를 위해서는 기업의 내부 및 외부의 관련 조직 간 정보 공유 및 교류활동을 체계적으로 이뤄져야 한다. 개발부서에서 최초 제품에 대한 기획, 설계 단계에서부터 어떠한 원재료, 부품, 설비 등을 활용할 것인지에 관한 정보들이 공유되고 개발 진척현황이 공유되어야 한다. 개발구매 부서에서는 이러한 정보를 공유 받으면 최적의 공급사와 거래방법, 납기, 품질에 관한 내용들을 사전에 준비하여 양산단계로의 이행까지 최고로 효율적인 방법을 찾아내는 노력이 필요하다.

국내 기업들의 경우는 이러한 개발구매 관련 정보 공유 및 교류활동에 있어서 매우 소극적이거나 업무협의체 운영 등과 같은 진부한 방식을 따르는 경우가 많아서 실제로 활발하게 정보공유가 이뤄지지는 않는 게 사실이다. 심지어 개발 부서들의 경우 개발정보가 외부로 유출되기를 꺼려하는 마인드가 크기 때문에 최종확정의 시점까지 구매부서와 절대 공유하지 않는 대기업의 사례도 나는 종종 보았다. 해외의 개발구매 사례들을 들여다 보면 이러한 교류회의 책임자를 CEO 직할 또는 CPO가 직접 참여하는 수준으로 격상시키고 정기적으로 운영하는 Cross Function 조직들에 관한 사례들이 많이 보고되고 있다. 우리나라의 기업정서 및 부서 중심주의 업무 관행상 이러한 조직들의 구성과 운영이 어렵다는 것은 인정하지만 진정한 구매혁신을 위해서 꼭 국내에서도 훌륭한 개발구매 조직을 운영하고 있는 사례들이 많이 들려 오기를 기대해본다.

4) 개발구매 지원을 위한 IT 시스템 지원

앞에서 설명한 3가지 단계들이 준비가 되었다면 이제 이를 효과적으로 지원할 수 있는 IT 시스템의 개발과 적용이 필요하다. 개발구매에 있어서 우수 사례로 자주 거론되는 IBM의 경우를 살펴보면 개발구매에 관한 업무를 지원하기 위하여 적극적으로 개발구매 IT 시스템화를 시행하였으며 이러한 노력이 실질적 재무 성과로 이루어졌다고 한다.

나는 현재 구매 컨설팅뿐만 아니라 구매 관련 IT 시스템 구축을 사업을 하는 회사에 몸담고 있다. 따라서 개발구매를 지원하기 위한 IT

시스템의 구입과 적용을 통해 실질적 재무성과를 달성한 결과들을 자주 봐왔고 그 필요성을 잘 알고 있다.

그렇지만 개발구매 부분에 대한 IT 시스템 지원이 없다고 해서 도전해 볼 수 없는 미지의 영역은 아니라고 생각한다. 개발구매의 업무를 조금 넓게 생각해 보면 양산(대량생산)을 하고 있는 모든 제조업에서 거쳐야만 하는 필요한 업무절차이다. 양산으로 이어지기 전까지 제품개발의 초기 단계에서 부터 설계도면을 공동 검토~확정하고, 협력업체 선정, 목표가격 결정, 파일럿 제품 개발~조달~시험, 최종양산 승인 절차 등의 전 과정에서 구매 부문이 적극적으로 개입하여 품질(Quality), 원가(Cost), 조달(Delivery)의 목표를 달성하면 이것이 성공적인 개발구매 적용이라 할 수 있겠다.

다만 뒤에서 자세히 다루겠지만 개발구매 적용을 위한 품목을 선정하고 선정된 품목에 대한 공용화 가능성 및 원가절감 효과 등을 사전에 검증하는 과정에서 IT 시스템의 지원이 이뤄지지 않는 다면 항상 바쁠 수밖에 없는 통상적인 구매팀의 인력 구성만으로 이를 현실적으로 성공시키기 어렵다. 그리고 이런 업무들을 모두 사람의 손을 거쳐야 한다면 기존 구매 담당자들의 업무 부담이 크게 증가할 것이다. 그렇기 때문에 개발구매를 진정으로 성공시키기를 원하는 기업이라면 개발구매 관련 전문 IT 시스템의 도입은 필수적인 선택사항이 될 수밖에 없다.

나는 다시 한번 강조하지만 개발구매 영역은 적어도 전략구매와 체계적 협력사 관리 체계를 성공적으로 달성 또는 운영 중인 기업들에서 도전하고 적용해야 하는 최종단계의 구매혁신 방안임을 강조하고 싶다.

3 개발구매 실행 Frame Work 이해하기

앞서 설명한 개발구매 체계수립에 관한 내용은 이론적이고 상식적인 내용이라 하겠다. 다음부터 설명할 개발구매 실행을 위한 Frame Work는 실제로 개발구매를 적용한 기업들에서 어떠한 절차와 관리체계를 적용하는지에 관한 상세히 내용이다. 독자 여러분들도 몸담고 있는 기업에서 개발구매를 도입하고자 할 때 무엇을 고민하고, 어떠한 목표를 설정 해야 하는지 등에 관하여 실질적인 도움이 될 수 있을 것이다.

개발구매를 적용하는 기업들은 공통적으로 1) '개발 원류단계 협업관리(EPI: Early Procurement Involvement)', 2) '부품정보 통합관리(Parts Information Management)'라는 두 가지 관리영역의 업무 프로세스와 관

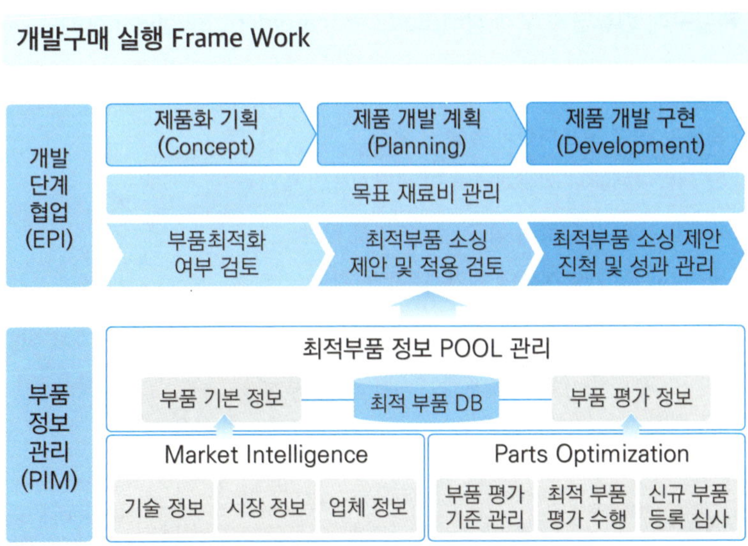

1) EPI: Early Procurement Involvement
2) PIM: Parts Information Management

리체계를 강화함으로써 개발구매의 최종목표인 원가절감과 최고의 품질의 제품 생산이라는 두 가지 목표를 달성하고자 노력한다.

1) 개발 원류단계 구매 참여 (EPI: Early Procurement Involvement)

개발구매의 가장 이상적인 모습은 개발 초기 단계인 상품화 기획부터 단계부터 영업, 설계 및 개발, 구매부서가 Cross Function 조직을 구성하여 지속적으로 협업을 진행하는 것이다. 이러한 과정에서 영업은 판매 목표를 수립하고 개발팀은 개발계획을 바탕으로 설계와 제품 구현과정을 거쳐 최종적인 제품 양산까지 진행한다. 구매부문은 최

개발구매 원류단계 구매 참여(Early Procurement Involvement)

1) 개발초기 단계인 상품화 기획부터 영업, 개발, 구매부서가 협업
2) 목표판가 및 목표재료비 설정 → 확정
3) 각 개발단계에서 예상재료비 및 실적재료비를 산출
4) 목표판가 대비 재료비 목표 달성여부를 판단
5) 생산 이전에 개발제품의 원가경쟁력을 확보

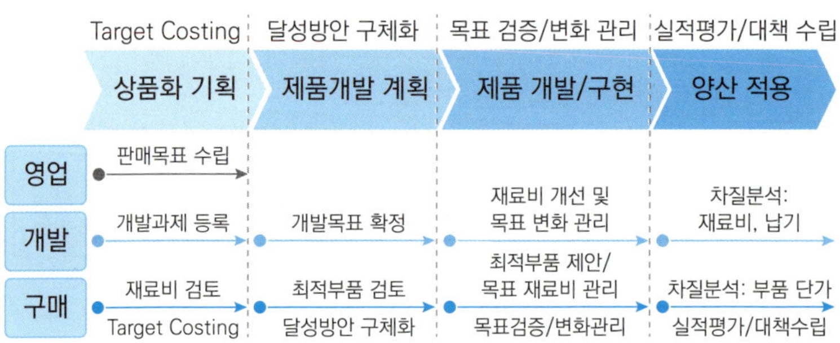

초 상품화 기획 단계에서 재료비를 검토하고 개발계획이 수립된 이후에는 최적부품에 대한 검토와 시장상황 및 공급사에 대한 상황을 사전에 파악해 두어야 한다. 이렇게 사전에 파악한 정보는 개발팀과 공유하여 보다 합리적이고 원가중심의 양산체제로 연결될 수 있도록 한다.

기획 및 계획 단계를 지나 실제 제품구현 단계에서는 구매의 역할이 더욱 중요하다. 제품 개발팀들에게 최적의 부품을 제안할 수 있어야 하고 협의된 목표재료비를 기준으로 이를 넘어서지 않도록 지속적인 변화관리가 필요하다. 개발 구매를 적용하다 보면 대부분의 기업들에서 가장 큰 노력을 기울이는 부분은 합리적인 "목표재료비 테이블"을 만들어내는 일이다. 이 과정에서 만들어진 목표재료비를 양산과정이 끝나는 순간까지 준수하고 절감할 수 있도록 개발팀과 구매팀의 모든 담당자들이 지속적인 변화관리를 하는 것이 개발 구매 협업(EPI)의 본질이자 핵심이다.

실제 제품의 생산, 즉 양산단계에 돌입하면 생산공정상의 내/외부 변수와 수율 등의 문제로 결국 목표재료비 또는 부품 단가를 유지하기 어려운 경우가 빈번하게 발생한다. 구매는 이 시점부터는 협상가의 면모를 발휘하여 목표 재료비와 실 투입 재료비 간의 차이를 최소화하고 부품 업체들과 지속적인 협상을 통해 원가 상승의 불안 요소를 제거해 나가야 최종적인 원류단계의 구매 협업이 완성된다고 하겠다.

2) 부품정보 통합관리 (PIM: Parts Information Management)

개발구매를 성공적으로 이행하기 위해서는 부품정보 통합관리가 반드시 선행되어야 한다. 제품의 생산에 필요한 주요 부품들에 대한 시장/기술 정보를 종합하고 이를 활용 가능한 상태로 유지해야 한다.

개발구매 부품정보 통합관리(Parts Information Management)

주요 부품들에 대한 시장/기술 정보 및 잠재 부품/업체 정보를 체계적으로 관리
→ 최적부품 및 최적업체 Pool 구성(Time to market, 구매 업무 효율화, 원가절감 극대화)

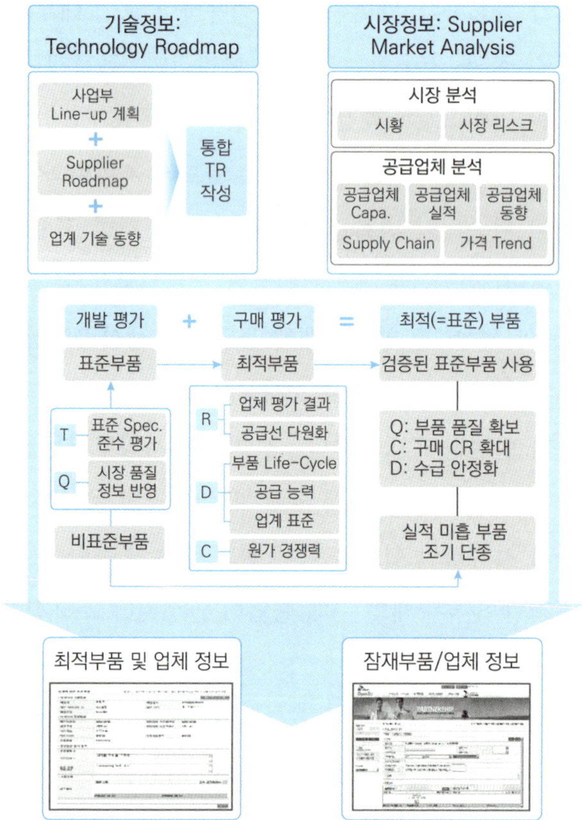

이를 위해서는 기술정보에 대한 통합관리가 필요하며 이를 기술정보(Technical Road Map)로 분류하고 사내의 제품 Line Up과 업계의 기술 동향 등을 지속적으로 등록 관리가 필요하다. 그리고 이러한 기술정보에 따라서 시장에 대한 시황과 요구사항, RISK 등에 관해서도 분석이 수반된다. 그리고 이러한 기술정보를 바탕으로 부품, 원자재에 대한 공급이 가능한 공급업체들을 분석하여 공급업체의 동향이나 원가 Trend를 지속적으로 관리되도록 해야 한다.

이러한 부품정보 통합관리 강화를 통해서 지속적으로 최적 부품에 대한 지속적인 기술 Trend와 안정적인 품질 수준을 유지할 수 있으며, 시장이 요구하는 제품을 출시할 수 있는 Time to Market 달성이 가능하다. 또한 구매의 관점에서 보면 설계 단계 구매부문의 개입을 통해서 구매 업무의 효율화와 궁극적 개발구매의 목표인 원가절감 효과를 극대화할 수 있는 것이다.

사실 글로는 이렇게 쉽게 적어 놓았지만 부품 관리의 유형을 기술적 중요도와 원가의 영향도를 정량적으로 평가하여 기업 이익에 긍정적 영향을 주는 부품들을 구별하는 것이 쉬운 일은 아니다. 또한 부품의 관리 유형이 만들어졌을 때부터 해당 부품들의 관리 방향과 평가주기와 평가기준을 잘 정리하여 최적의 부품이 선정될 수 있도록 지속적인 모니터링과 노력을 기울여야만 개발구매를 완성할 수 있다.

개발구매 적용을 오래 전부터 해온 현대차의 경우 부품정보 통합관리를 위하여 자동차 부품에 대한 단가결정 정보를 관리할 수 있는 부품가격 관리체계와 부품에 대한 설계 변경에 대응할 수 있는 부품개발 관리에 대한 체계와 시스템을 갖추고 있다. 이러한 부품정보 통합

관리를 철저하게 하여 자동차를 생산하기 이전에 T-Car(양산이전 테스트 모델) 단계에서 신차종을 생산하기 이전에 신차종에 대한 설계원가와 개발원가에 대한 추정 협의를 3차에 걸쳐서 진행하며 이를 통해 목표원가를 기준으로 하는 기획 BOM(Bill Of Material)을 만들고 운영하고 있다. 이렇게 만들어진 기획 BOM은 자동차가 양산단계에 들어서는 M-BOM 단계에서도 지속적인 부품정보 통합관리가 이루어지도록 되어있다. 물론 자동차 산업에 있어서도 양산단계에 들어선 경우라고 할지라도 불가피하게 설계 변형 또는 부품교체 등이 발생하게 되고 이로 인한 원가 변동사항이 발생되기 마련이다. 하지만 이때 잘 구성된 부품 통합관리 체계를 활용하여 단가차이 발생을 최소화하고 원가 절감요소를 추가로 찾을 수 있게 된다.

삼성전자의 경우는 빠르게 변화하는 전기/전자, 반도체 산업의 특성에 맞게 개발구매를 위한 부품 통합관리 체계를 갖추고 있다. 보도자료나 관련된 컨설턴트들의 이야기를 들어보면 삼성의 경우 부품에 관한 차별화된 관리유형과 기술 로드맵 파악에 상당히 많은 시간과 인원을 투여하고 있고 지속적인 노력을 기울이고 있다고 전해진다. 이렇게 파악된 내용들을 바탕으로 공급업체 선정과 원가절감과 품질관리를 위한 최적부품 모델 차별화와 최적부품 평가를 적용하여 최적 부품의 활용률을 높여 앞에서 말한 개발구매의 궁극적인 목표인 품질, 원가, 조달의 목표를 달성하고 있다.

4 목표원가 관리 체계 수립 및 적용하기

개발 구매를 통해서 궁극적으로 도달하고자 하는 최종목표는 목표원가를 정확히 계산하고 이를 철저하게 준수하여 Cost Down을 달성하는 것이다. 이를 위해서는 가장 중요한 목표원가를 기획하고 이를 관리하는 업무가 당연히 핵심 영역이 될 것이다.

제품 개발 & 목표원가 관리 프로세스

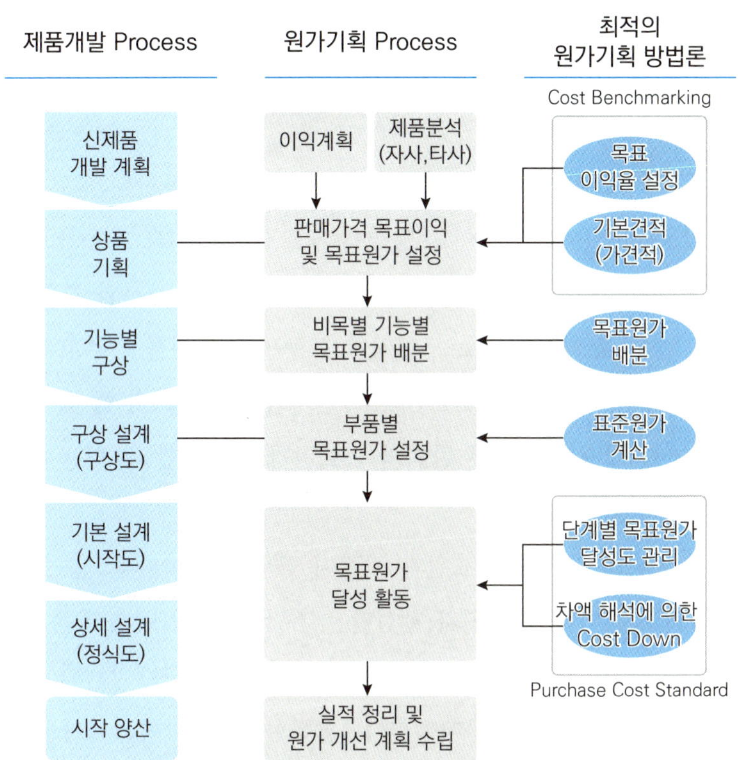

출처: 목진환, 2008.

목표원가 관리를 위해서는 위 그림에서 보는 바와 같이 상품기획 단계에서 영업팀, 연구개발팀, 구매팀, 원가팀이 함께 제품판매가격에 따른 목표이익 그리고 이를 달성하기 위한 구체적인 목표원가 설정이 필요하다.

이 단계에서 구매팀 담당자는 원가관리팀과 함께 목표이익률의 설정기준에 따른 기본견적(가견적)기준을 완성한다. 이렇게 만들어진 가견적을 기준으로 기능별, 비목별 목표원가를 배분한다. 대부분의 기업들은 자체적인 원가 기준에 따라 원가배분을 실시하게 된다. 이렇게 배분된 원가내용을 기준으로 개발 구매팀에게 가장 중요한 부품별 목표원가를 설정하고 부품단위 표준원가를 계산하고 시스템이 존재하는 경우 이를 등록하게 된다.

많은 사람들이 알고 있는 것처럼 표준원가와 부품단위 목표원가를 가장 잘 관리하는 산업 분야는 당연히 제조업 중에서도 자동차 산업부문이 되겠다. 현대차와 같은 기업들은 매우 오랜 노하우와 경험을 바탕으로 한 아주 세부적이고 구체적인 표준원가 체계를 갖추고 있으며 이러한 표준 원가를 바탕으로 새로운 신차를 개발하려고 할 때 빠르게 목표원가를 설정하고 부분 단위의 목표원가를 수립할 수 있는 체계를 잘 갖추고 있다.

부품단위의 상세한 목표원가 설정이 끝났다면 이제부터는 오로지 구매팀의 시간이다. 목표원가 달성활동 기간 동안 각 단계별 목표원가 달성도를 지속적으로 모니터링 하고 관리하면서 연구개발팀과 공급업체 사이에서 그야말로 "구매예술화" 활동을 하면서 목표원가를 넘어서지 않도록, 그리고 더 나아가 실 구매가와 목표원가의 차액 분석을 통한 추가적인 원가절감의 기회가 없는지 지속적인 원가절감의 기회를 찾는 것이 일반적이다.

나는 현대차 계열사인 현대위아 시스템 구축 프로젝트와 현대차 남양연구소에서 구매 컨설팅을 수행하던 시절에 목표원가 관리 업무가 개발구매 팀에게 얼마나 고통스러운 일인지 경험한 바가 있다.

대부분의 목표원가는 그야말로 달성하기 쉽지 않은 "목표"에 해당하는 금액 수준으로 책정되기 마련이다. 그러나 이상적인 목표에 가깝게 설정된 목표원가는 제품 개발 단계에서는 쉽게 그 목표 금액을 초과하기 마련이다. 이게 당연한 것이 연구개발팀은 최초의 설계보다 우수한 품질과 최고의 디자인을 적용하고자 하는 열망이 클 수밖에 없다. 당연히 더 좋은 원자재와 우수한 품질의 부품을 사용해서 완성차의 상품 경쟁력을 우수하게 만들고자 하는 연구개발팀의 노력은 늘 목표원가를 위협하는 위협 요인이 된다. 이러한 상황을 개발 구매팀은 미연에 방지하고 연구개발팀에게는 최고의 부품도 좋지만 최적의 부품을 추천할 수 있는 부품 및 협력사에 대한 정보를 구매팀은 지속적으로 제공해야 하며 설득해야 한다. 그리고 이러한 노력으로도 달성되지 않는 목표원가에 대해서는 보다 창의적인 방법 또는 협상을 통해 원가절감의 기회를 노려야 한다.

이렇다 보니 사실 연구개발팀과 개발 구매팀은 잦은 의견 충돌이 발생하고 업무협의의 자리는 불꽃 튀는 전쟁터가 되기 매우 쉽다. 그러나 이는 모두 자신이 속한 조직의 목표를 달성하기 위해서만 노력하고 전사적인 목표를 간과하기 때문이라고 할 수 있다. 일단 만들어진 목표 원가는 무슨 일이 있더라도 지키고 준수해야 하는 기준이며 목표를 초과하는 원가 상승요인이 발생했을 때는 함께 머리를 맞대고 해답을 반드시 찾아야 한다. 그리고 이러한 해답을 찾아가는 실마리는 개발구매 팀에서 제시하여야 한다. 이를 위해서라도 개발 구매팀은 합리적인 의사결정을 할 수 있는 축적된 Data와 이를 바탕으로 하는 논리적인 의사결정 방안을 협상 테이블에 올려 놓는 것이 개발구매의 시작점이라고 나는 생각한다.

5 개발구매 최적부품 선정 방안

독자 여러분들이 일하고 있는 기업에서 개발구매를 적용하고자 할 때 꼭 간과하지 말아야 할 중요한 사항이 있다. 바로 개발구매를 적용한 선진기업들의 드라마틱한 효과에 현혹되어 일단 정확한 개발구매 적용대상에 대한 정의도 없이 개발구매를 기업내부에 준비 없이 적용하는 것은 피하는 것이 좋다. 나는 앞에서도 밝힌 바와 같이 개발구매는 기업조직 내부에 전략구매에 대한 다년간의 경험과 조직적인 협력사 관리체계를 운영한 경험을 충분히 가지고 있는 기업 내에서만 적용가능하고 성공 가능성이 높다라는 점을 다시 한번 강조하고 싶다.

개발구매를 적용하고자 할 때는 정확한 대상을 정의하는 것이 가장 중요하다. 뒤에서 밝힐 삼성전자의 경우를 보더라도 개발구매 도입 초기에는 개발구매를 실행했을 때 가장 효과를 많이 볼 수 있는 과제들을 선정하는 데 충분한 시간을 할애했다. 그리고 그렇게 선정된 개발구매 대상 과제들을 대상으로 실험적으로 개발구매에 대한 Pilot 프로젝트를 진행해보고 이후에 충분한 효과가 나올 것이라는 확신을 가진 이후에 다양한 분야의 다양한 제품에 적용하는 확산하는 절차를 거쳤다.

최적 부품 선정 모델

최적 부품은 개발/구매 품종별 전문가의 기술/비즈니스 및 수급/업체 중요도 평가에 의해 선정

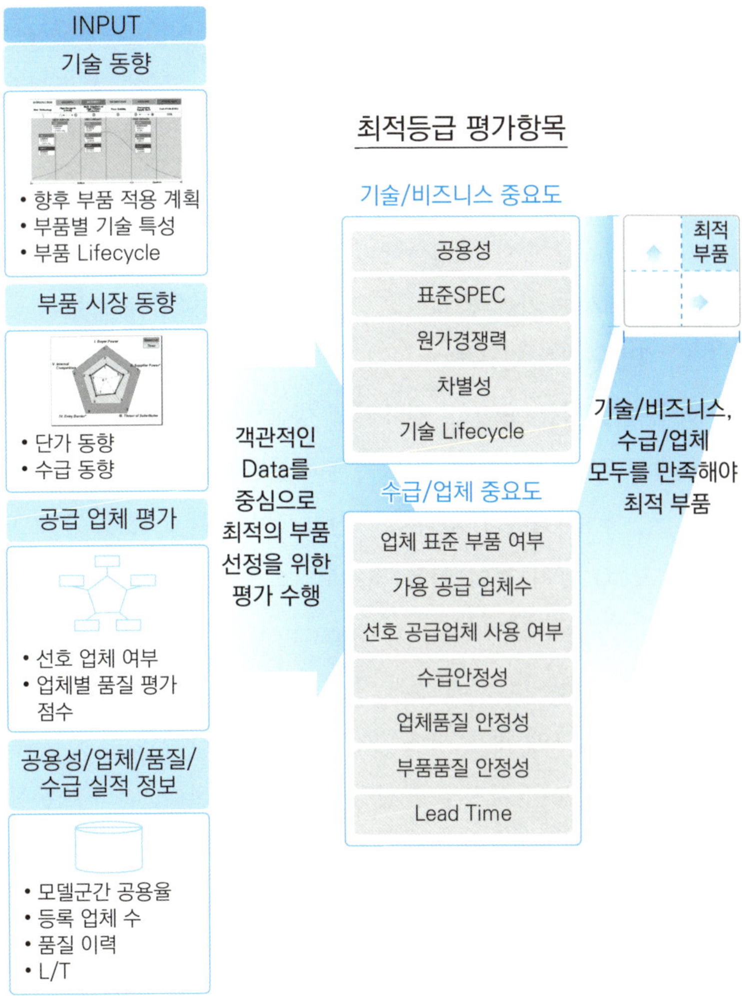

이와 같이 여러분의 기업에서도 개발구매를 적용하고자 한다면 제일 먼저 어떠한 품목 또는 어떠한 부품을 개발구매의 대상으로 할 것인가에 대한 고민을 깊이 있고 체계적으로 해야 한다. 이를 위해서 개발구매 적용을 위한 최적부품 선정 모델이 반드시 필요하다. 개발구매를 위한 최적 부품 선정모델은 그 기업이 어떤 제품을 생산하는가에 따라서 다를 수 있다. 그러나 공통적으로는 기술동향, 부품시장동향, 공급업체 평가, 부품에 대한 공용성 등의 객관적 데이터를 기반으로 1) 기술/비즈니스의 중요도와 2) 수급/업체 중요도를 두 가지 축으로 하여 평가결과를 통해 선정하는 방식이 일반적이다. 이렇게 평가를 거친 자제 중에서는 가장 중요하고 핵심이 되는 전략자재 또는 부품을 대상으로 개발구매를 적용해야 한다.

조금 쉽게 설명해 보자면, 컴퓨터를 생산하는 기업을 가정을 해봤을 때 개발구매의 대상이 될 수 있는 부품들을 분류해 본다면 다음과 같이 생각해 볼 수 있겠다. 컴퓨터 생산에 전략적인 부품들로는 CPU, Memory, LCD 등의 것이 있을 것이고, 초기 회로설계 시 고려해야 할 품목은 PCB Board, Inverter, Capacitor 등과 같은 품목들이 있을 수 있을 것이다. 이러한 부품과 품목들을 대상으로 객관적인 Data를 기반으로 개발구매 적용 시에 가장 큰 효과를 나타낼 수 있는 부품들을 찾아내는 활동이 최적부품 선정절차에 해당한다. 위의 예시들을 기준으로 한다면 CPU, Memory, LCD 등의 경우는 사실상 개발구매의 대상 품목으로 선정하기 부적절하다. 그 이유는 대부분 해당 부품의 경우 글로벌 업체들이 장악하고 있는 품목들이어서 웬만한 구매력을 보유하고 있지 않은 기업이라면 당연히 단가 협상에 있어서 우위를 차지할 수 없기 때문이다. 이렇게 협상의 여지가 크지 않은 품목들은 최적 부품의 대상에는 제외하는 것이 합리적이다.

6 삼성전자의 개발구매 적용 사례

삼성전자의 개발구매 적용 사례는 국내에서 개발구매의 Best Case로 각종 언론에 다뤄졌으며 많은 기업들의 롤모델이 되고 있다.

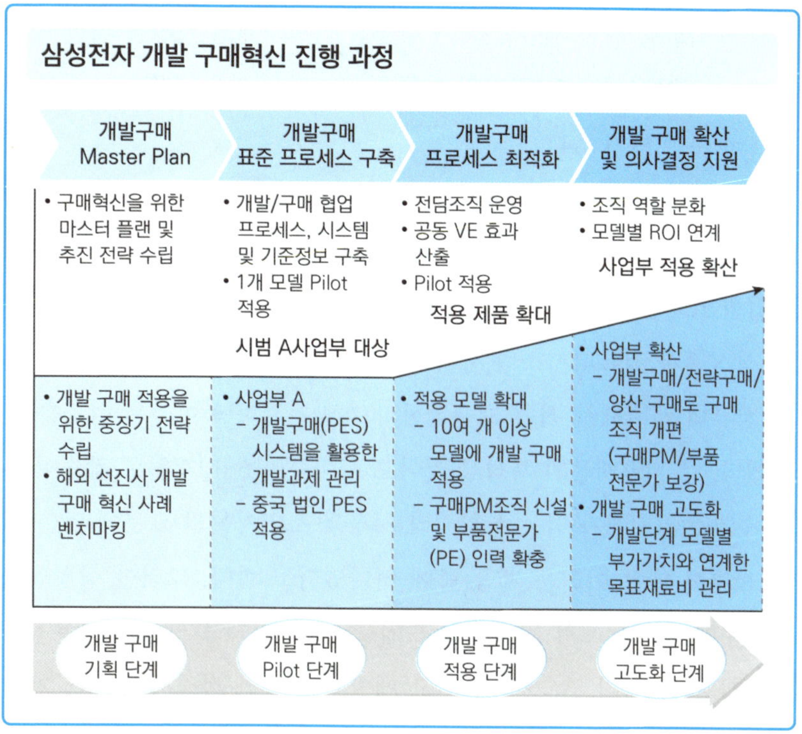

삼성전자는 국내기업들 중에서는 선도적으로 2004년 개발, 구매 협력 시스템(PES: Procurement Engineering System)을 구축하였다. PES 시스템 체계의 핵심은 구매부서가 개발 초기단계에 직접 참여하여 원가절감 및 부품최적화 효과를 달성하고, 협력 업체와 구매 및 물류 프로세스 전반을 개선하는 데 기여하는 것이었다.

삼성전자는 이를 위해 제품개발 초기단계에 구매 부문이 반드시 참여하도록 업무 프로세스를 혁신하고 이를 시스템에 반영하였다. PES는 구체적으로 개발과 구매의 공동목표수립 → 부품의 글로벌 소싱과 최적화를 위한 제안활동 → 경영진의 의사결정 지원을 위한 성과관리 → 공용성이 높은 최적의 부품을 선정하는 평가체계 등 4개의 핵심 요소로 이뤄져 있다.

삼성전자는 이러한 개발구매 프로세스를 2004년부터 설계하여 이듬해에는 전 사업장에 설치 및 운영이 시작되었으며, 이러한 개발구매 협업의 효과는 다양한 사업부문에서 가시적으로 나타나기 시작했다.

삼성전자 컴퓨터시스템 사업부는 본사 개발구매 방법론 적용을 통해 컴퓨터 시장에서 적기 제품생산과 개발기간 단축이라는 성과를 달성했다. 컴퓨터 제품의 특성상 라이프 사이클이 6~12개월로 짧으며 부품 수가 2,000개가 넘는 상황이라 시장과 소비자들의 요구에 맞춘 적기 시판이 매우 어려운 제품 중에 하나였다고 한다. 그러한 상황에서 개발구매 프로세스의 적극적인 도입을 통해서 최적 부품의 사용률을 기존의 상황 대비 8%가량 높이고 개발구매 팀의 적극적인 소싱 제안을 통해서 직접원가의 절감 목표를 약 7%가량 달성 가능했다고 전해진다.

삼성전자 LCD 부문에서도 개발구매의 성과가 나타났다. 삼성전자 LCD 사업부는 2005년부터 협력업체들과 상호 생산계획과 재고량을 공유하고 적기에 자재공급을 위해 노력했으며, 물류분야에서도 개선을 위해 노력했다. 예전에 1차 협력사와 2차 협력사들의 경우 자재 포장 용기가 제각각이어서 많은 업무 비효율이 발생하였는데 2006년부터는 이러한 제각각이었던 포장 용기를 통일하고 표준화된 생산계획 정보들을 협력사들과 공유했다. 이를 통해 협력업체들의 평균 재고일수는 보름 정도 수준에서 일주일로 단축되었으며, 불필요한 업무 절차 중의 하나였던 포장해체를 위한 인력 비용 절감 효과를 거두었다. 이러한 개발구매 도입 노력은 통해 최적 부품의 비율을 4%가량 높이고 부품사양에 대한 변경제안이나 공급선 이원화, 신규 부품 적용, 소싱업체 제안 등의 방식으로 직접재료비의 18%가량을 줄일 수 있었다.

삼성전자의 반도체 부문은 2008년부터 기존의 구매조직에 개발구매 조직을 신설하여 운영을 시작했다. 기획 단계에서부터 협력사들과 반도체 장비 개발방향을 협의함으로써 납품 가능성을 높이고, 삼성전자는 매년 수조에 달하는 장비 투자의 효율성을 높이기 위한 시도였다고 한다. 이러한 개발구매 신설과 운영을 통해 반도체 산업의 국산화 비율을 높이고 협력업체와의 상생 모델을 새롭게 제시한 것으로 평가된다.

삼성전자의 반도체 부문의 개발구매 조직은 상무급 임원과 함께 반도체 공정별로 현장에서 8년 이상의 베테랑급 엔지니어를 뽑아 배치하였다. 반도체 총괄은 이들 베테랑 엔지니어들로 하여금 장비 국산화를 위한 기술자문, 설비개발, 유휴설비 활용 분야에 고루 배치하여 연간 수조 원에 달하는 투자비용이 효율적으로 집행될 수 있도록 하는 데 집중하였다. 2008년 삼성전자의 반도체 분야 설비 투자 규모는 약 7조 원 규모로 알려져 있었는데 국내 장비업체들과 삼성전자의 개발 구매팀이 협업하여 공동개발프로젝트(JDP), 공동평가프로젝트(JEP)를 적극적으로 수행하여 투자 비용에 대한 효율적인 사용과 반도체 장비 국산화라는 두 마리 토끼를 잡는 효과를 거두었다.

앞에서 일부 살펴본 현대차의 경우와 달리 삼성전자는 개발구매의 적용을 수조 원에 달하는 반도체 공정 및 장비의 개발 부분에 적용하여 괄목할 만한 성과를 거두었다. 이처럼 개발구매는 기업이 속해 있는 제품과 업의 특성에 따라 어디에 집중하고 무엇을 목표로 하는가에 대한 전제가 명확해야 좋은 결과로 이어질 수 있다는 걸 다시 한번 강조하며 개발구매에 관한 내용을 마치고자 한다.

CHAPTER 08

공급망 Risk 관리를 위해 무엇을 해야 하나?

1. 공급망 Risk 관리는 왜 해야 하나?
2. 공급망 Risk 관리의 글로벌 Trend
3. 공급망 Risk 관리 체계의 이해
4. 5대 공급망 Risk 관리와 대응
5. 협력사 Risk 관리 체계 구성과 상세
6. 삼성전자의 공급망 Risk 관리 체계 구성과 운영

BUY

CHAPTER 08

공급망 Risk 관리를 위해 무엇을 해야 하나?

1 공급망 Risk 관리는 왜 해야 하나?

공급망 Risk 관리는 쉽게 정의하면 모든 기업활동 과정에서 발생할 수 있는 공급망상에서의 잠재적인 취약점을 지속적으로 감시하고 이를 해결하는 업무 프로세스라고 할 수 있다.

나는 여러 해 동안 기업 구매 및 협력사 관리와 관련된 컨설팅을 해오면서 우리나라 기업에게도 공급망 Risk 관리라는 주제가 이렇게까지 심도 있게 다뤄지고 실제로 기업의 인원과 시간을 투자하는 주제가 될 것이라 생각하지 못했다. 왜냐하면 코로나19로 인한 전 세계적인 팬데믹이 있기 전까지는 공급망 Risk는 지엽적인 문제 수준이었거나 언제나 대안을 찾을 수 있는 해결 가능한 문제라고 생각하고 있었기 때문이다.

그러나 나의 이러한 생각은 코로나19가 전 세계적인 팬데믹을 일으키면서 공급망 Risk로 인해서 우리나라 반도체 산업과 자동차 산업에서 벌어지는 일들을 보고는 180도 다르게 생각하게 되었다.

삼성전자, 현대차, LG전자와 같은 글로벌 공급망을 바탕으로 기업 활동을 하고 있는 기업들은 공급망 Risk 관리에 중요성을 간과하는 경우 생산에 차질이 생기는 것뿐만 아니라 크게는 향후 해당 산업에서 퇴출될 수도 있는 엄청난 결과를 초래할 수 있다는 것을 알게 되었기 때문이다.

전 세계 모든 기업들이 공급망 Risk 관리를 필수적으로 해야 하는 것은 아닐 수 있다. 그러나 우리나라의 핵심 산업인 반도체 산업과 자동차 산업은 모두가 글로벌 공급망으로 복잡하게 연결되어 있는 구성을 가지고 있으므로 공급망 Risk 관리에 늘 집중해야 할 필요가 있다.

오늘날 공급망 Risk 관리가 중요해진 요인은 크게 3가지로 볼 수 있다.

첫 번째로 그야말로 글로벌 공급망에 위협을 주는 다양한 위험, 즉 Risk들이 너무나도 빈번하게 일어나고 있기 때문이다. 러시아-우크라이나 전쟁, 이란-이스라엘과의 전쟁 등으로 지정학적 갈등의 이슈가 계속해서 발생하고 있다. 또한 트럼프 2기 행정부 시작과 함께 시작된 관세와 자국 우선주의는 미국을 제외한 모든 나라에게는 그야말로 가장 큰 위기 상황에 해당한다. 그뿐 아니라 전통적인 공급망 위기 요소인 재난재해로 인한 해상 물류, 항공 물류 마비 등과 같은 크고 작은 위험들은 상시적으로 노출되어 있다.

두 번째로 글로벌 공급망 자체의 연결성과 복잡도가 기하급수적으로 늘어나면서 사소한 공급망 Risk만으로도 엄청난 피해를 초래할 수 있다. 현대차의 경우 최종 완성차를 생산하기 위해서는 3만여 개의 부품이 필요하며 이러한 부품은 세계 각국의 다양한 부품 협력사를 통해서 공급받아야 완성할 수 있다. 반도체 역시 반도체를 생산하기 위한 8대 공정에 투입되는 다양한 원재료에서부터 최종 상품화 과정을 위해서는 다양한 공급망의 도움을 받아야 할 수밖에 없다. 이렇게 촘촘한 글로벌 공급망으로 연결된 현재의 상황에서는 작은 부품, 사소한 원자재 부족만으로 생산과 판매에 큰 차질을 겪을 수밖에 없는 시대가 되어 버렸다.

세 번째로 공급망 Risk 발생으로 인해서 기업활동에 영향을 주는 영향범위가 너무나도 광범위하고 그 피해가 막대하기 때문이다. 단순히 글로벌 공급망 Risk로 인한 원자재나 부품 부족으로 생산 차질로 끝나는 것이 아니다. 하나의 위기가 연쇄적으로 문제를 일으키는 것과 같이 생산차질로 인한 문제는 지속적으로 계속되는 경우 제품의 원가

경쟁력을 위협하고 이러한 원가이슈로 인해 완성 제품의 품질이슈가 계속된다면 궁극적으로는 소비자들에게 선택을 받게 되지 못하거나 오랫동안 쌓아온 브랜드 신뢰를 잃어버리게 되어 최종적으로 경쟁기업과의 경쟁에서 뒤쳐지게 되거나 아예 해당 산업에서 퇴출까지 될 수도 있는 상황이다.

따라서, 공급망 Risk는 최대한 발생되기 이전에 지속적으로 감시하고 선제적으로 대응하기 위한 노력을 지속적으로 할 필요성이 있다.

2 공급망 Risk 관리의 글로벌 Trend

글로벌 컨설팅 회사를 통해 진행된 전 세계 CPO 대상으로 하는 설문조사 결과를 보면 코로나19 팬데믹 기간동안 글로벌 기업들은 공급사 이슈로 인해 56%가 심각한 생산 관련 장애를 겪었으며, 심한 경우 파산까지 결정되어 버린 경우가 존재했다. 그리고 가장 큰 영향요소로 꼽힐 수 있는 소비자들의 신뢰와 직결되는 직접적인 브랜드 손상을 겪었다는 응답도 11%에 해당했다. 이제 공급망 Risk 관리는 단순히 손해를 최소화하는 기업 활동이 아니라 지속적 브랜드 신뢰도를 유지하기 위한 적극적 활동이라고 인식되고 있으며, 이러한 Trend가 세계적으로 자리 잡아가고 있다.

공급망 Risk 관리의 글로벌 Trend

글로벌 공급망 Trend

- 글로벌 기업 주요 공급사 56% 공급망 이슈로 파산, 심각한 장애 경험
- 글로벌 기업 주요 공급사 36% 고객사 피드백과 새로운 요구사항 반영 못함
- 글로벌 기업들은 공급망 이슈로 인한 재고 부족으로 32%의 손실 발생 경험
- 글로벌 기업들 11%가 공급사 이슈로 인한 직접적 브랜드 손상을 인식함

→ 공급망 관리가 기업 핵심업무로 급부상

N차 공급사에 대한 Risk

- CPO들은 1차 공급사에 대한 위험에 대한 가시성 확보 수준이 높다고 판단, 그러나 26% 공급망 Risk를 예측 가능
- 코로나19 팬데믹 이후 공급망 위기는 1차사 이하 End to End 전체 공급망에 대한 Risk 파악의 중요성 확인함
- 글로벌 기업 중 15%만 2차 이하 공급사에 대한 가시성을 보유하고 있어 취약성을 나타냄

→ 전체 공급망에 대한 가시성이 중요

핵심 협력사 가시성 확보 현황

1차 공급사 95% > 2차사 50%

1 공급망 가시성 중요성 부각

- 최종 생산품 제조에 핵심점인 1차사~N차사에 대한 위기를 빠르게 파악하는 가시성 확보 필요

2 공급망 Risk 민첩한 대응

- 공급망 네트워크 전체를 조망할 수 있는 가시성을 기반으로 Risk 발생에 민첩한 대응 필요

또 하나의 공급망 Risk와 관련된 세계적인 Trend는 단순히 1차, 2차 협력사 등에 관한 Risk를 관리 감독하는 것이 아니라 2차 이하의 하위 업체에 대한 위기 상황에 대해서도 지속적으로 관리를 위한 노력을 기울이는 것이다.

왜냐하면 2차 이하의 하위 협력사에서 발생한 작은 위험 요소라고 하더라도 거미줄처럼 연결된 공급망 체계를 뒤흔들어 글로벌 공급망 전체에 영향을 미칠 수 있기 때문이다. 불과 얼마 전에 현대차가 겪었던 중국 현지 공장에서 납품되는 하네스 부품 부족으로 인한 생산중단과 같은 경우가 바로 그러한 예가 될 수 있다. 자동차 부품 중에서 상대적으로 핵심부품도 아니고 원가에 미치는 영향도 크지 않은 하네스 부품 2차, 3차 국내 생산업체들을 외면하고 중국의 원가경쟁력 있는 외주 납품업체를 통해 납품받던 상황에서 코로나19 펜데믹으로 인한 중국 현지 공장과 항만이 폐쇄되자 결국 생산라인에 차질을 초래하고 말았다.

이러한 경험들을 바탕으로 현대차는 물론이고 삼성전자 그리고 애플과 같은 해외 기업들도 2차, 3차뿐만 아니라 하위에 있는 협력사 즉 "N차 협력사"에 대한 정보의 가시성을 확보에 많은 노력을 기울이고 있다.

1차~N차사까지 하위 공급망 Risk 관리 강화를 위한 전방위적 협력사 관리 가시성 확대

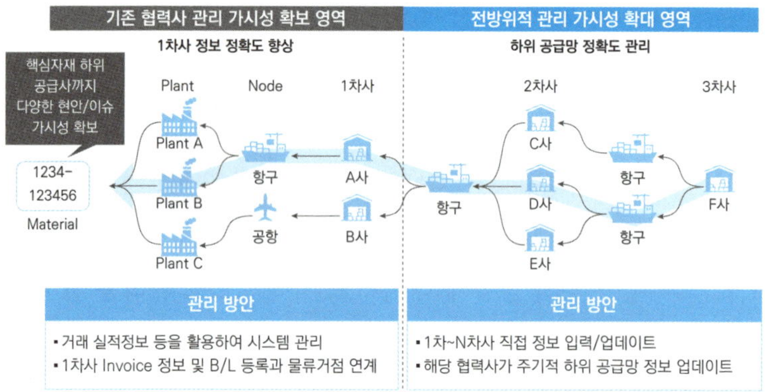

공급망 Risk를 관리하기 위해서는 그야말로 전방위적 Risk 가시성이 매우 중요해진 상태이며, 이러한 가시성을 극대화하기 위해서 다양한 Data와 다양한 IT 시스템을 통해 이를 실현하고 있다.

하나의 예를 들자면 제품을 생산하는 데 있어서 가장 중요한 핵심부품의 경우라면 해당 부품이 최종적으로 생산에 투입되기 전까지 어떠한 물류체계를 거쳐서 공급되게 되는지 1차사 이하의 하위 협력사들, 즉 N차사의 협력사들은 어떤 항구를 거쳐서 물동이 이동하는지에 관한 모든 정보들을 관리하고 있다.

마지막으로 공급망 Risk 관리의 세계적 추세는 Risk가 발생하고 나서 사후에 대응하는 대응 중심의 관리 방식에서 벗어나고 있다. 공급망에서 발생하는 Risk를 보다 빠르게 식별 또는 모니터링하는 방식으로 파악하고 실제로 Risk 수준으로 발전하지 못하도록 선제적으로 대응하거나 해당 위험으로부터 발생할 수 있는 피해규모를 최소화 하는 방향으로 노력하고 있다.

3 공급망 Risk 관리 체계의 이해

앞에서 살펴본 것과 같이 공급망 Risk는 제품을 만들거나, 서비스를 제공하는 모든 기업들이 비즈니스를 계속하기 위해서는 반드시 필요하다. 글로벌 공급망은 점점 더 복잡하고 상호 연결되어 있기 때문이다. 이러한 복잡성과 연결성 때문에 공급망 중에서 어느 한 부문만 제대로 작동하지 않게 될 경우 공급망 중단이 발생할 수 있다는 의미이며, 이제 전 세계 대부분의 기업은 코로나19 팬데믹과 장기화된 전쟁 등을 경험하며 많은 교훈을 얻었다. 그렇다면 과연 공급망 Risk를 관리하기 위해서는 정확히 어떤 준비들이 필요하고 무엇을 해야 하는 것인지 알아보도록 하자.

공급망 Risk 관리 체계

공급망 Risk 관리 프로세스는 Risk의 식별에서 대응방안의 실행까지 그리고 재식별까지의 총 5개의 단계로 구성되며, Risk 재평가 단계를 거쳐 순환하는 구조로 이루어짐

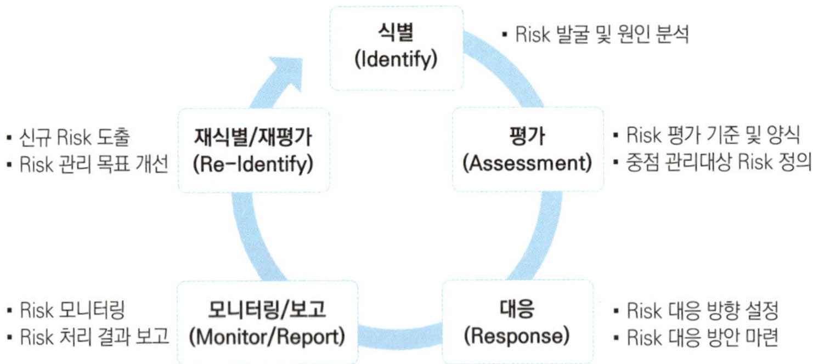

공급망 Risk 관리를 체계적으로 관리하기 위해서는 5가지의 구체적이고 세부적인 단계를 관리해야 한다.

첫 번째, 공급망 Risk를 최대한 빠르게 인식하고 해당 Risk에 대한 원인분석을 체계적으로 할 수 있는 '식별(Identify)' 단계이다. 글로벌 공급망상에서는 다양한 이벤트 들이 일어날 수밖에 없는데 첫 번째 단계인 식별 단계에서 해당 이벤트가 과연 공급망에 Risk로 작동하게 될 것 인지 선제적으로 이해하고 선별하는 단계라고 하겠다.

두 번째, 공급망 Risk에 대해서는 그 영향 범위, 발생 빈도, 대응 수준 등의 구체적으로 Risk를 체계화된 수치로 표현 또는 관리할 수 있는 Risk 평가 체계가 필요로 하게 된다. 공급망에서 발생하게 되는 Risk들은 자연재해에 의한 Risk, 전쟁 등과 같은 지정학적 Risk뿐만

아니라 기업 시스템에 대한 사이버 공격, 협력사 부도 또는 특허관련 고소/고발 등의 크고 작은 각 위험요소들을 분류하고 이를 정량화하여 평가할 수 있어야 한다.

세 번째, 앞에 나온 두 단계를 잘 준비했다면 이제 공급망 Risk 관리에서 가장 중요한 부분인 대응단계 수립이다.

공급망 Risk 시나리오 대응 방안

Risk 시나리오별 관리

- 발생 가능한 Scenario에 대하여 의사결정 나무(Decision Tree) 구조 활용 활용
- 예상 Scenario Plan에 따른 개별 Risk Scenario 마련 및 우선순위 결정

Risk 시나리오 관리

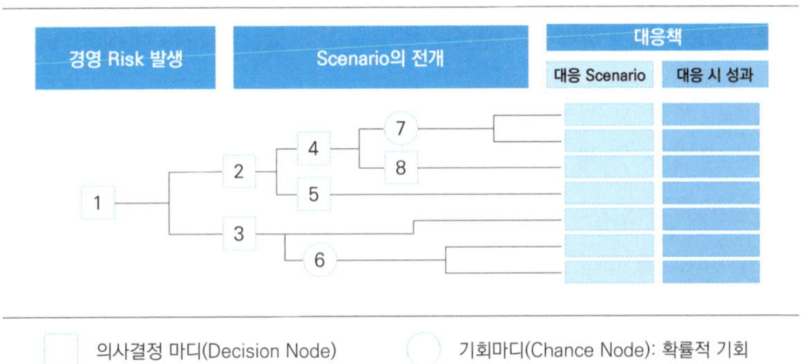

공급망 Risk에 대한 대응이란 사실 해당 기업이 어떤 산업군에서 어떤 역할을 하고 있는가에 따라서 모두 케이스가 다르다. 현대차, 삼성전자와 같이 각 부품들을 모아서 최종적인 완성품을 만드는 제조사라면 중단 없이 제품을 생산할 수 있어야 한다. 이를 위해 공급중단이

발생하지 않도록 공급망과 부품 협력사들을 이원화, 삼원화하고 항상 플랜 B, 플랜 C와 같은 Risk에 따른 대응 시나리오 전략을 잘 수립해 놓는 것이 Risk 대응 체계 수립의 하나의 구체적인 예시가 될 것이다.

네 번째와 다섯 번째는 한꺼번에 이야기 하고자 한다. 필자는 국내의 대기업, 중견기업 등 다양한 산업군의 기업들을 대상으로 컨설팅을 진행하며 알게 된 사실이 하나 있다. 글로벌 공급망 Risk에 대해서 준비가 잘되어 있고 실제로 그것이 기업 내부에서 잘 작동하는 기업들은 공급망 Risk에 대한 대응결과를 잘 관리하고 이를 바탕을 차곡차곡 정보들을 쌓아놓는다. 그리고 이렇게 쌓인 히스토리 정보(History Data)를 가지고 동일하거나 유사한 Risk가 발생했을 경우에는 어떻게 대처해야 하는지 빠르게 정리하고 회복하는 능력을 갖추고 있다. 이렇게 Risk를 1차로 대응한 이후, 반복적으로 Risk를 재평가/재정의 하는 과정이 매우 중요하다. 현대자동차가 미국의 트럼프 2기 행정부의 시작과 함께 촉발된 관세 위기의 상황속에서 미국 내에 대규모 투자를 감행하고 미국 조지아주에 현대차 메타플랜트(HMGMA)를 언론에 공개하는 것과 같은 행위는 현대차의 의사결정권자 담당자들이 공급망 Risk에 대한 깊은 이해를 바탕으로 다년간 반복해서 준비해온 Risk 대응 시나리오 중 최적의 방안을 실행한 결과라고 나는 생각한다.

4 5대 공급망 Risk 관리와 대응

이번에는 글로벌 공급망 체계에서 발생할 수 있는 다양한 Risk들 중에서도 반드시 관리되어야 하며 공급망 Risk 관리 Trend에서도 많이 다뤄지는 5대 핵심 공급망 Risk의 종류를 알아보고 그에 대한 대응 방안에 대해 고민해 보고자 한다.

1) 글로벌 정치 불안, 전쟁 그리고 자국 중심주의

코로나19 팬데믹 이후에 최근 5년간 공급망에 가장 큰 영향을 미치고 있는 요소는 단연코 글로벌 정치불안 및 전쟁과 자국 중심의 보호무역주의로 치닫고 있는 정치 상황이다. 전 세계에서 SAP ERP를 사용하는 기업들을 대상으로 공급망 Risk 중 가장 위협이 되는 사항에 대한 조사를 하였는데 비즈니스 리더들의 58%가 세계적 정치/지정학적 불안이 공급망을 위협하는 가장 큰 위협이라고 꼽았다.

미국은 자신들과 거래하는 모든 국가들 중에서 심각하게 무역적자를 일으키는 국가들을 대상으로 관세 전쟁에 가까운 자국 중심주의를 내세우고 있다. 이러한 움직임은 연쇄반응처럼 전 세계로 퍼져 나가기 시작했다. 이제는 세계라는 단일시장을 대상으로 자유무역주의와 글로벌화로 대변되던 시기는 서서히 막을 내리고 있다. 오히려 세계는 극한의 대립을 일으키는 경우가 빈번해지면서 우크라이나-러시아 전쟁이 발발하고 장기적으로 지속되고 있다. 그리고 세계의 화약고라고 불리는 중동에서 이란-이스라엘의 충돌이 전 세계 유가를 불안하게 만들고 있다.

이러한 글로벌 이벤트들은 모두 글로벌 공급망을 한순간에 위기로 몰아넣을 수 있는 심각한 수준의 Risk에 해당한다. 따라서 지정학적 불안이나 전쟁의 위험을 내포하고 있는 교역 국가 또는 해당 국가에 위치한 생산시설을 이용하는 경우라면 정치 위협, 전쟁 등에 의해 노출되었을 경우 이를 빠르게 대응할 수 있는 Plan B, Plan C 등의 대응 시나리오를 갖추어 놓고 지속적인 상황을 모니터링 하는 노력이 필요하다.

2) 핵심 부품 또는 원자재 부족

동일한 설문 조사 내용 중에 최근 3년 내에 핵심부품 또는 전략적 원자재 부족으로 큰 어려움을 겪은 적이 있는 기업의 비율은 64% 해당하는 것으로 조사 되었다. 해당 기업들은 공급망 Risk 발생에 대비하기 위하여 핵심 부품/원자재 부족사태를 미연에 방지하기 위해 안전재고 기준을 더욱 높이고 단기적인 손해가 발생하더라도 재고를 더 쌓고 있음을 밝혔다.

공급망 이슈에 관심이 있는 독자 여러분이라면 최근에 차량용 반도체 부족으로 현대차의 경우도 생산 중단의 경험을 가지고 있는 것을 잘 알고 있을 것이다. 현대차에서는 이러한 차량용 반도체 위기를 다시 겪지 않기 위한 많은 특단의 대책을 만들어서 시행하고 있다. 특히 반도체 부족 Risk를 해결하기 위해서 현대차는 직접적으로 전담팀(TFT)을 만들어 차량용 반도체 개발과 설계에 직접 참여하고 있다. 이는 현대차가 단기적 반도체 공급 중단 위험에 대한 회피가 아니라 장기적이고 안정적으로 차량용 반도체 부품의 공급 안정화와 지속적으로 미래 자동차 경쟁에서 기술 경쟁력을 잃지 않겠다는 두 마리 토끼를 잡기 위한 현명한 전략이라고 하겠다. 또한 협력사 관리를 책임지는 상생팀에서는 차량용 반도체와 관련된 협력사들과 보다 긴밀한 관계 관리 체계를 구축하고 협력사들의 반도체 수요를 조사하고 취합하여 공동구매를 추진하는 등의 적극적인 공급망 관리 전략을 시행하고 있다. 전기차 시장 확대에 따라 그 중요도가 점점 커지고 있는 배터리와 관련하여 안정적 원자재와 핵심 기술을 확보하기 위해서도 지속적인 노력을 기울이고 있으며 배터리 기술에 대한 지속적인 연구개발 그리고 전기차 관련 스타트업 기업 등에 투자 및 협업을 하는 방식으로 전기차 관련 공급망 Risk가 발생 될 요소를 사전 차단하는 노력을 기울이고 있다.

3) 기후 및 재난재해에 의한 공급망 중단

지구 온난화에 의한 다양한 기후변화 그리고 기후 변화로 인한 다양한 결과들로 전 세계는 몸살을 앓고 있다. 이런 기후변화로 인한 빈번한 재난재해 발생은 복잡한 공급망 구조 속에서 기업의 제조, 생산, 판매의 전 영역에 걸쳐서 큰 문제를 만들어 내고 있다. 물론 재해재난 등과 같은 자연재해로 인해 발생하는 공급망 Risk는 사람들의 노력에 의해 제거하나 회피할 수는 없다. 많은 공급망 Risk 관리 전문가들이 재난재해로 인한 Risk 문제에 대해 지속적으로 모니터링을 하고 대응 방안을 준비하도록 하는 이유는 단 한가지라고 할 수 있다. 재난재해로 인한 공급망 Risk 문제가 터진다면 그 결과는 다른 어떤 Risk들보다 그 결과가 치명적이기 때문이다. 2011년 태국에는 태국 역사상 최고치의 대홍수가 발생했다. 이러한 대홍수로 인해 태국에 진출에 있던 일본 Honda 자동차는 조립라인과 생산시설이 직접적인 피해를 입었다. 대홍수를 이겨내고 나중에 피해 상황을 집계해 본 결과 대홍수 피해 이후 6개월 기간 동안 최대 100,000만 대 수준의 자동차 생산에 차질을 빚은 것으로 밝혀졌다.

재난재해 공급망 Risk 발생사례

Honda 자동차는 '11년 태국 대홍수로 글로벌 전략 소형차종인 시빅, 시티 모델 1,055대 전량 폐기함. 또한 협력사 부품조달 중단으로 6개월간 총 100,000대 생산차질 발생

Honda 글로벌 생산 전략

LCC 국가인 태국 생산거점 집중

+

제품 차별화 → 부품 反 표준화

최저 비용으로 다양한 고객 수요층 대응

'11년 태국 대홍수 발생

'11년 8~12월 전대미문의 대홍수 발생 (국토 1/3 침수)

총 경제 손실 규모 15조 원 (경제 성장률 4.1% → 2.6%)

태국 진출 기업 891개 공장, 7개 산업단지 침수 (30%가 자동차/부품 산업)

Honda 주요 피해 현황

- 1,055대 침수 차량 전량 폐기
  : 전략 소형모델 시빅, 시티 차종
- 설비/조립라인 생산시설 파손
- 조달 차질로 6개월 생산 중단
  : 월 15,000대, 최대 100,000대

재난재해로 인한 공급망 Risk는 원천적으로 회피할 수는 없으나 발생 시 피해를 최소화하고 초기 혼란을 빠르게 정리할 수 있는 노력들을 기업들을 지속해서 하고 있다. 특히 이 부분에서 기업들이 집중하는 사항은 공급업체의 생산 현장 위치에서부터 모기업의 자재 창고까지 공급망 네트워크 전반에 대한 가시성을 확보하고 이를 지속적으로 모니

터링하는 노력을 기울이고 있다. 이를 위해서는 다양한 운송수단과 글로벌 협력사들과 협업을 하면서 물류 Data들을 실시간에 가깝게 공유하고 비상상황 발생 시에 플랜 B, 플랜 C에 해당하는 대체 물류망을 확보하고 가동할 수 있도록 준비하는 능력을 확보가 반드시 필요하다.

4) ESG 관련 규제 및 대응

전 세계 사람들은 이제 기후변화는 단순한 비즈니스 문제가 아니라 전 지구와 인류의 지속가능성에 관한 문제로 받아들이고 있다. 이러한 기후변화에 대응하기 위해 전 세계는 제품을 만들거나 서비스를 제공하는 모든 기업들에게 환경, 사회, 거버넌스 규정(ESG: Environment, Social, Governance)을 준수하도록 지속적으로 법률과 규제가 생성되고 또한 강화되고 있다.

특히 유럽이나 미국의 특정 산업영역에서는 이를 준수하지 않을 경우 막대한 벌금이나 거래 중단과 같은 제재를 받을 수 있도록 국제규범이 만들어지고 있다. 따라서 기업들은 ESG 영역 또한 기업의 비즈니스 연속성에 있어서 하나의 Risk라는 관점에서 관리되도록 노력하고 있다. 이러한 트렌드를 반영하는 사례로 국내의 많은 기업들은 리스크 전담 관리 부서에 ESG 관리 조직 또는 담당자들을 구성하는 사례가 늘어가고 있다. 기존에는 ESG 준수에 대한 기초적 대비를 하는 정도였다면 이제는 적극적으로 대응하고 그러한 ESG 대응에 관한 노력들을 적극적으로 소비자들에게 알리는 수준에 이르고 있다. 독자 여러분들도 알고 있듯이 글로벌 기업들은 매년 ESG 관리 및 지속가능성에 대한 연감을 만들고 매년 발표하고 있는 것이 이러한 트렌드를 보여주는 것이라 하겠다. ESG 관련 위반으로 발생되는 Risk는 여러가지가 있을 수 있지만 가장 큰 피해는 소비자 신뢰를 잃게 되거나 브랜드 이미지 손상과 같은 큰 대가를 치뤄야 할 수도 있다.

ESG 영역 중에서도 국내기업에서 중요하게 다뤄지는 분야는 분쟁(책임)광물 관리와 공급망 전체 가치사슬에서 발생하는 탄소발자국을 관리 업무이다. 특히 분쟁(책임)광물은 미국의 Dodd-Frank 법에 의해서 아프리카 주요 10개 분쟁국가에서 생산되는 천연 광물 더 나아가 전 세계적으로 아동/인권/노동환경 등의 다양한 이슈에 노출된 광물들을 직접 제품에 투입하거나 부품으로 사용하는 경우에 이를 명확히 표기하고 관리되어야 한다.

삼성전자 분쟁(책임)광물 관리조직 구성

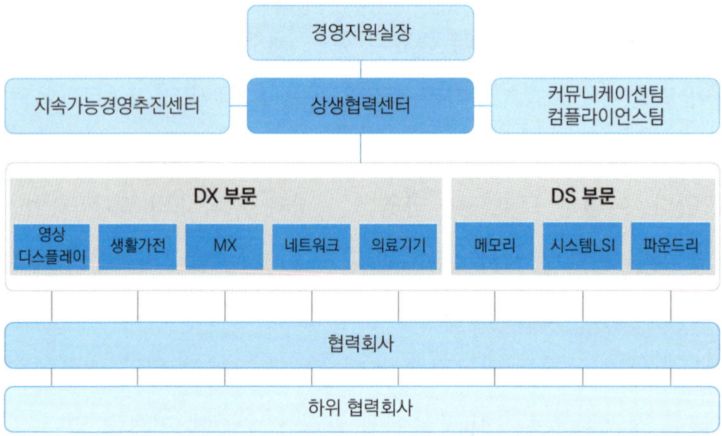

삼성전자의 경우 분쟁(책임)광물에 대한 관리를 기업 Risk로 명확히 인식하고 그 관리 주체를 상생협력센터가 주관하고 있다. 삼성의 상생협력센터는 각 사업부 내 분쟁(책임)광물 운영위원회를 통해서 삼성전자 내부의 사업부뿐만 아니라 협력사들의 책임광물 리스크를 상시적으로 관리·점검하고 있으며 이로 인한 Risk가 발생했을 시 즉각적으로 대응할 수 있도록 전사 Risk 관리 운영체계 내에서 유관부서들이 긴밀히 협조하도록 관리 조직을 운영하고 있다.

5) 사이버 보안 및 해킹 이슈

앞서 설명한 공급망 Risk들은 대부분 인식 가능하고 부품 또는 원자재 등과 같은 실물을 가지고 있어서 인식하기 쉬운 내용이었다. 그러나 마지막으로 설명하는 사이버 보안 및 해킹과 관련된 Risk는 그 인식과 관리가 참 어려운 영역이다. 오늘날의 기업들은 대부분 아주 다양한 IT 서비스를 활용하고 있으며 기업의 모든 정보들은 온라인을 통해서 흐르고 있다. 그리고 기업의 핵심 정보라고 할 수 있는 제조기술, 품목의 단가, 설계 도면과 같은 외부로 유출되면 크나큰 이슈가 발생될 수 있는 정보들에 대한 보안과 해킹사고에 대한 대비는 매우 중요하다. 상품을 제조 판매하는 회사가 아닌 서비스를 판매하는 회사라면 고객정보와 같은 핵심정보에 대한 해킹 또는 대량 유출은 기업의 생존과 직결될 수도 있다. 미국의 공급망 관리협회(ASCM)의 2023년 리포트 그리고 Forbs와 같은 경제전문 채널의 조사에 따르면 사이버 해킹사고는 80% 이상이 기업 내부 담당자 또는 협력사 또는 공급업체의 보안 규정 미준수 등으로 발생하는 것으로 나타나 있다. 따라서 사이버 보안 또는 해킹이슈는 네트워크 보안, 각종 보안소프트웨어 사용과 내부 Data의 외부 유출 방지 등을 적극적으로 도입하는 것 뿐만 아니라 내부 직원에 대한 지속적인 보안 훈련교육 그리고 이를 협력사와 공급사에게까지 전파 철저한 관리가 매우 중요하다.

SKT 개인정보 유출 보안 Risk 대응 예시

	1차 조사(4월 29일)	2차 조사(5월 19일)
악성코드	BPF도어 계열 **4**종	BPF도어 계열 **24**종 + 웹셸 **1**종
감염서버	**5**대	**23**대(**15**대 분석완료 · **8**대 분석중)
유출된 유심정보	가입자 전화번호, 가입자식별번호(IMSI), 유심 인증키(Ki) **2**종	**9.82**GB 규모 유출 (IMSI 기준 **2,695**만 **7,749**건)
단말기식별번호(IMEI) 유출 가능성	없음	• 2024년 12월 3일~ 2025년 4월 24일 유출 안 됨 • 2022년 6월 15일~ 2024년 12월 2일 확인 불가
SKT 피해예방 서비스	유심보호서비스	FDS(비정상 인증 차단 시스템)

최근 SKT 유심정보 유출 사고는 공급망 Risk에 해당하지는 않는다. 하지만 사이버 보안 및 해킹 이슈가 기업의 브랜드 이미지와 통신시장에서의 그 우월적 지위를 한순간에 잃을 수도 있는 Risk에 해당하는 것은 분명하다. 이렇게 사전에 대비가 되어 있지 않거나 Risk 발생 후에 그 대응에 있어서 준비가 되어 있지 않으면 많은 혼란과 문제점을 더욱 크게 키우는 결과를 초래할 수 있다. 또한 그 피해 규모와 유출 정보를 통한 2차, 3차 피해까지 발생할 수 있어서 통신회사가 입

장에서 단 한번의 Risk 발생으로 상상할 수 없는 영향을 미칠 수 있는 Risk에 해당한다. 그러나 SKT의 경우에는 이러한 위험에 대한 사전 대비도 매우 취약 했으며, Risk 발생 이후 기업의 대응 과정도 국내 통신시장 1위 기업이라는 수준에 미치지는 못하고 있다. 따라서 이번의 경우가 국내 많은 기업들에게 사이버 해킹 Risk에 관한 타산지석이 되어서 지속가능한 기업 경영에 있어서는 반드시 해결하고 피해야 할 문제 Case로 잘 정리되고 대응방안을 잘 정리하기를 바란다.

5 협력사 Risk 관리 체계 구성과 상세

내가 컨설턴트라는 직업을 처음 선택하게 되었을 때 초기에는 고객관리(CRM: Customer Relationship Management) 분야에서 일했다. 그리고 구매 전략 전문가로 일하게 되면서부터 협력사 관리(SRM: Supplier Relationship Management) 분야에서 일하는 행운을 가졌다. 이러한 경험은 각각의 관계 관리라는 분야에 폭넓은 이해를 가질 수 있었고, 공급망 Risk 관리 주제에 깊은 관심을 가지게 되었으며 더 많은 정보들을 수집하기 위해 노력했다. 또한 최근에 국내 대기업들의 협력사 Risk 관리 프로젝트를 수행하면서 우리나라 선도 기업들은 협력사 Risk 관리를 어떻게 체계화하고 적용해 나가는지에 대한 사항들을 가장 가까운 위치에서 살펴볼 수 있었다.

공급망 Risk 관리는 그 세부적인 방법론으로 깊이 들어가 보면 결국 공급사 또는 협력사의 Risk를 잘 관리하는 것이 전체 업무 중의 8할을 차지한다는 걸 알게 된다. 협력사 Risk가 체계적으로 관리되지 못해서 발생한 사례는 다양한 산업, 다양한 기업에서 목격된다. 특히 내게는 2009년 미국에서 발생한 품질의 도요타 자동차의 협력사 Risk 관리 실패 사례가 떠오른다.

도요타 자동차는 2008년 미국 GM 자동차 그룹을 앞서면서 명실상부한 세계 최대의 자동차 판매량 기업으로 등극했다. 물론 그 이전에도 도요타 자동차는 미국 시장을 제외한 전 세계 1위 반열에 올라 있었지만 미국 본토를 포함한 전 세계 판매량 1위를 차지한 것은 2008년이 최초였다. 그러나 이러한 세계 1위 쟁취 뒤에는 품질의 도요타라는 브랜드에 치명적인 위기가 이어졌다. 도요타 자동차의 프리미엄 브랜드 렉서스 차종의 브레이크 계통의 품질 이슈로 인한 대형 이슈가 터지게 된 것이다. 특히 이 사고는 미국의 라이브 뉴스 방송에서 사고 장면이 그대로 송출되면서 그 충격파는 더욱 크게 전달되었

협력사 Risk 관리 실패 사례 - 도요타 자동차

Toyota 자동차는 2009년 8월 미국에서 '렉서스 ES350' 운전 중 가속페달이 매트에 걸려 급가속 상태가 이어지는 결함으로 4명이 사망, 이로 인한 세계최대 리콜 사태 발생

Toyota 글로벌 시장 대응 전략 변화 › **브레이크 결함 기업 최대 Risk 발생** › **사상 최대 리콜 발생/사장단 교체**

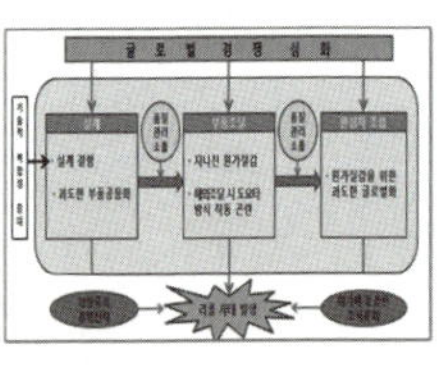

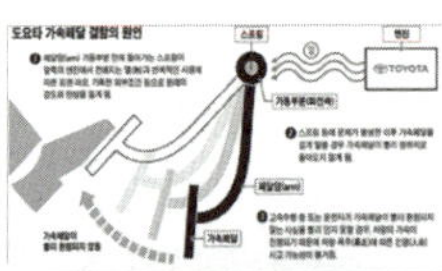

미국 및 전 세계 1,000만대 이상의 판매 자동차 리콜로 인한 경제적 손실

품질의 토요타라는 세계적 브랜드 가치 훼손으로 브랜드 평판 하락

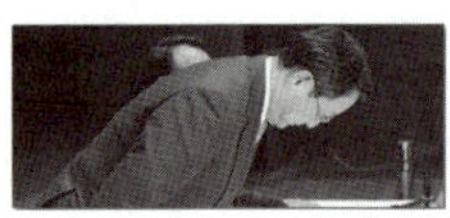

다. 사고 발생 최초에는 사용자 부주의라는 도요타 측의 주장이 우세하게 받아들여 졌으나 최종적으로는 렉서스를 비롯한 도요타 차종의 브레이크 계통 부품들의 품질 결함으로 밝혀졌다.

이 사건으로 인해 도요타 자동차의 기업 브랜드 가치 하락으로 이어졌다. 또한 전 세계 적으로 해당 브레이크 부품이 사용된 자동차 1천만 대 이상의 리콜이 이어졌고 이는 엄청난 금전적 손해를 발생 시켰다. 이러한 사태를 촉발한 원인에 대해서는 다양한 분석들이 이어졌고 각종 뉴스 보도와 전문적 연구까지 진행되었다. 분석 결과 중 가장 유의미한 하나는 도요타가 2000년 초반부터 미국의 GM을 누르고 세계 자동차 시장의 1위를 차지하기 위해 기존의 품질중심의 제조 방식과는 반대되는 전략방향을 설정하고 실행했기 때문이라는 조사 결과들이 나왔다.

품질의 도요타가 그 초심을 잃고 글로벌 경쟁과 과도한 원가절감을 실현하기 위해 최초의 부품 설계 결함을 수정하지 않았으며 과도한 부품 공용화를 묵인하는 위험요소가 존재하고 있었다는 것이다. 그리고 글로벌 공급망을 활용하여 저임금 국가(LCC)를 활용한 지나친 원가절감에 매달렸으며 기존의 일본 국내에서 품질 높은 부품 생산 기반을 과도한 수준까지 해외 공급망을 통한 복잡한 공급망 체계를 유지하는 과정에서 발생된 Risk였다.

이러한 과정에서 알게 된 것은 최초에 부품 협력사를 통한 브레이크 관련 품질 Risk가 인지되었음에도 불구하고 적절한 조치를 취하지 않았던 사소한 의사결정이 하나가 너무나 큰 결과를 만들어 낸 사례였다.

이러한 도요타 사태는 전 세계적으로 협력사 Risk 관리에 대한 중요성을 새롭게 인식하게 계기를 만들었다. 그리고 이 시점을 이후로 우리나라 기업들은 체계적인 협력사 Risk 관리 도입과 전문적 협력사 Risk 관리 시스템에 대한 적극적 투자들로 이어졌다.

우리나라의 대기업들은 기본적으로 협력사 평가라는 행위를 1년에 1회 또는 조금 적극적으로 협력사를 관리하는 기업들은 반기에 1회씩 즉, 6개월에 한 번 정도 협력사에 대한 정기평가를 실시한다. 이러한 정기 평가를 통해서 협력사들의 재무적 건정성이나 품질과 관련된 이슈들에서 어떤 결과를 보였는지를 주로 평가하는 평가체계를 갖추고 있는 것이다. 그러나 이러한 연간 평가의 문제점은 협력사들의 현재 상태에 대한 파악을 하기 어렵고 더 나아가서는 시시각각으로 발생할 수 있는 협력사 Risk 관리에 대한 선제적 판단이 어렵다는 문제점을 가지고 있다

협력사 Risk 관리 개념 및 도입 목적

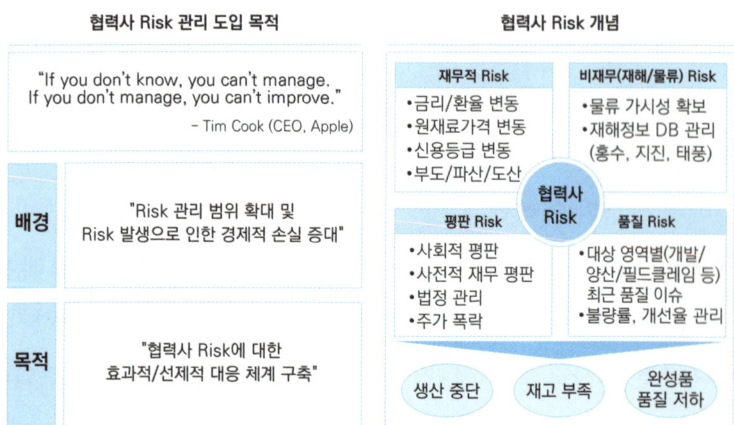

이러한 문제점들을 극복하기 위해 국내 대기업에서는 협력사 Risk를 판단하기 위해 4가지 핵심분야 1) 재무적 Risk, 2) 비재무적 Risk, 3) 품질 Risk, 4) 평판 Risk를 보다 빠르게 모니터링하고 대응할 수 있도록 노력하고 있다.

1) 협력사 재무적 Risk 관리 방안

제조업 중심의 우리나라 기업들은 협력사에 대한 Risk를 관리하기 위해서 가장 우선적으로 적용하고 주기적으로 모니터링하는 지표는 해당 법인의 신용 및 재무적 정보와 관련 사항들이 가장 먼저 고려된다.

협력사 재무적 Risk 관리 방안

신용등급(약식) 상시적 산출 및 Risk 발생 알람 제공

	주요 모니터링 지표	기업	대표자
신용 관련 정보	금융기관 연체 발생정보	√	√
	국세/지방세/관세 등 세금체납정보	√	√
	법정관리/금융법률 위반사실 정보	√	√
	부도(당좌거래정지) 발생 정보	√	√
	10일 이상 소액 단기 연체 정보	√	√
	상거래 간의 불량채권 발생 정보	√	-
	휴업 및 폐업 발생 정보	√	√
	원고 및 피고 소송 진행 정보	√	-
	청산/화의 등 기업 회생 정보	√	-
	건물 및 부동산 등 경매 발생 정보	√	-
	영업정지/과태료/면허취소 등	√	-
	기업명/주소/대표자 변동 정보	√	-

재무적 Risk는 협력사의 신용관련 정보는 물론 기업의 부실 또는 부도의 징표로 판단할 수 있는 각종 세금 관련된 체납 정보를 확인 할 수 있으며 법인은 물론 대표자의 금융기관 연체 정보까지 활용이 가능

하다. 뿐만 아니라 요즘과 같은 기술 중심회사들이 주요 협력사로 함께 일하고 있는 기업들은 각종 특허권을 둘러싼 소송 정보들을 지속적으로 모니터링하면 해당 협력사가 재무 및 소송과 관련 Risk를 발생시킬 우려가 있는지 판단 가능하다. 이러한 정보들은 대부분 우리나라의 경우 이크레더블과 나이스 신용정보라는 두 기업을 통해서 꽤 상세한 정보와 Data를 확인할 수 있으며 기업 내부 시스템과 연계하여 모니터링 체계를 구성할 수 있다. 또한 해외기업의 경우에는 해외기업에 대한 재무적 Risk 정보를 제공하는 기업들이 존재하고 있으니 그러한 기업들의 유상 서비스를 활용한다면 협력사에 대한 재무 Risk 관리는 기본적으로 상세한 관리가 가능해진다. 다만 이러한 협력사 재무적 Risk 관리체계를 구성하는 데 있어서 한계점은 국내 기업들에 대한 Data는 꽤 정확한 검증된 Data를 활용할 수 있지만 해외기업들의 정보들은 그 정확도와 상세함에서 일부 기준에 충족하지 않을 수가 있다. 그리고 우리나라가 많은 부품 공급처 또는 조립 협력사로 활용하고 있는 중국 기업 또는 동남아 기업들의 경우 체계적으로 Risk 관리에 적용하기 위한 Data들이 존재하지 않아 폭넓게 활용하는 데 있어서 제약 사항이 따르게 된다는 것은 염두에 두어야 한다.

2) 협력사 비재무적 Risk 관리 방안

정량적 Data를 통해서 관리 가능한 재무적 Risk와 달리 협력사의 비재무적 Risk는 일관성을 갖지 않는 재난재해 또는 전쟁, 항구 폐쇄, 수에즈운하 중단과 같은 물류/물동에 관한 이슈들을 Risk화하여 관리하는 체계를 말한다.

협력사 비재무적 Risk 관리 방안

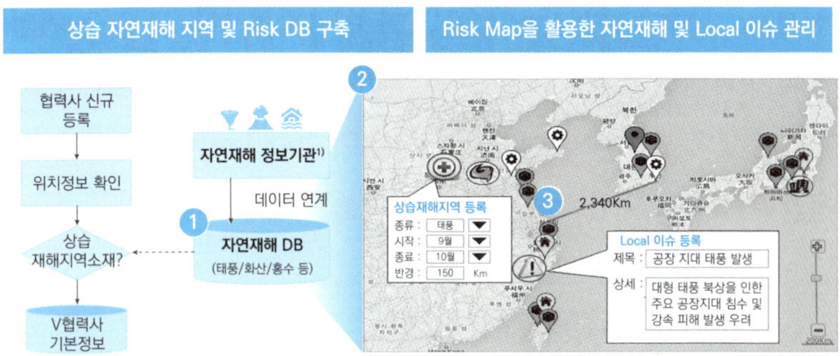

이를 위해서는 기업이 최종적으로 생산하는 완제품을 만들어 내기 위해서 협업해야 하는 협력사들의 위치정보를 파악하고 있어야 하며 이러한 지리적 위치정보를 바탕으로 재난재해 정보, 항구 공항과 같은 물류 네트워크에 대한 정보들을 종합적으로 관리되어야 한다.

먼저 재해재난과 관련된 Risk를 관리하는 가장 효과적인 방법은 독자 여러분들의 기업과 주요 협력사들의 정확한 지리적 위도, 경도 정보를 확보하는 일이다. 정확한 모기업과 협력사들의 위도, 경도 정보를 활용한다면 전 세계적으로 자연재해 정보기관 GDACS라는 곳에서 제공되는 전 세계를 대상으로 하는 재난재해 정보를 활용하여 그 영향 범위를 알 수 있다. 특히 재난재해 중에서도 그 파급효과가 가장 큰 지진, 홍수, 가뭄, 화산폭발에 대한 정로를 바탕으로 우리와 거래하는 협력사들이 영향 범위에 들어가는지 아닌지에 대한 판별이 가능하다. 또한 이러한 재난재해 정보를 계절적 특성을 반영한다면 일부 품목에 대해서는 충분한 납기일자를 편성하는 등의 방식으로 부품 지연 납기로 인해 발생하는 생산 중단 Risk는 미연에 방지할 수 있다. 그리고 삼성, LG, 현대차와 같은 글로벌 제조 공장을 가지고 있는 기업들은 현지에 파견된 주재원 또는 현지 인력을 활용하여 재난재해뿐만 아니라 노동쟁의 발생이나 여러가지 사유로 인한 Local 이슈들을 관리하여 보다 적극적인 협력사 비재무 Risk를 관리가 가능하다.

글로벌 물류 Risk MAP

여기서 더 나아가 체계적으로 글로벌 물류, 물동에 관한 실시간적 대응이 필요한 기업이라면 삼성 SDS에서 제공하는 글로벌 물류 Risk Map 서비스 등과 같은 고도화된 물류 Risk 관리 기능의 적용도 가능하다

그러나 기업 현장에서 직접 협력사 Risk 관리 컨설턴트로 활동 중인 나로서 조언을 하자면 협력사 비재무 Risk 관리는 생각보다 많은

비용과 시간이 투입되어야 한다. 따라서 비용 대비 효과가 중요한 기업들의 입장에서는 자칫 투자만 하고 Risk가 발생하지 않으면 그 효익을 거둘 수 없는 분야이다. 따라서 기업에서 도입 시에는 그 효익을 잘 살펴보고 의사결정을 할 필요가 있다. 물론 독자 여러분들의 기업이 완제품을 생산하기 위해서는 전 세계적인 글로벌 협력사들의 협업이 반드시 필요한 기업이라면 비재무적 Risk 관리도 적극적으로 도입을 고려해야 하는 상황이 반드시 올 것이다.

3) 협력사 품질 Risk 관리 방안

기업의 최종 완성품은 협력사들로부터 공급받은 원자재와 부품들의 품질의 합으로 이뤄진다는 사실은 독자 여러분들도 모두 알고 있을 것이다. 따라서 제조업 기반의 우리나라의 기업들은 대부분 품질 문제에 있어서 만큼은 이를 협력사 Risk의 핵심관리 항목으로 반영하여 관리하는 것이 필수적이다. 협력사 품질 관련 통합정보는 기업들이 생산하는 품목의 특성과 운영하는 품질 시스템의 유무 여부에 의해서 각 상황에 맞게 구성하여 관리하는 것이 통상적이다.

우리나라 대기업들은 품질을 관리하기 위한 전문 IT 시스템을 도입하여 관리하는 곳이 많으며 이를 품질시스템(QMS: Quality Management System)이라고 하고 해당 시스템에서 품목 단위별 주요 불량현상이나 품목별 불량 건수 등을 Data 형태로 관리하고 있다. 이러한 관리 체계를 활용해서 개별 협력사들의 단위 부품들로 인해서 발생되는 불량율의 총계를 관리할 수 있다. 제조 공정에서는 필수 불가결하게 불량이 발생할 수밖에 없는 상황에서 불량이 발생하는 수준이 특정 수준을 넘지 않도록 관리하고 협력사와의 개선방향을 도출하는 방식으로 협력사들의 품질 Risk를 체계적으로 관리하는 데 사용된다.

협력사 품질 Risk 관리 방안

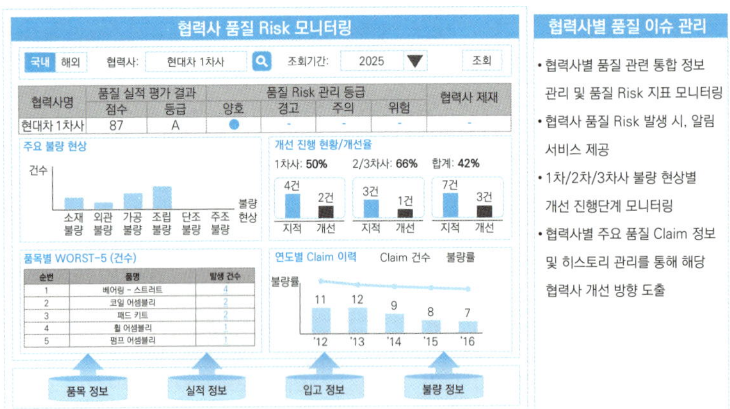

이러한 품질 관리 체계 역시 글로벌 공급망 Risk 관리 트렌드의 영향으로 기존에는 1차 부품협력사까지 연계 관리하는 수준을 뛰어넘어 최근에는 2차 협력사 또는 3차 협력사까지 관리하는 관리수준을 점점 높여가고 있으며 품질 문제 최소화를 위해 더욱더 다양한 Data들을 활용하는 수준에 이르고 있다. 독자 여러분의 기업에서도 품질과 관련된 Data들을 다양하게 보유하고 있을 텐데 이러한 Data들을 활용하여 품질 Risk 관리기준을 잘 만들어보면 전문적인 품질관리 IT 시스템이 존재하지 않아도 기본적인 관리 체계를 만들어서 운영할 수 있을 것이다.

4) 협력사 평판 Risk 관리 방안

오늘날에는 많은 기업들이 Social Media들을 통해 적극적으로 브랜드 관리 및 마케팅을 펼쳐 나가고 있다. 그리고 기업 내·외부에서 발생하는 긍정적, 부정적 뉴스들이 지속적으로 노출되면서 이로 인한 Noise들이 끊임없이 발생하고 있는 현실이다. 이러한 트렌드를 반영하여 협력사 Risk 관리 체계가 선진화되어 있는 기업에서는 협력사 평판에 관해서도 Risk 처럼 관리한다.

협력사 평판 Risk 관리 방안

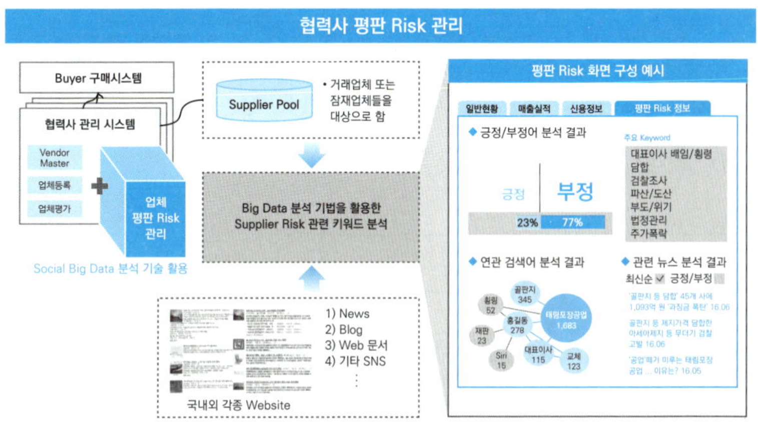

기본적으로 협력사 평판 Risk 관리를 위해서는 협력사와 관련된 키워드를 기준으로 각종 소셜 미디어 채널들과 뉴스 채널 등을 통해 취합된 정보들을 자연어 검색 및 분류 자동화 기능을 사용하여 각각 부정적 평판에 영향을 미치는 Data인지, 긍정적 평판에 영향을 미치

는 Data인지를 판별한다. 이러한 평판 정보들을 지속적으로 그리고 체계적으로 관리하면 협력사에 관한 Risk가 실제로 발생하기 전에 사전적으로 인지할 수 있는 기회들이 많아지는 효과 때문에 도입 운영하는 기업들이 늘어나고 있는 추세이다.

다만 평판 Risk라는 부분은 실제로 직접적인 공급망 Risk로 확장되거나 연결되는 경우보다는 일종의 위험신호와 같은 수준이므로 해당 정보만을 근거로 기업에 대한 핵심 의사결정을 내리는 경우는 존재하지 않으며 다만 참고용 정보로 활용하는 것이 바람직하다.

5) 협력사 Risk 종합 대시보드

앞에서 설명한 협력사 관련 Risk 정보들은 단독적으로 활용되지 않고 해당 정보들이 모두 통합되어 대시보드 형태로 구성 활용되는 것이 일반적이다.

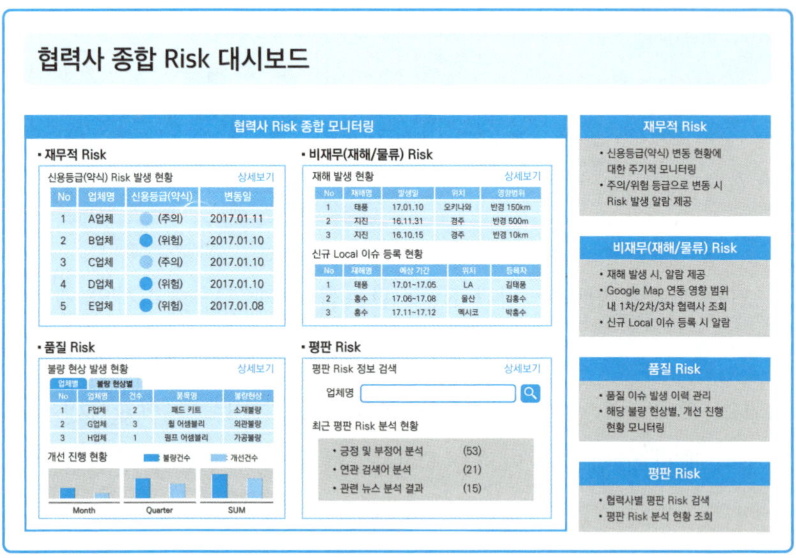

기업 내부에 공급망 또는 협력사 Risk를 종합적으로 관리하는 부서의 담당자는 위에 예시적으로 보이는 협력사 종합 Risk 대시보드에서 취합되고 분석되는 모든 정보를 종합하여 전반적인 협력사 Risk 수준을 수시로 모니터링하고 공급망 전체에 Risk가 발생하지 않도록 지속적 관리와 대응 방안을 준비하는 과정을 거친다. 물론 이러한 종합적인 협력사 Risk 관리 시스템을 구성하고 운영하는 기업들보다는 그렇지 못한 국내 기업들이 더 많을 것이라 생각한다. 그리고 협력사 Risk를 관리하려면 무조건 Data와 전문 시스템이 필수적인 것은 아니라고 생각한다. 그러나 점점 더 복잡해지고 전 세계적으로 공급망에 위협을 초래하는 수많은 이벤트들이 발생하는 기업환경에서 비즈니스를 영위하는 글로벌 기업이라면 이제는 공급망 및 협력사 Risk 시스템에 관한 투자와 운영은 반드시 필요한 상황이 되고 있다.

6 삼성전자의 공급망 Risk 관리 체계 구성과 운영

삼성전자는 이제 국내, 아니 세계의 어느 기업보다 가장 많은 글로벌 협력사와 비즈니스 활동을 이어가고 있는 세계 최고의 글로벌 기업이다.

이러한 삼성전자는 최근 2025년 새로운 협력사 관계 관리 시스템(N-SRM: New Supply Management) 서비스를 전 세계 협력사를 대상으로 시작했다. 새로운 N-SRM 시스템은 구매부문을 중심으로 새로운 부가가치와 미래를 열어간다는 의미에서 "Purchasing the Future Connecting New Value"라는 타이틀을 달고 새로운 구매혁신의 시대를 열어가고 있다.

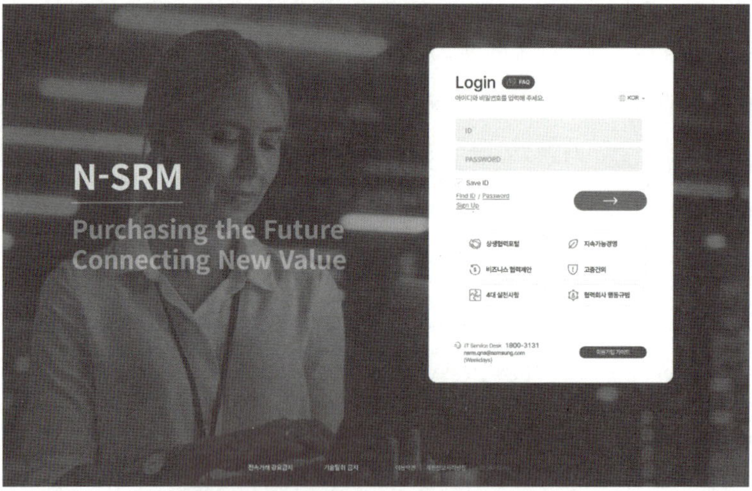

이러한 N-SRM 체계를 새로 시작하면서 당연히 삼성전자는 글로벌 공급망의 지속가능성을 보장하기 위한 공급망 Risk 관리 체계에 대해서도 깊이 고민하고 그에 대한 구체적인 공급망 Risk 관리 체계를 적용하고 운영하는 것을 그 목표로 하고 있다.

나는 컨설턴트로서 삼성전자의 N-SRM 전략을 수립하는 Master Plan 수립단계에 협력사 Risk 분야 전략 설계 담당자로 참여할 수 있었으며 그 과정에서 삼성전자가 공급망 Risk 관리 강화를 위해 어떠한 적용방법과 어떠한 관리 체계를 갖추어야 하는지에 대한 상세한 기획 수립 과정을 담당했다.

이번 글에서는 삼성전자의 공급망 Risk 관리 방법에 대한 내용을 정리하고 타 기업에서 참고할 수 있는 부분들에 대한 내용을 이야기하고자 한다.

다만 이와 관련하여 독자 여러분들께 미리 알려드리는 사항은 삼성전자와 관련된 컨설팅 결과 및 상세 내용을 외부에 공개하는 것은 금지되어 있다. 따라서 이 글에서 정리되는 N-SRM과 관련된 내용은 모두 공개된 자료를 바탕으로 하거나 컨설턴트로서 참여했던 나 자신이 정리한 내용을 중심으로 하였다. 삼성전자 내부 자료나 업무 비밀에 해당하는 사항은 담겨 있지 않음을 알린다.

삼성전자 공급망 Risk 관리 고도화 방향

삼성전자는 협력사에 대한 Risk 대응 능력을 극대화하기 위하여 1차 협력사뿐만 아니라 2차사 이하의 협력사까지 포함하여 가시성과 조달 안정성 확보를 위한 관리 체계 수립

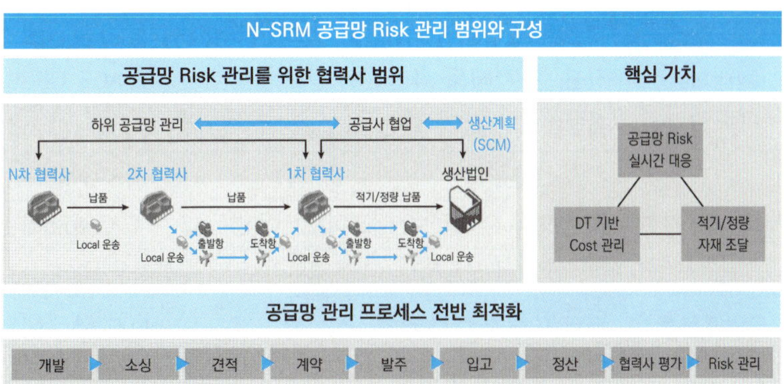

앞에서의 설명 과정에서 밝힌 바와 같이 삼성전자의 공급망 Risk 관리를 위한 대상은 단순한 2차, 3차 협력사가 아닌 그 하위에도 존재하는 N차 협력사에 대한 부분까지도 공급망 Risk 관리의 대상을 포함하고 다양한 Data와 관련된 자원들을 활용하여 공급망 가시성을 극

대화한다. 어떠한 위기 상황에서도 원자재와 부품 조달이 가능한 조달 안정성을 확보하는 것을 그 목표로 하여 상세한 전략과 관리 방안을 설계하였다.

앞에 내용에서 설명한 바와 같이 공급망 Risk 관리 체계를 수립하는 데 있어서 가장 중요한 2번째 항목은 공급망 Risk 어떠한 기준으로 평가하고 관리할 것인지 평가 기준을 만드는 것이다. 삼성전자에서 공급망 Risk 관리를 위해서는 다양한 기관에서 공개되는 공급망 Risk와 관련이 있는 Data들을 최대한 파악하고 이를 기업 내부의 협력사 관련 Case들을 연계하여 의미 있는 Data로 변환하는 기획에 많은 시간과 노력을 집중하였다.

관련 Risk 유형	Risk Data 상세 내용	Data 제공 기관
재해재난 Risk 관련	지진, 홍수, 태풍, 화산 관련 정보(실시간)	GDACS, USGS
	글로벌 홍수 예측 정보	Google Flood
재무 Risk 관련	기업 신용정보	E-Credible
	법인 체납, 연체정보, 대표이사 신용변동	E-Credible
	(해외) 법인 신용정보, 기업 재무정보	Orbis, NICE D&B
무역&물류 Risk 관련	무역 및 통상 관련 정보	KOTRA, S&P
	운송, 통관, 물류 현황 정보	Ship GO
ESG Risk 관련	ESG 정책 및 규제 관련 변경 정보	NEWS Edge
특허 및 소송 Risk 관련	특허 및 영업권 관련 소송 정보	IP NAVI
지정학 Risk 및 거시경제 관련	지정학 이슈 및 전쟁/분쟁 관련 정보	KOTRA, NEWS Edge
	환율, 그림 변동 시황 정보	한국은행 ECOS

협력사 Risk 관련	부품, 원자재 입고 지연율	Legacy System (ERP, SCM, MES 등)
	부품, 품번 단위 불량률 및 Claim 발생률	
	하위 공급망 정보 및 RTF 현황	구매 자체 조사 Data

여기에 정리된 내용들은 실제로 무료 Data 형태로 해당 기관에서 제공되는 내용들이 많으므로 독자들의 경우도 한 번씩 해당 기관에 접속하여 관련 필요한 Data들이 충분히 존재하는지 확인한 후에 그 적용방안을 잘 고민해보면 꽤 유용한 공급망 Risk 관리 정보들을 만들어 낼 수 있을 것이다. 물론 삼성전자의 경우는 여기에 나열된 정보들뿐만 아니라 내부에 보유한 다양한 기간계 시스템(ERP, SCM 등)으로부터 발생하는 내부 정보를 아주 깊이 있는 수준까지 가공 활용하는 방법을 적용하였다. 일부 정보들은 유료화 정보들까지 활용하여 공급망 전체에 대한 가시성과 선제적으로 공급망 및 협력사 Risk를 탐지하고 판별할 수 있는 Risk 관리 체계를 완성하였다.

삼성전자의 공급망 Risk 관리 부문에서 마지막으로 주요한 부문은 위와 같은 다양한 Data와 Risk 관련 정보들을 바탕으로 구체적으로 위기에 대응하는 업무 절차 및 프로세스 절차를 상세하게 정의하였다는 점이다. 시스템을 활용한 자동화 구간을 만들고 이러한 결과가 실제 구매 전략을 실행하여 대체 협력사 또는 Risk 회피를 위한 구체적 Action 방안까지 연계하였다.

삼성전자 공급망 Risk 관리 업무 프로세스 정의

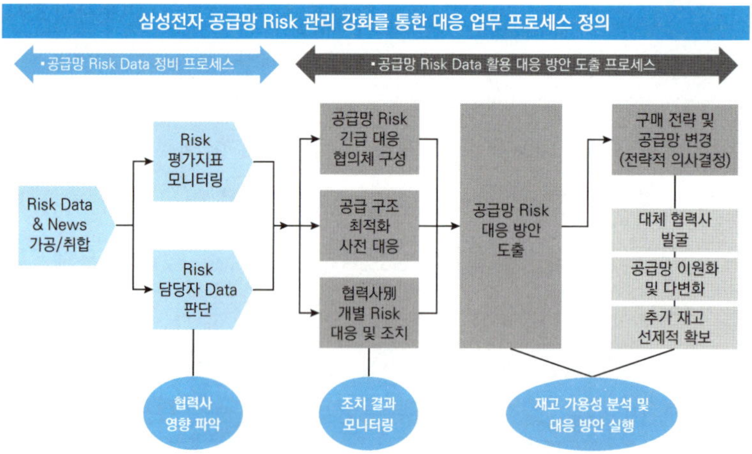

삼성전자의 공급망 Risk 관리는 국내 기업뿐 아니라 세계의 모든 기업들과 견주어도 부족함이 없을 만큼 정교하고 체계적인 구조를 갖추고 있는 것이 사실이다. 그리고 여기에 머무르지 않고 더 많은 자원과 더 많은 인력을 투입하여 새로운 IT 기술, 공급망에 대한 디지털트윈 적용, 효율적 공급전략 수립을 위한 AI 의사결정 기술 등에 관해서도 지속적인 관심을 기울이고 있고 이를 업무 현장에 적용하기 위한 노력들을 지속할 것이다.

CHAPTER 09

AI가 이끄는 구매혁신의 미래, 어떻게 대비할 것인가?

1. AI는 과연 인간의 구매직무를 대체할 수 있을까?
2. 구매혁신을 가져올 AI 기술에 대한 이해
3. AI 활용 구매혁신 및 공급망 관리 적용 사례
4. AI 시대, 대체 불가 구매 전문가로 남는 법

BUY

CHAPTER 09

AI가 이끄는 구매혁신의 미래, 어떻게 대비할 것인가?

1 AI는 과연 인간의 구매직무를 대체할 수 있을까?

글로벌 AI 전문기업 OPEN AI의 샘 알트만 CEO가 ChatGPT 3.0 버전과 4.0 버전을 세상에 출시하면서 그야말로 전 세계는 "생성형 인공지능" 기술에 열광하며 마치 인간의 모든 업무를 ChatGPT를 통해 자동화가 가능한 세상이 이제 곧 열리게 될 것이라는 생각을 가지게 했다.

구매전략 컨설턴트라는 직업으로 오랫동안 직업생활을 해온 나 자신도 당장에 ChatGPT가 나의 전략구매 컨설팅 업무를 대체하거나 뺏어 갈 것이라는 고민을 해본 적도 있었다. 그리고 지금 기업에서 일하고 있는 현업 구매 담당자들의 일을 새로운 미래 기술들은 어느 수준까지 대체가 가능하게 될 수 있을까? 미래에는 아주 소수의 구매 담당자만을 제외하고 ChatGPT와 같은 AI 기술이 빠르게 상용화되어 구매 직무 담당자들의 대량 해고가 있지는 않을까 하는 궁금증을 갖게 되었다.

구매 SCM 전문 솔루션 회사 엠로에서 운영 중인 구매직무 커뮤니티 웹사이트인 바이블에는 2025년 초 이와 관련된 흥미롭고 글이 올라왔다.

- 이하 바이블 이재엽 칼럼니스트 원문 -

A: "형님, AI로부터 구매업무는 안전할까요?"

B: "간단한 전자입찰 정도는 가능해도 복잡한 품목들은 AI도 어렵지 않을까?"

A: "그럼, 만약에 AI가 RFI(Request for Information)를 통해서 최적화하면요?"

B: "글쎄… 아무리 RFI라고 해도 구매가 내부 고객과 소통도 해야 하는데 그것까지 AI가 할 수 있을까?"

A: "사실 저도 구매업무가 완전히 대체되기는 어렵다고 생각해요. 의사결정의 파급력이 크기도 하고, 협상이라는 건 인간의 영역이라… 마치 국가 간의 외교처럼요."

독자 여러분들의 생각은 어느 쪽인가? 구매 업무가 갖는 상호 커뮤니케이션에 기반한 소통 중심의 업무라서 AI가 대체하기 어렵다고 생각 하는가? 아니면 구매 업무도 결국 생성형 AI와 같은 인공지능들이 반복적으로 대량의 Data를 학습하고 나면 인간보다도 잘 할 수 있을 것이라고 판단되는가?

AI의 구매 직무 대체 가능성 1.

ChatGPT와 같은 AI 기술은 단순 반복적인 업무를 수행하는 영역에서는 사람보다 뛰어난 결과물을 빠른 시간에 도출해 낼 것이다. 또한 AI와의 소통은 프롬프트를 기반으로 하기 때문에 필요 없는 추가 설명, 업무 이해를 위한 시간을 최소화하므로 기존 반복적 구매 업무는 대체가 가능할 수 있다.

AI의 구매직무 대체 가능성 2.

구매 현업 특히 배경지식이 부족한 품목에 관한 정보를 탐색하고 정리하는 데 매우 효율적이다. ChatGPT는 대형 언어 모델을 기반으로 다양한 정보들을 습득한 결과물은 기계적으로 잘 요약해서 정보를 전달해 주기 때문에 그 정보의 순도가 매우 높고 빠르게 활용이 가능합니다. 업무 연차가 높지 않은 구매 담당자라고 하더라도 빠르게 품목의 특성을 이해하고 구매업무에 적용 및 활용하는 것이 가능하다.

그럼 AI가 아무리 발전해도 한계를 갖게 되는 부분은 어떤 것이 있을까?

AI의 구매 직무 대체 한계성 1.

AI는 미래 예측에 약하고 최신 정보 활용에도 한계를 보인다. 구매업무의 꽃은 선제적 대응에 있다. 구매업무를 수행하면서 여러가지 선행 지표들을 활용하게 되는데(PMI 지표, 실업률, 소비지 물가지수, 환율 등) 이러한 정보들을 종합적으로 읽고 공급망에서의 이상 징후를 포착하고 대응을 준비하는 영역에서는 인간의 종합적 사고가 아직 더 우위에 있다고 볼 수 있다.

AI의 구매 직무 대체 한계성 2.

협상은 인간 고유의 영역에 해당한다. 최근 AI 기능을 활용한 협상에 관한 여러 가지 시도들이 진행되고 있다. 협상과 관련된 여러가지 유리한 조건, 불리한 조건, 최적의 협상 기준 등에 관해 AI에게 학습을 시키고 이를 기반으로 협상을 AI가 수행하는 시도들이 진행된다. 그러나 협상에 영향을 주는 요소는 매우 다양한 케이스와 다양한 조건들을 가지기 때문에 복잡한 이해관계 상황에서 AI가 인간보다 협상을 더 잘할 것이라 판단하기는 어렵다.

바이블의 칼럼에서는 위와 같이 구매 직무를 인공지능 AI 기술이 대체할 수 있는 대체 가능성과 실제로 인간의 고유 영역까지 대체하기에는 한계를 가지게 될 것이라는 주제를 이야기하고 있다. 또한 결론적으로 AI 기술은 인간과 경쟁관계에 있지 않고 협업과 활용의 대상으로 결론을 내리고 있다.

지난 수세기 동안 새로운 기술들이 나타날 때마다 대부분 근로자들은 혁신적인 기술들이 자신들의 직업과 일자리를 빼앗을 것이라는 걱정과 두려움을 겪어 왔다. 그리고 실제로 자동차 산업의 발달은 마부라는 직업을 빼앗았고 전자식 전화 교환기의 발달은 수동식 전화 교환원들을 대량 해고하는 비극적 결말을 맞았음을 사람들은 알고 있다.

그러나 새로운 기술에 의한 일자리 축소 또는 직업을 빼앗기는 경우는 일부 제한된 직업군 또는 사양산업에서 벌어지는 자연스러운 결과인 경우가 더 많았다. 새로운 기술은 오히려 관련 산업의 확장, 더 나아가 새로운 일자리 창출로 이어져 오히려 더 많은 일자리를 만들고 인간의 근로환경을 개선 시켰다는 조사 결과들도 존재한다.

글로벌 컨설팅 회사인 딜로이트 컨설팅 펌은 새로운 IT기술, 로봇공학, 공장자동화 등이 과연 영국의 근로시장에 일자리 감소를 가져왔는가에 대한 장기적인 조사를 진행하였다. 조사결과에 따르면 새로운 기술에 의해서 2001년부터 2015년까지 15년간 영국에서 사라진 일자리는 총 80만 개에 해당했으나 오히려 새로운 기술에 의해서 새롭게 발생한 일자리는 350만 개에 달했다는 조사결과를 내놓았다. 그리고 새로 생긴 일자리들은 기존의 근로자들보다 더 많은 급여를 받았으며 이를 통해 기술의 혁신이 무조건 일자리 감소와 노동환경의 저하를 가져오는 것은 아님을 실증했다.

중국의 쿠팡으로 일컬어지며 중국의 온라인 유통 공룡인 알리익스프레스, 테무와 경쟁관계에 있는 징둥닷컴의 일자리와 관련된 장기간의 모니터링 결과도 의미 있는 인사이트를 주고 있다.

징둥닷컴의 리차드 류 CEO는 2018년부터 공격적으로 물류창고 자동화, 로봇공학, 드론 배송, 인공지능 등 새로운 미래 기술에 공격적으로 투자를 하며 징둥닷컴의 정규직 일자리 16만 개를 미래 기술을 활용하여 궁극적으로는 절반 규모 8만 명으로 줄이겠다는 목표로 기업을 운영했다고 한다. 그러나 2020년이 되었을 때 징둥닷컴의 사업은 70% 고속 성장했고 정규직의 규모는 오히려 31만 명의 직원을 고용하고 있는 상태라고 한다. 미래 기술과 일자리 관계를 다년간 연구하고 분석한 와튼 스쿨의 린 우(Lynn Wuu) 교수는 "현대 기업의 모든 일자리 감소는 로봇을 도입하지 않은 회사들에서 발생하고 있다"라고 지적했다. 오히려 로봇과 새로운 기술을 도입하지 않은 기업들은 해당 산업군에서 경쟁력을 잃고 근로자를 대량 해고하거나 파산하면서 그 일자리 존재 자체가 사라지는 경우가 발생하고 있음을 지적한 것이다.

ChatGPT와 같은 미래 기술에 관심도 많고 실제로 구매 AI 솔루션 전문 기업인 엠로에서 일하며 언제나 새로운 기술들이 나오면 과연 인간이 수행하고 있는 구매업무를 어느 정도까지 대체할 수 있을지, 더 나아가 구매 담당자들을 해고하게 될 수도 있을 것인지 궁금했다. AI 기술이 무섭게 발전하고 있는 이 시점에 과연 AI 기술의 수준이 수년간 경험을 쌓은 구매 전문가들을 대체할 것인지 아니면 오히려 구매 전문가들이 AI를 활용해서 더 높은 직업적 성과를 올리는 Tool로서 활용하게 될지는 확신하기 어렵다.

다만 조심스럽게 예상할 수 있는 것은 다양한 관련 서적을 읽어보고 일자리와 AI 기술에 관한 상관 관계를 공부를 하면 할수록 결국 AI 기술의 발달이 정점에 달하더라도 기업의 업무 현장과 AI 기술을 연결하는 핵심적인 연결 고리는 사람의 역할이 될 것이라고 판단한다. 특히, 개별적인 산업군에서의 깊은 이해를 바탕으로 구매전략 수립, 공급망 Risk 관리와 같은 특화된 영역은 오랜 경험과 인사이트를 가진 전문가들이 AI 기술을 활용하여 보다 차원 높은 수준의 업무 환경을 만들어 낼 것이라 생각한다.

이미 10여 년 전에 바둑이라는 세계에서 구글 딥마인드가 개발한 '알파고'가 이세돌 구단을 압도적으로 이겼지만 사람들은 여전히 바둑을 재미있게 열심히 두고 있지 않은가?

2 구매혁신을 가져올 AI 기술에 대한 이해

OPEN AI 회사의 ChatGPT는 3.0 버전과 4.0 버전을 거쳐 아이디어 탐색과 완성형 답변 도출에 특화된 ChatGPT는 4.5 버전까지 발표되었으며 다양한 비즈니스 현장에서 적용되고 활용되는 과정을 거치고 있다. 구매와 공급망 관리 역시 AI 기술 도입에 있어서 많은 기업들이 경쟁적으로 나서고 있다. 그리고 AI 기술의 진화에 맞춰서 점점 더 사람이해야 하는 일들을 대체할 것으로 기대된다.

공급망 관리와 구매업무는 전통적으로 업무 담당자의 개인 역량에 의존하며 엑셀과 이메일 기반의 수작업을 통해 이뤄지는 특성을 가지고 있었다. 이러한 수작업 기반의 업무는 대기업들에서 ERP, SRM과 같은 전문 시스템들이 도입되며 효율화되었고, 구매 및 공급망 업무 프로세스를 표준화하면서 점차 사람의 일에서 시스템이 하는 일로 변화하였다. 그 이후에는 더욱더 확장되어 전 세계 글로벌 네트워크를 통해서 다양한 협력사들과 협의의 중요성이 강조되고 이 과정에서 많은 구매 Data들이 만들어지고 활용되는 과정을 거쳤으며, 이제는 이러한 Data를 적극 활용하기 위한 머신러닝 및 AI와 같은 신기술의 시대를 구매 분야도 맞이하고 있는 것이다.

구매혁신을 위한 기술 활용의 진화

공급망 관리 및 구매 분야는 최초에 개인역량과 수작업 방식을 거쳐 ERP, SRM과 같은 관련 시스템 도입의 과정을 거쳤으며, 이후 네트워크를 활용하여 Data 축적의 단계를 거쳐 AI, 머신러닝 등 신기술 활용의 시기에 이르고 있다.

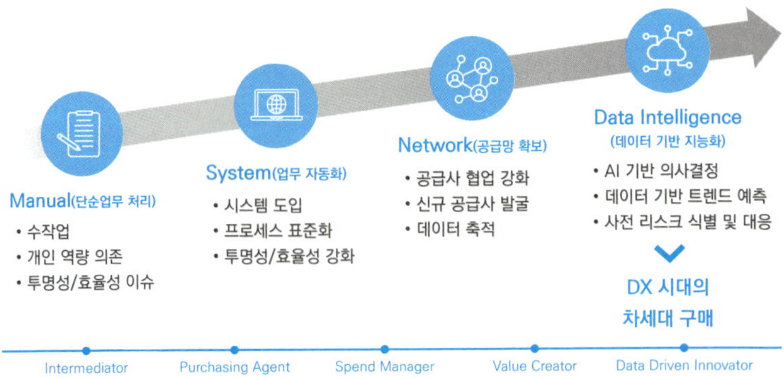

글로벌 공급망과 수많은 협력사들을 관리해야 하는 현장의 구매담당자라면 이미 체감하고 있을 수 있겠지만 점점 더 복잡해지는 현실 공급망 관리의 숙제들을 풀어내기 위해서는 이제는 디지털 신기술의 도입과 활용이 더욱더 필요한 시기가 되었다. 머신러닝, AI와 같은 디지털 신기술은 구매 담당자들이 가장 많은 시간과 가장 많은 노력을 투입해야 하는 부분을 지원하기도 하고 최종적으로 대체하기도 하는 과정을 보일 것으로 예상된다.

미래기술을 통한 공급망 관리 필요성

최근 더욱더 고도화되고 복잡해진 글로벌 공급망을 관리하기 위해서는 더욱더 많은 변수들을 고려해야 하는 전략적 업무 영역으로 발전되었으며, 이러한 변화에 대응하기 위해서는 AI와 같은 신기술 도입이 반드시 필요함

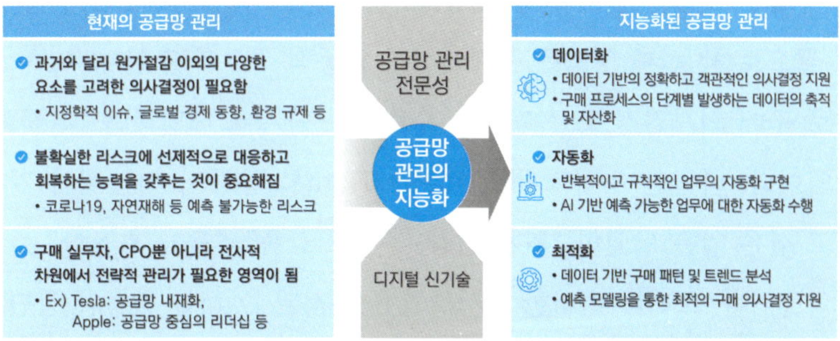

신기술을 통해 구매 현장에서 직접적 활용/적용이 가능한 첫 번째 영역은 구매 및 공급망 관리 업무과정에서 발생되는 모든 정보들을 그야말로 Data화하고 이를 자산화하는 "Data화" 영역이 될 것이다. AI 또는 머신러닝과 같은 모든 미래기술은 도깨비 방망이가 아니다. 그러한 신기술들을 제대로 활용하기기 위해서는 가장 우선적으로 충분한 의사결정을 내릴 수 있는 구매 및 공급망 Data가 반드시 필요하며 이를 위해서 구매 정보의 Data화는 가장 기본 중의 기본에 해당한다.

두 번째 영역은 구매와 공급망 관리 과정에서는 구매요청, PO 발행, 입고 및 납기 체크 등과 같은 반복적이고 규칙적인 업무들에 대한 "자동화" 기술이 필요하다. 이러한 자동화 영역은 사실 사람보다 기계 또는 시스템들이 더 효율적으로 일을 잘할 수 있으므로 AI와 같은 기

술들이 구매와 공급망 관리에 투입된다면 가장 빠르게 사람의 업무를 대체할 수 있는 영역은 바로 "자동화" 기술이 될 것이다. 물론 사람이 하던 단순 작업을 시스템 또는 AI가 대체하더라도 구매 담당자들은 보다 전략적이고 통합적 사고를 바탕으로 하는 Value 높은 업무에 집중하여 업무 효율을 높여야 할 것이다.

끝으로 세 번째 영역은 구매혁신의 최종적 목표라고 할 수 있는 실제로 구매 의사결정 또는 전략을 수립하는 단계에 해당하는 "최적화" 영역이다. 다양한 공급망과 구매현황 Data를 통해서 기업에서 가장 하고 싶은 일은 당연히 "원가 절감", "재고 감축", "물류 효율화" 같은 영역들이다. 그러나 이러한 의사결정은 축적된 Data를 활용한 간단한 산술식만으로는 해결할 수 있는 성격의 일이 아니다. 그야말로 구매 Data, 글로벌 공급망의 흐름과 트렌드, 미래 예측을 통한 위험 감수와 같은 복잡하고 통합적 사고를 통해 "구매전략"을 수립해 주는 수준의 기술이 필요한 것이다.

많은 IT 기술 기업들이 구매와 공급망 관리 영역에서 위에서 설명한 세 번째 영역인 "의사결정"과 "최적화"의 수준을 지원하는 AI 기술의 완성을 위해 노력하고 있다. 개인적으로 국내외 IT 기술 기업 중에서 미래 신기술을 통해 전략적 구매혁신을 가져올 수 있는 기업으로 요즘 가장 관심을 가지고 있는 회사는 미국의 팔란티어(Palantir)이다.

대부분의 사람들은 "팔란티어, 그 회사 미국 국방부와 일을 가장 많이 하는 국방 관련 전문 AI 회사 아니야?"라고 질문할 것이다. 그러나 이것은 팔란티어를 반만 알고 반은 모르는 질문이라 생각한다.

팔란티어는 다양한 군사정보 Data들을 시각적으로 표현하고 전장에서의 의사결정을 도와주는 전시 작전 수행 시 전략 수립 전문 IT 솔루션과 AI 엔진을 보유하고 있다. 이러한 의사결정 지원에 초점을 맞춘 팔란티어 솔루션은 비즈니스 영역으로 다양하게 파고들어 구매와 공급망 관리 분야에도 빠르게 적용하고 그 가시적 성과들을 만들어가고 있는 것으로 보인다.

팔란티어 비즈니스 플랫폼

팔란티어의 비즈니스 플랫폼은 크게 가지 영역으로 구성됨. 1) Foundry: Data 운영 플랫폼, 2) Apollo: 자율 소프트웨어 배포 및 안정화 컨트롤러, 3) AIP: AI 기반의 LLM 모델을 활용한 실시간 AI 기반 의사결정 솔루션

팔란티어 비즈니스 플랫폼의 구성과 특징

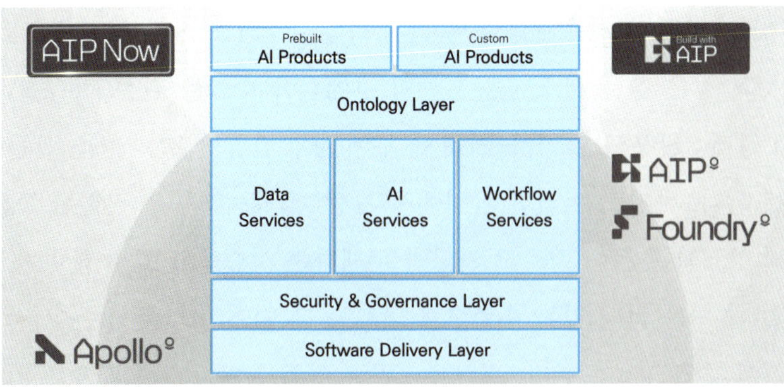

팔란티어 기술 플랫폼을 한마디로 결론 내린다면 기업의 모든 자료들을 시각화하여 경쟁에서 승리할 수 있는 전략적 의사결정을 지원하는 AI 솔루션이라고 말할 수 있다. 이러한 팔란티어의 AI 솔루션은 전략구매 컨설턴트인 나의 관점에서 바라보면 구매부서가 원하는

Data와 생산부서가 원하는 Data를 상호 의사결정에 실시간으로 활용 가능하도록 시각적 정보를 제공하는 방식으로 기업의 문제를 해결하는 부문에 적극적 활용이 가능하다.

기업들의 경쟁이라는 것이 결국에는 한정된 자원을 가지고 최고의 효율을 만들어 내서 경쟁 기업보다 빠르게 그리고 압도적으로 시장을 장악하고 이를 지속적으로 유지하는, 어쩌면 전쟁 상황과 동일한 환경에서 빠르게 의사결정을 하는 것이므로 당연히 팔란티어의 기술은 기업 비즈니스 환경에서도 그 위력을 크게 발휘할 것이라고 생각한다.

그리고 팔란티어가 보유한 기술 중의 뛰어난 점은 구매 및 공급망 관리 현장에서 발생하는 어떠한 양식의 Data들이라고 하더라도 모두 활용할 수 있는 "온톨로지"라는 기술을 적용 가능하다는 점이다.

나는 기업 컨설팅 현장에서 실제로 컨설팅의 시작과 동시에 ERP, SRM과 같은 전문 시스템을 통해서 구매전략 수립을 위한 Data를 추출>정리>활용의 절차를 거쳐서 구매전략 컨설팅 결과물을 만들어 내게 된다. 하지만 이러한 과정에서 가장 어려운 부분은 관련된 Data들의 양식과 유형이 다르고 자료가 존재하는 시스템도 모두 흩어져 있다 보니 이를 의미 있는 수준으로 만드는 데 있어서 너무 많은 시간과 노력이 투입되어야 한다. 그런데 팔란티어의 "온톨로지" 기술은 기업에서 활용되는 모든 흩어진 Data들을 중간 처리 과정을 거쳐서 실제로 의사결정에 바로 사용할 수 있는 '통합 자료', '분석 자료', '업무프로세스'로 활용할 수 있도록 하는 기술을 제공하고 있다. 이는 팔란티어가 미국 국방부 등과 지속적으로 협업해 오면서 전시 상황에서 급박하게 한치의 오차도 없는 의사결정을 도출해 내기 위해서는 수집된 다양한 유형의 방대한 Data를 처리하고 시각화하는 과정에서 획득된 전문 기술이라고 팔란티어 기술자들은 밝히고 있다.

팔란티어 Data 처리 핵심 기술 온톨로지

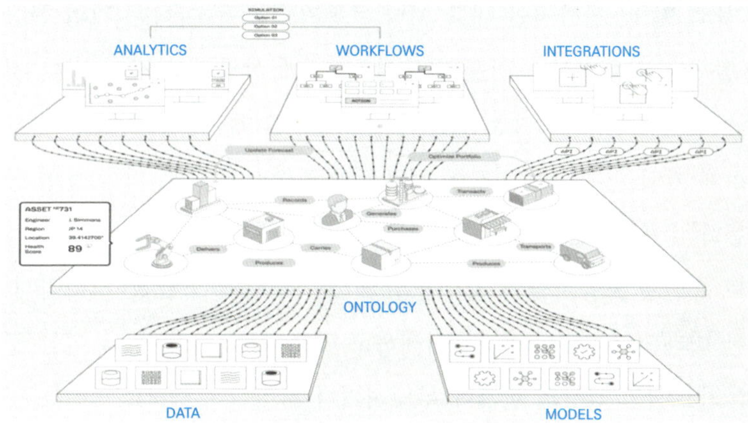

팔란티어 시스템을 구매 및 공급망 관리 현장에 도입하여 혁신적 성과를 만들어낸 Case Study는 다음 내용에서 자세히 설명하도록 하겠다.

3 AI 활용 구매혁신 및 공급망 관리 적용 사례

나의 전략구매 컨설턴트로서 역할은 컨설팅을 받는 기업들의 구매 업무 프로세스를 혁신하고 보다 효율적으로 일하는 구매부서를 만드는 일에 집중된다. 그리고 추가적으로는 해당 기업의 IT 시스템 및 구매 관련 시스템들을 연계하고 최적화하는 일도 함께 해왔다. 그러다 보니 운 좋게도 구매업무 공급망 관리 분야의 IT시스템의 구성과 새로운 신기술들의 기업 현장 적용과 발전과정을 가장 가까운 거리에서 지켜볼 수 있었다.

불과 몇 년 전까지만 해도 AI나 로봇기술 등은 아직은 기업 현장에서 실제로 적용되고 효과를 만들어 내는 데 상당한 시간이 걸릴 것으로 보였다. 그러나 이제는 다르다. AI 기술의 발전은 그야말로 하루가 다르게 기업 비즈니스 현장에 적용되기 시작했고 로봇 기술 등의 공장 자동화 수준은 이제 가장 복잡하다고 이야기하는 자동차 조립공정에서도 숙련된 노동자들의 업무를 대체하는 수준에 도달했다. 따라서 이러한 미래의 신기술들을 잘 이해하고 알고 있지 않으면 더 이상 구매 전문가로서의 성장의 한계에 부딪히거나 뒤처질 수 있다.

나는 이 책에서 구매 업무 및 공급망 관리에 직접적으로 AI 기술을 실제 적용하고 있으며 그 효과까지 확인되는 기술 사례들 중심으로 정리하였다.

AI 기술을 국내 기업 현장에 가장 많이 적용한 구매 SCM 솔루션 전문업체 엠로, 지능형 물류관리 서비스 첼로 개발 운영 중인 삼성 SDS, 그리고 마지막으로 회사는 앞에서 살펴본 팔란티어의 기술 사례를 중심으로 정리하였다. 물론 세계의 더 많은 기업들이 AI 기술을 구매 업무와 공급망 관리에 AI 기술을 접목하고 있으며 그 효과를 보이고 있으나 이 책의 독자 여러분들이 쉽게 이해할 수 있고 확인 가능한 국내외 기업의 사례를 가지고 설명하고자 하는 생각을 바탕으로 정리한 내용에 해당한다.

1) AI를 통한 공급품목 견적가 적정성 분석 기술(엠로)

기업 현장에서 구매 담당자들이 가장 많은 시간과 노력을 기울이는 일들은 무엇일까? 여러 가지 대답이 나올 수 있지만 1~3위 사이에 반드시 꼽히는 일은 단연코 공급사들이 제출한 견적 금액이 과연 적정한가 아닌가를 비교 검토하는 일이다. 구매 담당자는 협력사들이 제시한 품목 또는 공사비 등의 금액을 다각적으로 비교 검토하고 최종적으로 그 금액이 타당한지 확인한 후 해당 물품을 구매 또는 계약하는 것이 구매 핵심 업무이기 때문이다.

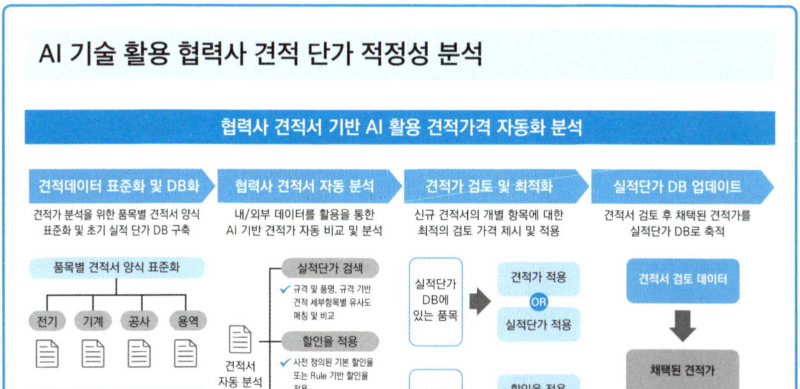

그럼 한번 생각해 보자. 견적 금액 비교를 수행하는 구매 전문가는 어떠한 절차를 거쳐서 최종 구매 의사결정에 다다르게 되는 것일까? 경력이 오래된 유능한 구매 담당자라면 해당 품목이나 공사용역에 대한 깊은 이해와 경험 그리고 수년간 기업 내부에 쌓여온 유사한 견적

사례에 따른 금액 정보들을 체계적으로 잘 정리하고 있다가 이를 활용하여 반복적인 비교 검증 절차를 거치는 것이 일반적일 것이다. 그런데 생각해 보자 이러한 일들은 당연히 AI가 가장 잘할 수 있는 일이 아닌가? 따라서 AI 기술이 구매 업무 분야에서도 가장 먼저 적용하고, 그 효과를 발휘하고 있는 영역은 협력사들의 견적 단가의 적정성을 분석하고 최적 금액을 찾아내는 것이다.

AI 기술을 활용해 기업 내부에 다양한 형태로 존재하는 견적서들을 모두 한데 모으고 거기에 있는 금액 정보들을 Data화한 뒤에 이를 다양한 조건들에 따라서 비교 검토하고 최적의 견적 가격을 찾아내는 것이다. 특히 이러한 AI 기술은 견적서의 구조가 복잡하고 하나의 견적서에 수십, 수백 가지의 단위 품목 또는 용역 비용들이 포함되는 대규모 설비의 공사, 용역 등의 견적을 비교하는 데 있어서 높은 효율을 나타낸다.

이렇게 견적 금액에 대한 적정성 분석이 완료되어 계약이 체결되고 나면 이를 바탕을 실적 단가를 자동으로 업데이트하여 지속적인 원가절감 또는 비용 증가의 이슈가 발생하는지까지 모니터링할 수 있다. 경험 많은 구매 전문가의 견적 단가 분석과 구매 결정 업무는 조만간 AI에게 많이 양보해야 하는 시기가 올 수 있을 것으로 쉽게 예상할 수 있다.

2) AI 분석 기반 자동 발주(Auto-PO) 대상 선정 기술(엠로)

삼성전자와 SK하이닉스에서 전략구매 컨설팅을 할 때 알게 된 사실이 하나 있다. 두 회사 모두 구매부서의 KPI 중 하나로 자동발주, 즉 Auto-PO 비율을 관리하고 있다는 사실이다.

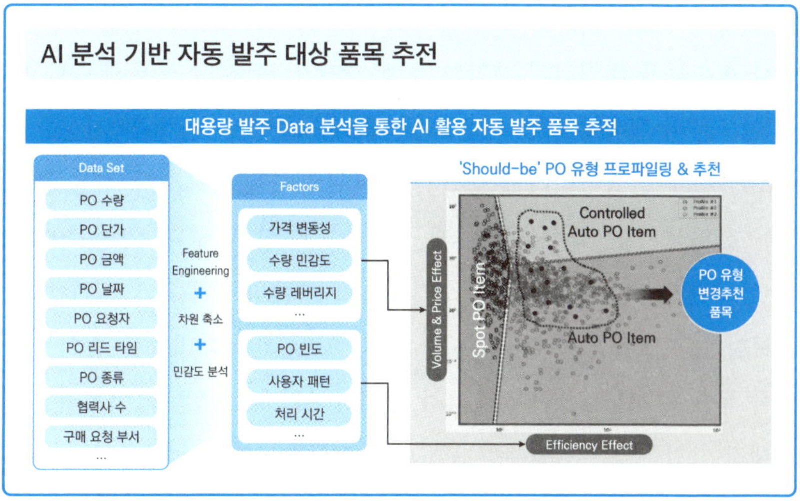

자동발주 Auto-PO란 MRP(생산계획 시스템) 또는 ERP의 정보를 바탕으로 사람의 손을 거치지 않고 시스템이 자동적으로 협력사에 원자재 또는 부품에 대한 발주를 자동으로 처리하는 비율을 말한다. 삼성전자, SK하이닉스와 같은 규모의 회사들은 당연하게도 대규모 반도체를 차질 없이 생산해 내기 위해서는 끊임없이 많은 원자재와 부품들의 발주 주문을 처리해야 한다. 그런데 이러한 모든 품목에 대한 발주 업무를 구매 담당자, 즉 사람들이 해야 한다면 구매 부서의 담당자들은 끊임없이 일해야 하고 그 인원 규모도 엄청날 것이다. 따라서 대형 제조기업 현장에서는 사람의 관여 없이 자동적으로 발주가 나가게 하는 Auto-PO의 대상을 지속적으로 늘려 나가고 구매 인력을 최소화된 규모로 유지할 수 있도록 전략을 취하게 된다. 당연히 이러한 업무는 AI를 활용하면 빠르게 정리가 가능하다.

가격의 변동성, 수량 민감도, 수량 레버리지, PO 발행 빈도 등의 다양한 변수들을 대입하여 여전히 구매 담당자, 즉 사람을 통해 구매 발주 업무를 수행해야 하는 대상들을 제외하고 시스템을 통해 자동으로 Auto-PO를 실행하더라도 생산과 비용관리에 영향요소가 적은 품목들을 선별해 주는 작업을 AI에게 선별하도록 할 수 있다. 앞서 이야기한 삼성전자, SK 하이닉스는 장기적으로 사람이 발주를 진행하는 비율보다는 시스템을 통한 자동 발주, 즉 Auto-PO의 비율을 높여가는 것을 목표로 하고 있으며, 당연히 이러한 AI 기술을 통해 반복적이고 기계적인 업무들은 사람, 즉 구매 담당자들의 관여도를 낮추려는 노력이 계속되고 있다.

3) 시황성 자재 단가 Trend 분석 기술(엠로)

앞에서 구매 담당자의 가장 빈번한 업무 내용 중 견적 금액 비교에 관한 내용을 이야기하였다. 그와 버금가는 빈번하고 중요한 일 중에 하나는 바로 원자재 시황정보를 지속적으로 모니터링하는 일이다. 특히 원자재를 구매하는 원자재 구매 담당자의 경우 시시각각 변화하는 국제정서와 공급망 전체의 변화사항에 대해 달러 환율부터 시작하여 원자재 공급량, 각 국가별 물가지수, 원자재 운반 물류 비용 등과 같은 정보들을 매일 단위로 체크하고 관리하여야 한다. 최근 팬데믹뿐만 아니라 러시아-우크라이나 전쟁의 장기화로 인해 국제 시황성 자재들의 단가 변동이 매우 심한 시기일수록 이러한 업무는 매우 중요한 구매팀 본연의 업무가 될 수밖에 없다.

이러한 시황성 자재 단가의 Trend를 분석하고 관리하는 데 있어서도 당연히 사람보다는 자동화된 AI 시스템을 활용하게 되면 매우 효과적으로 대응이 가능하다.

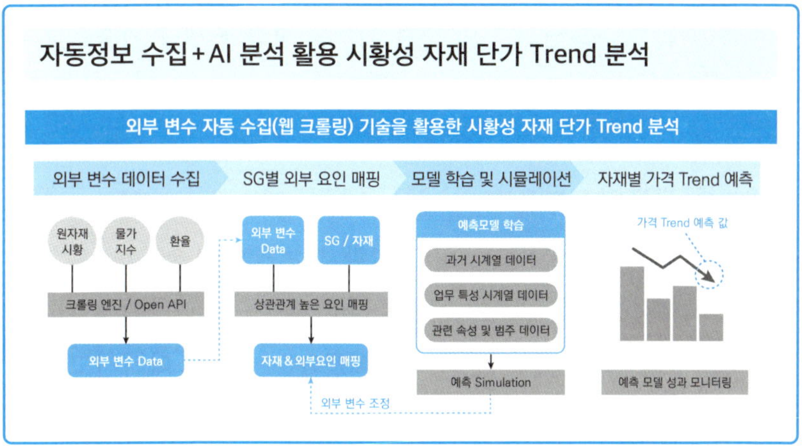

공급망 Risk 이슈에 따라서 변동이 심하게 발생하는 원자재 또는 원유, 철강, 희토류 등이 들어가는 부품들의 단가들에 대하여 정기적으로 체크해야 하는 외부 변수 Data들을 자동적으로 수집하는 웹크롤링 기술을 활용하여 빠르고 효과적으로 수집하게 하면 많은 시간을 줄일 수 있다. 이렇게 수집된 다양한 외부변수 Data들은 각 품목단위로 영향을 미치는 상관관계가 높은 요인들을 연계하도록 하고 이를 독자분들의 기업에서 주로 구매하는 자재 또는 품목군과 연결시킨 후 머신러닝을 통해 과거의 대량 Data를 학습시키고 이러한 학습 결과를 기반으로 AI를 통해 단가 Trend에 따른 미래 예측 값을 시뮬레이션하면서 최종 구매 의사결정에 활용이 가능하다. 국내 최고의 에너지 화학 기업인 S-OIL은 기업 경쟁력 향상을 위한 디지털 전환 전략의 일환으로 기구축한 구매 시스템에 시황성 자재 트렌드 분석에 관한 AI 기술을 접목한 구매 시스템 고도화 작업을 진행하였다. 과거 10년간의 내부 구매 데이터와 원자재 등 외부 시장 가격 변동을 고려한 가격 및 수요 예측 모델을 구축해 최적의 조달 시점을 판단에 해당 기술을 사용하고 있음을 밝혔다. 특히 S-OIL 구매관리팀장은 정유 에너지 산업은 대규모 투자비가 소요되는 장치산업으로 국제적인 시장 요인과 원자재 가격 변동성에 영향을 크게 받고, 설비의 기술적 복잡성과 고도의 전문지식이 요구되는 "특수한 영역"이라고 강조했다. 즉 AI 시황성 단가 Trend 분석에 관한 AI 기술이 실제로 기업 구매현장에서 기존의 전문가들의 업무 영역을 지원하거나 대체하는 수준에 다가서고 있음을 예상할 수 있는 부분이라 하겠다.

4) 지능형 비용분류 및 Spend 분석 기술(엠로)

앞에서 설명한 내용들이 주로 직접 원가, 즉 제품 생산에 투입되는 직접적인 원재료 부품 등의 직접비에 해당하는 영역을 설명하였다.

이번에 설명하는 내용은 기업에서 관리되어야 하는 비용항목 중에 간접비에 해당하는 부분에 AI 기술을 접목한 내용을 설명하고자 한다. 간접비 비용은 ERP 등에서 발생하는 다양한 전표 Data들을 활용하여 이를 정확히 식별하고 유형화 하여 해당 기업이 얼마나 많은 간접비의 비용을 사용하고 있는 지속적으로 모니터링하고 관리 가능하도록 AI 기술을 활용하는 것이다.

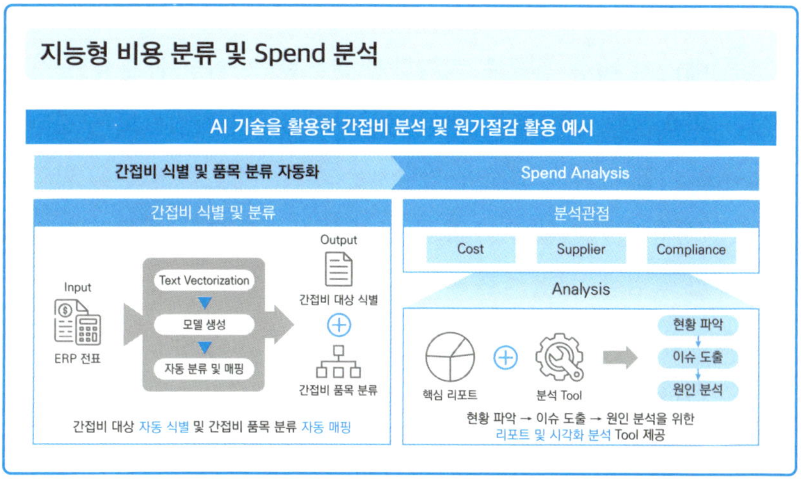

기업의 간접비 항목이 직접 원가보다는 상대적으로 덜 중요하고 그 금액 규모도 작을 수 있다. 그러나 삼성, LG, 현대차와 같은 대기업의 경우에는 마케팅 비용, 시설 유지관리비, 직원 출장비와 같은 간접비의 연간 규모는 제대로 관리되지 않는다면 큰 비용 부담으로 연결될 수 있는 수백억 원~수천억 원 규모에 달하는 경우도 많다. 특히 LG 그룹사의 경우 이러한 간접비 관리에 있어서도 전략적 구매방안을 적용하여 1,800억 규모까지 절감했던 사례는 언론과 "간접구매혁신-이교원" 저서를 통해 잘 알려진 바 있다. 이와 같이 간접비에 대한 분석과 관리는 구매 업무 분야의 또 하나의 중요한 부분이 될 수 있다. 달하는 것으로 알고 있다.

이러한 간접비용 분석에서 AI 기술은 방대한 ERP Data에서 지속적으로 관리 감독이 필요한 간접비용들을 식별하고 자동으로 비용 유형을 정의하고 이를 체계적으로 분류하게 된다. 해당 간접비들을 AI

자동 분류기능을 활용하여 출장/경비, 일반 소모품, 공사용역비용, 전자통신 에너지 비용 등으로 정확하게 분류한다. 이렇게 분류된 상세 정보는 비용규모, 규정준수, 대상 공급사의 3가지 관점으로 구분하여 관리하고 이를 전사 간접구매 담당자는 추세, 비중, 변동성을 파악하고 특정 상황에 대처할 수 있도록 구매 의사결정 또는 비용절감 정책을 적용할 수립할 수 있도록 지원한다. 이러한 업무는 AI 기술을 활용하지 않는다면 상당히 오랜 시간과 많은 인력들의 노력이 필요할 수밖에 없는 업무이다. 그리고 이러한 일들을 실제 사람이 담당하게 된다면 단순 반복업무와 실제 업무로 인한 부가가치 창출 요소가 낮기 때문에 오히려 사람이 지속적으로 하면 안 되는 업무라고 생각한다.

따라서 AI 기술은 무언가 복잡하고 고도화된 업무를 지원해 주는 데 사용할 수도 있지만 실제 기업의 활용에서는 사람을 통해서 단순 반복적으로 수행되는 부가가치가 낮은 영역부터 AI기술이 활발하게 도입될 것이라는 것은 쉽게 예상할 수 있다. 지금 이 책을 읽고 있는 독자 여러분들도 지금 내가 하고 있는 일 또는 내가 속해 있는 구매팀이 하고 있는 일 중에서 부가가치가 낮거나 시스템을 통한 반복작업들이 있다면 어떤 AI 기술을 활용해서 업무를 효율화할 수 있는지 생각해 본다면 의미 있는 시간이 될 것이라고 생각한다.

5) Data 기반의 물류네트워크 설계(SDS)

앞에서 구매업무 효율화 관점에서의 AI 기술 적용 사례를 알아보았다면 이번에는 물류 공급망 네트워크를 최적화하는 부문에서의 사례를 알아보고자 한다. 복잡해지는 공급망 네트워크상에서 아무리 효율적인 구매전략 또는 재고 운영 방안이 만들어 졌다고 할지라도 실제로 재고 또는 완제품이 운송수단을 통해 원활하게 이동 가능한 물류 환경이 최적화되어 있지 않는다면 병목현상을 나타내게 될 것이기 때문이다.

물류 전문 AI 시스템 활용 물류 공급망 네트워크 최적화

공급사, 수요처 물동 Data 활용 + 위치 기반 AI 모델링 수리 분석 활용

● RDC(Regional Distribution Center)

Background

✓ 배경
- 고객사 북미 21개 창고 운영 중
- 통합운영의 적정성 및 효율성 검토

✓ 목적
- 수요집중도 기준 통합가능성 검토
- 시뮬레이션 기반 최적 입지 선정
- 선정된 최적 입지의 예상 물동 및 적정재고 등 Capacity 상세 정의

Constraints

✓ Coverage
1. 셔틀운송 및 배송 L/T 충족 여부
2. 예상수요/물동량 커버 가능 여부

✓ Cost
1. 물류창고 운영을 위해 요구되는 모든 창고비용
2. 고객배송 운송비
3. 간선 운송비

Test Scenarios

	1 Hub	2 Hub
0 RDC	Scenario #1	Scenario #2
2 RDC	Scenario #3	-
3 RDC	Scenario #4	-

- 각 시나리오별 예상 총 물류비용 비교
- 각 시나리오별 지역별 조건을 고려하여 총 운송Lead Time 비교 (S01~S04)

해당 내용은 삼성SDS가 보유하고 있는 첼로(Cello) 솔루션과 경험 Data를 활용하여 미국의 거대한 시장에서 원활한 부품의 공급과 완성품의 판매를 위한 공급망 네트워크를 구성하는 사례에 해당한다. 내용을 살펴보면 미국의 전역을 감당하기 위해서 현재는 미국 전역에 21개 운송창고를 운영하고 있는 상황에서 과연 이러한 규모의 운송창고를 운영하는 것이 최적화되어 있는 것인지에 대한 검토가 필요하다. 그리고 향후 지속적으로 늘어나는 물동량을 효과적으로 관리하기 위해서 신규 운송창고를 운영한다면 어느 지역에 위치시키는 것이 좋은지에 대한 의사결정 과정을 Data와 AI를 활용한 지리적 위치 모델링 그리

고 물류비용에 대한 수리적 분석들을 활용하여 최적의 운송창고 위치와 공급망 최적화 결과를 시나리오 기반으로 결과를 도출하는 기술이라고 하겠다.

기존에는 기업에서 이러한 공급망 네트워크 재구성을 위한 의사결정을 하려면 다년간 SCM 공급망을 관리했던 현직 담당자 또는 SCM 전문 컨설턴트가 다년간의 기업 내부 Data를 엑셀 또는 그 이외의 Data 분석 툴을 활용하여 반복적으로 다양한 시나리오를 고려하여 최종적인 결과를 만들어 내는 방식이 유일한 방법이었다. 그러나 이러한 방식을 적용하기 위해서는 정리되지 않은 무수히 많은 Data를 실제로 활용할 수 있도록 고치고 수정하는 데 많은 시간과 노력이 필요하고 최종적으로 결론을 도출하기까지는 너무 많은 시간이 소요된다.

빠른 의사결정과 최적의 공급망 네트워크를 구성하기 위해서는 결국 AI 분석 알고리즘을 적용하는 것이 가장 효율적이라고 판단하였다고 한다. 그리고 AI 기술을 활용하여 기존에는 수개월에 걸쳐서 진행되던 공급망 재구축의 의사결정 과정을 유럽의 공급망을 재구성하는 데 1개월, 미국의 공급망 재구성에 대한 의사결정을 하는데도 2~3개월 이내에 결론을 도출할 수 있었다고 한다.

6) AI 기반 웬디스버거 공급망 효율화 기술(팔란티어)

지금까지 앞에 설명했던 내용들은 구매업무와 공급망 물류 관리에 있어서 세부 업무 단위로 AI 기술을 활용한 사례를 알아보았다. 마지막으로는 미국의 팔란티어 기업이 미국 내 가장 유명한 햄버거 패스트푸드 체인 중의 하나인 웬디스 기업을 대상으로 방대한 Data와 AI 모델을 활용하여 직접적으로 원가절감 및 공급망 혁신을 달성한 상세한 내용을 알아보고자 한다.

미국 웬디스 버거 운영을 위한 공급망 효율화 이슈

미국 Wendy's 버거 기업 규모	신선한 햄버거 제공을 위한 공급망 관리 이슈
• Wensy's 버거 6,450개 프렌차이즈 점포 보유	• 통상 30일 재고 유지 총비용 3억 7천만 달러 규모
	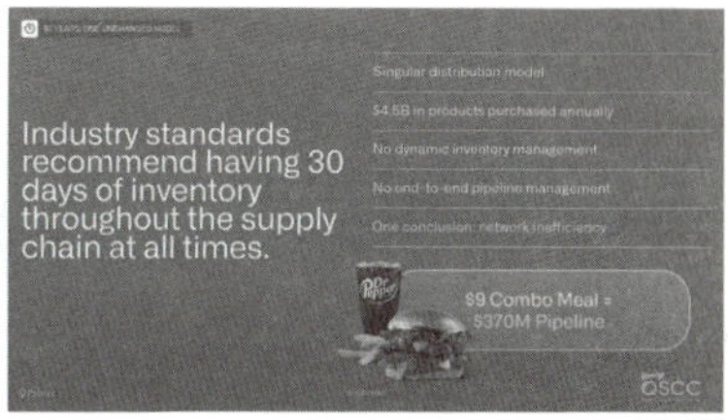

미국의 웬디스버거는 미국 전국에 6,450개의 햄버거 식당을 운영하고 있는 최대의 프랜차이즈 기업 중에 하나이다. 당연히 저렇게 많은 프렌차이즈 식당을 운영하기 위해서는 아주 많은 재료와 물류 운송에 대한 막대한 자원이 투입되어야 한다. 특히 웬디스버거가 더 복잡한 공급망 관리를 해야 하는 이유는 웬디스버거의 시그니처 메뉴 햄버거를 만들기 위한 주재료들은 냉동 소고기가 아닌 미국의 신선한 소고기를 적시에 납기해야 하기 때문이다. 이를 위해 미국 전역에 3,500대의 운송 트럭을 운용해야 하며 철도, 선박을 이용한 물류망을 총동원해야 한다. 또한 250개의 배송 지점을 가지고 있고 대규모 유통 물류센터를 34곳이나 운영해야 하는 정말로 난이도 최상의 공급망 관리 기술이 필요한 기업 환경에 놓여 있었다.

이러한 상황이다 보니 미국 전역에 9달러짜리 햄버거 세트 메뉴를 판매하려면 통상적인 30일 기간의 안전 재고를 보유해야만 하는 이슈를 안고 있었으며 이 30일 기간의 안전재고 금액은 3억 7천만 달러(약 4,900억 원)의 재료를 항시 보유하고 있어야 하는 문제를 가지고 있었다. 여기서 더 나아가 막대한 금액의 안전재고를 가지고 있더라도 미국 전역에 퍼져 있는 웬디스 점포별로 재고 소진 현황이 제대로 관리되지 않는 다면 재고를 가지고 있어도 적재적소에 투입하지 못하는 경우 불용재고 또는 유통기한 만료에 의한 폐기처분까지도 감수해야 하는 상황에 놓여 있었다.

웬디스 경영진과 재료 공급을 담당하는 웬디스 퀄리티 공급망 협력사(QSCC) 그룹의 리더들은 이러한 문제를 해결하기 위해 다양한 전문가들과 다양한 IT 솔루션 도입을 시도했지만 대부분의 문제 해결에 실

웬디스 AI 기반 공급망 관리 시스템 구성

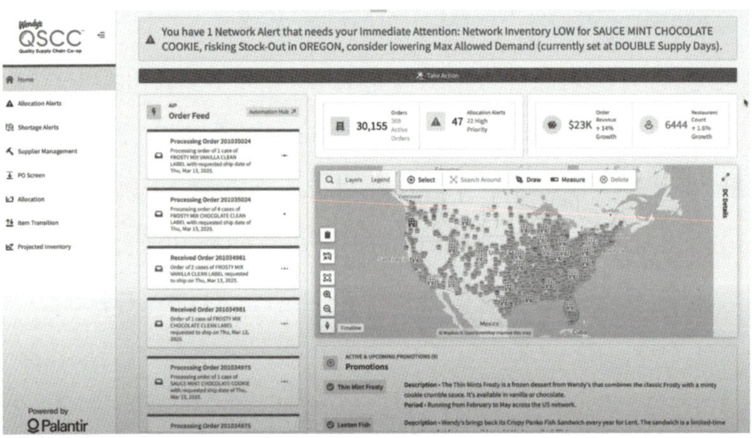

패했다고 한다. 그 이유는 이러한 복잡한 웬디스의 신선한 재료 공급을 유지하기 위한 완벽한 문제 해결을 위해서는 6,450개의 햄버거 식당의 세일즈 정보와 250개 배송 지점, 34개 물류 센터는 물론 3,500대의 물류 현장에서 운영 중인 트럭 정보를 모두 엮어서 종합적으로 관리되어야 하기 때문이다.

웬디스의 경영진과 공급망 협력사 그룹 리더들은 점점 더 올라가는 인건비 비용과 미국 전국을 감당해야 하는 대규모 물류망 유지를 위한 비용 증가 등을 해결해 주고 불용재고 또는 폐기되는 재료가 발생하지 않도록 하기 위한 노력과 방법들을 찾았지만 팔란티어의 솔루션을 도입하기 전까지 다른 IT 기업들은 불가능하거나 이를 위해서는 다양한 유형의 Data들을 정비하고 다시 해당 Data를 실시간으로 분석하고 이를 바탕으로 의사결정하고 배송지시를 내려야 하는 이상적으로는 가능하지만 실제 구현하기 어렵다는 결론에 도달했다고 한다.

그러나 팔란티어 기술진과의 최초 미팅에서 웬디스 측은 공급망 효율화의 이상적인 목표를 이야기했을 때 어디부터 시작하면 좋을지에 관한 이야기를 나누었고, 결론적으로는 그들이 생각하는 이상적인 공급망 관리 시스템의 구축에서 더 나아가 지역별 마케팅 결과에 따라 물류 이동 속도를 극대화하는 방안까지 적용 가능하다는 답변을 도출했다고 한다.

팔란티어 AI Agent를 활용한 마케팅 대응 및 재료 결품 대응 방안

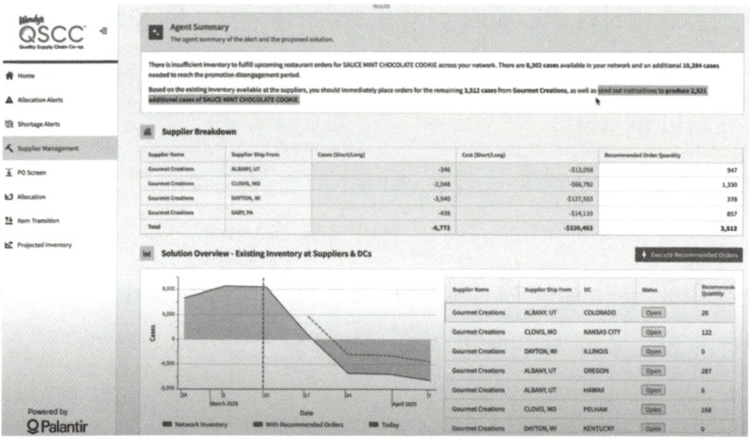

팔란티어의 솔루션을 통해서 웬디스는 가장 고도화 된 공급망 네트워킹 구조를 만들고 파트너사 60개사의 Data를 통합하여 연계하게 되었으며, 250개의 배송 지점을 촘촘하게 연결하고 기존 15명이 하루 종일 해야 하는 재고관리와 물류 재배치의 작업을 1명의 인원이 하나의 시스템을 통해 실기간으로 Data를 보며 진행할 수 있게 되었다고 한다.

해당 내용은 매년 팔란티어가 IT 솔루션에 기술력을 공개하는 AIPcon 행사에서 동영상으로도 자세하게 공개 되었다. 특히 나에게 인상적이었던 장면은 실제로 웬디스 지점 6,450개의 모든 Data가 실시간으로 분석되면서 마케팅 행사가 진행되는 지점에 빠르게 물량이 소진되게 되자 이를 문제라고 판단하고 AI 시스템에 이러한 문제에 대한 이슈사항을 알려주는 장면이었다. 그리고 이렇게 문제사항이 전달되고 끝나는 것이 아니라 재고부족이 발생할 수 있는 3개의 지점을 빠르게 확인하고 주변에 있는 여유재고가 확보되어 있는 지점의 안전 재고를 이동시켜 문제를 빠르게 해결하는 방법을 추천해 주고 대응하는 장면이었다. 웬디스의 팔란티어 시스템은 단순히 의사결정 정보만을 제공하는 것이 아니라 AI를 통해 전달된 의사결정 결과를 사람이 확인한 후에 그야말로 실행(Execution) 버튼만 누르면 작동하도록 시스템을 구현해 놓은 것이었다. 이제 기업용 B2B 시스템에서 AI 시스템의 활용은 단순히 의사결정을 하기 위한 다양한 정보를 시각적으로 보여주는 참고용 시스템으로 머물러 있는 것이 아니라 실제로 기업의 공급망 이슈와 구매 관련 문제들에 적극적으로 개입하고 이를 스스로 판단하여 해결책을 실행하는 수준에 와있음을 확인할 수 있었다.

7) AI 기반 하이네켄 미래 수요예측 기술(팔란티어)

하이네켄은 독자 여러분들도 잘 알듯이 세계적인 맥주 브랜드 이다. 특히 유럽 축구를 사랑하는 사람들이라면 하이네켄이 UEFA 챔피언스리그 공식 스폰서이기 때문에 전 세계 남자들은 거의 다 아는 기업이라고 보면 되겠다.

이러한 하이네켄은 전 세계에 맥주를 제대로 공급하기 위해서는 복잡한 글로벌 공급망을 제대로 관리해야 한다. 전 세계 하이네켄의 공급망 관리를 책임지는 최고운영책임자(COO: Chief Operation Officer) 로렌스(Lawrence)에 의하면 하이네켄은 그 어떤 맥주 기업보다도 이미 글로벌 공급망 관리를 최고의 수준으로 해오고 있던 기업이라고 자부했다. 그들은 전 세계에 최적의 맥주 공급을 위해서 바다와 육지로 이동하는 컨테이너의 33,000개, 세계 전역의 9곳의 핵심 거점과 연계된 66,000대의 배송트럭을 꼼꼼하게 관리하여 최종적으로는 450개 유통망을 통해 하이네켄 맥주를 공급한다.

AI 기반 하이네켄 수요예측 "빨리감기" 전략

Heineken이 관리하는 공급망 물류 수준	넷플릭스 영화보듯 "빨리감기"를 통한 수요예측
• 33,000개의 컨테이너, 450개 유통망 관리 필요	• AI를 통한 미래 수요 예측을 통해 공급 Risk 차단

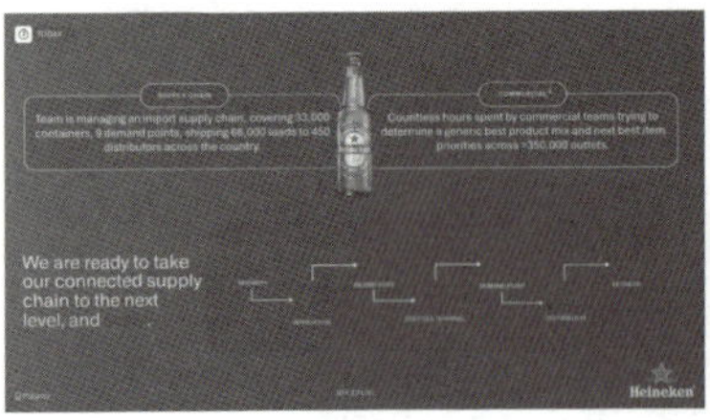

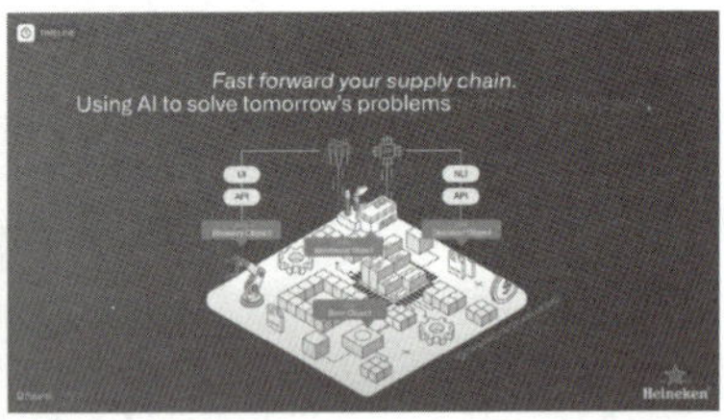

이렇게 복잡하고 촘촘한 공급망 네트워크를 한치의 오차도 없이 잘 운영해 오던 하이네켄 기업에게도 풀지 못하는 오래된 숙제가 있었다고 한다. 그것을 바로 미래 수요 예측에 관한 것이다. 맥주의 경우도 신선식품(?) 정도는 아니지만 유통기한이 오래되면 오래될수록 맥주의 신선도와 풍미가 떨어지기 때문에 그들은 정확한 수요예측을 통해서 각 시즌별로 정확한 생산량을 기반으로 재고를 최소화할 수 있는 미래 예측에 가까운 수요예측이 반드시 필요한 상황이었다.

사실 기업에서 수요 예측이란 영원히 정답을 맞추기 어려운 답 없는 수학 방정식과 같은 존재라고 할 수 있으며, 오죽하면 수년간 수요

예측 전문가들도 '수요예측은 틀리기 위해서 하는 것'이라는 말을 하고는 한다. 하이네켄의 경우도 크게 다르지 않게 수요 예측을 위해서는 ERP 등에서 발생하는 입고 Data, S&OP(생판협의) Data 등의 다양한 Data들을 Power BI 프로그램을 활용하여 분석하고 이를 시각화하는 노력을 했었다. 다만 이러한 Data들은 실시간성이 떨어지고 미래에 대한 변수를 반영하기에는 모두 과거 지표를 활용하는 방식이었기 때문에 실제 미래의 수요 예측치를 정확성 있게 찾아내는 데 큰 효과를 보지 못하고 있는 상황이었다. 이러한 충분한 효과를 보지 못하는 수요예측 체계를 만드는 데 거의 3년의 기간이 걸렸다고 한다. 그런데 팔란티어의 기술자들, 즉 타이거 팀은 이를 3개월 만에 해결했다고 한다.

하이네켄 AI 기반 미래 수요예측 및 공급망 대응 시스템

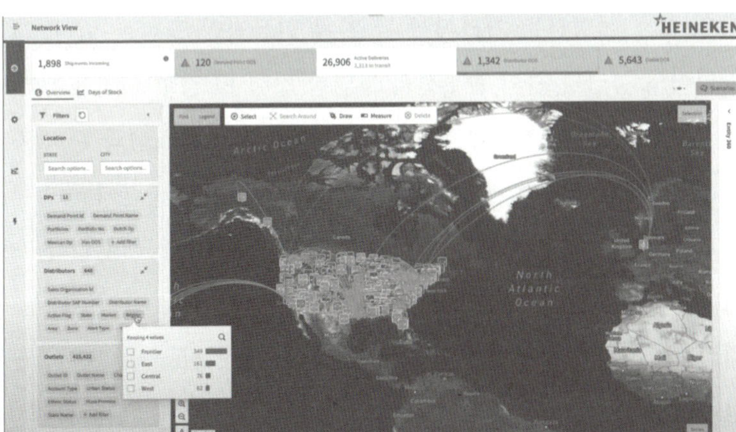

하이네켄의 수요예측과 관련하여 팔란티어의 기술팀은 이미 존재하는 다양한 Data들을 팔란티어 Foundry 기술과 'Abu', 'Dr.Dre', 'Smart Shipping' AI 알고리즘을 활용하여 공급망에서 발생할 수 있는 재고 부족 및 품절, 공급망에서의 물류 체증, 그리고 수요예측의 문제를 3개월 만에 해결할 수 있었다고 한다. 팔란티어의 솔루션을 도입하기 이전에는 하이네켄의 경우 전 세계적인 공급과잉이 발생하면 이를 수동으로 속도조절을 하는데 무수히 많은 Data를 활용하고 인공위성까지 이용하여 맥주를 실은 컨테이너 선박의 위치까지 추적관리해야 했다. 그리고 이러한 일들은 자동화 AI에게 맡기기에는 너무 생각해야하는 변수가 많아서 AI를 통해 자동화할 수는 없을것없을 것이라고 생각하고 있으나, 팔란티어는 이러한 어려움을 모두 제거하고 미래 수요 예측을 할 수 있는 답을 찾았다고 한다.

하이네켄 COO 로렌은 팔란티어 솔루션을 기업 내부에 도입하고 효과에 대해 설명하는 자리에서 두 가지 인상적인 표현을 했다. 그는 팔란티어의 공급망 관리 솔루션을 도입한 것이 FI 경주용 자동차에 예를 들어 설명하면서 기존의 하이네켄 공급망 관리 시스템과 관리 체계는 FI 자동차의 차체(새시)밖에 가지고 있지 않았는데 팔란티어 솔루션은 F1 자동차에 엔진을 달아준 것과 같은 속도를 내게 해주었다고 밝혔다. 즉 맥주 재고와 물동에 대한 대응의 속도가 매우 빨라졌다는 것이다. 그리고 가장 중요한 미래의 수요예측에 있어서는 팔란티어 솔루션을 도입한 이후에는 마치 넷플릭스의 영화를 보면서 '빨리감기' 기능을 활용하는 것처럼 자유자재로 미래에 하이네켄의 공급망 전체에 공급 부족이 발생하는지 공급과잉이 발생하는지를 손쉽게 파악할 수 있게 되었음을 밝혔다.

AI 기술은 함께 일하는 동료 - 팔란티어, AI 기술은 위협이 아닌 새로운 파트너(Human in the Loop)

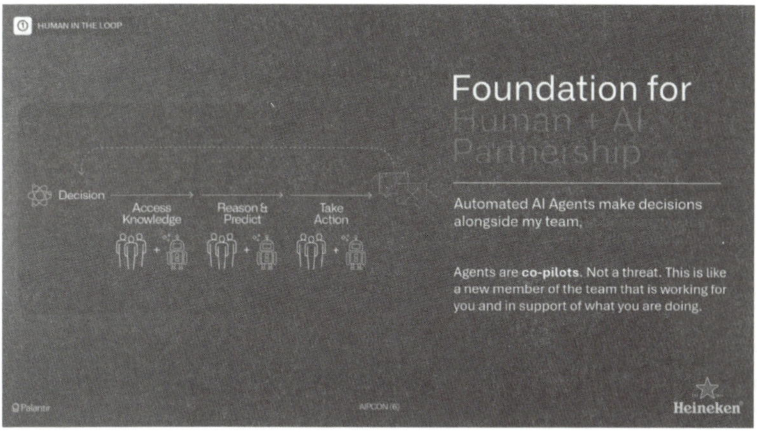

하이네켄의 사례 마지막 설명에서 나는 구매 SCM 컨설턴트로서 가장 인상 깊은 장면을 설명 들었다.

팔란티어의 기술을 도입한 하이네켄의 COO는 AI 기술은 잠재적인 위협을 안겨 주는 그러한 존재가 아니라 인간과 함께 일하는 파트너라는 표현을 반복적으로 이야기하였다. 팔란티어의 AI Agent는 하이네켄의 공급망 관리팀의 새로운 멤버 중에 하나이며, 기존의 공급망 관리 멤버들과 지속적으로 지식을 나누고 미래 예측을 협의하고 실제로 공급망 관리 업무를 실행하는 하나의 동료라는 표현을 하였다.

앞에서 설명한 웬디스의 AI 활용 사례와 같이 AI가 단순히 의사결정 정보만을 전달하는 것이 아니라 재고관리 실행 영역까지 담당하는 Case, 그리고 하이네켄의 Case처럼 미래 수요예측을 하는 데 단순한 기계 또는 알고리즘이 아닌 하나의 새로운 팀 동료로 받아들여지는 시대에 우리는 살고 있다.

하루가 다르게 발전하고 있는 AI 기술은 더욱더 많은 기업에서 확인될 것이고 전 세계로 확산될 것이라고 생각한다. 그러한 과정에서 더 많은 구매혁신이 일어나게 될 것이다. 이 책의 독자 여러분 그리고 나와 같은 전문 컨설턴트들의 경우도 이제는 이런 AI 기술과 함께 성장하고 진정한 의미의 구매혁신을 더 빠르게 수행할 수 있는 공존의 방향에 대해 깊이 있게 고민해야 하는 시간들이 우리 앞에 놓여 있다.

4 AI 시대, 대체 불가 구매 전문가로 남는 법

AI 기술은 기업들의 구매혁신을 달성하는데 더욱더 많이 도입되고, 점점 더 많은 일들을 해내게 될 것이다. 또한 이러한 변화는 구매담당자의 업무를 근본적으로 변화시킬 것이라고 쉽게 예상해 볼 수 있다. 그렇다면 우리는 어떻게 해야 하는 것일까? 나는 잠깐 SF 영화와 같은 상상을 해보았다.

AI의 도입을 최대한 막아 가며 그들과 싸워 물리쳐야 하는 것일까? 아니면 그들과 같이 협력해서 구매혁신이라고 공동의 목표를 쟁취할 것인가?

이 질문들에 대한 답변은 이미 독자 여러분들도 알고 있을 것이다. 우리는 AI와 싸워서 이길 수 없다. 아니 정확하게는 싸울 필요가 없다. AI 기술에 대한 이해를 바탕으로 새로운 업무역량을 습득하고 단순히 기술만으로 해결할 수 없는 복잡한 구매전략 및 공급망 관리와 관련된 숙제들을 지속적으로 풀어가는 것이 진정한 구매 전문가로 성장해 나가는 길이 될 것이다.

이 책의 마지막에는 AI 기술이 전면적으로 도입되는 새로운 시대에도 대체 불가한 구매 전문가가 되어서 구매혁신을 이끄는 핵심 인재로 성장하기 위한 방법에 대해 고민해보고 어떤 준비를 하면 좋을지에 관해 이야기하고자 한다.

그러기 위해서는 AI 기술을 통해 구매 및 공급망 관리 분야에서 AI 기술이 가장 빠르게 도입되고 변화, 발전시킬 업무 영역들에 대해서 정리가 필요하다. AI라고 해서 무조건 인간이 일하는 경우보다 뛰어나지는 않을 것이고 아마도 AI 기술이 가장 효율적으로 운용될 수 있는 영역부터 점차 점령을 해올 테니 말이다.

AI 기술은 기본적으로 Data를 바탕으로 움직이는 업무 체계라고 할 수 있다. 구매 업무 처리과정에서 발생하는 각종 견적 Data, 재고 확인, 납기 확인, 원가 비교 등과 같은 반복적이고 소모적인 작업을 우선적으로 자동화하기 시작할 것이다. 이러한 업무는 주로 기업의 구매 담당자 역할 중에서도 꼭 해야 하는 중요한 업무에 해당하지만 업무의 생산성 면에서 본다면 가치가 높지 않은 업무에 해당한다. 따라서 위와 같은 업무들은 구매 부서의 신입 또는 저연차 업무 담당자들이 맡고 있는 경우가 많다. 하지만 이렇게 만들어진 구매 Data를 바탕으로 종합적이고 최종적인 의사결정을 담당하는 것은 구매 부문의 경험과 다양한 상황 변수를 이해하는 구매 업무의 고참들, 즉 구매 전문가들이 담당해야 하는 일들이다. 따라서 이 책을 읽는 독자 여러분들은 앞으로도 AI가 만들어내는 다양한 Data 기반의 정보들을 종합적으로 이해하고 이를 바탕으로 창조적인 구매혁신 방법을 만들어 내는 의사결정자로의 역할에 집중하는 것이 AI 시대에도 대체불가 구매 전문가로 살아남을 수 있는 가장 현실적인 방법이라 생각한다.

그럼 이 시점에서 AI 기술을 통해서 구매 및 공급망 관리 분야에서 가장 많은 적용이 예상되는 활용 포인트와 그러한 AI 기술을 바탕으로 인간으로서 아니 구매 전문가로서 필요한 역할들을 정리해 보도록 하자.

주요 구매 업무 분야	AI 기술 주요 활용 포인트	구매 전문가 필요 역할
업체 선정 및 조달 업무	• Data 기반의 공급업체 분석 • 비딩 과정에서 발생된 견적 금액 비교 및 업체 선정 결과 이력관리 • 단가 계약 변화 관리	• 전략적 공급업체 관계 구축 및 협상 • 신규 협력사 또는 위기 시 대체 협력사 발굴 및 협력사 역량 강화 • 구매 계약 독소 조항 식별 및 회피
수요 예측 업무	• 대규모 수요 Data 패턴 분석 • 수요 변화에 따른 안전재고 규모 분석	• 예측 결과에 계절적, 시기적 특성 반영 • 생산 활동, 시장 판매 현황 등 종합적 사고와 통찰에 기반한 의사결정
재고 관리 업무	• 재고 현황 파악/현장 재고 실시간 파악 • 안전 재고 미달 시 자동 발주 처리	• 품목 단종, 이원화 등을 고려한 재고 수준 관리 및 발주 통제 • 환율, 원자재 Risk 등 사전 대응 재고 보유

납기 및 물류 관리 업무	• 납기 일정 및 입고 가능 Data 분석 • 물류 이동, 물동 현황에 대한 실시간 분석	• 협력사 CAPA 고려 납입 계획 최적화 • 품목 특성(장납기, 단납기)에 따른 전략적 납기 물류 계획 수립
공급망 위험 관리 업무	• 공급망 Risk 관련 기준 Data 집계 • 위기 상황 발생 시 신속한 대응 메시지 전달	• 공급망 Risk 발생 시 영향 범위 파악 • 지속적 Risk 회피를 위한 공급망 이원화, 부품 공용화 기획

표로 정리된 내용과 같이 AI가 많은 주요 구매업무 분야에서 기존에 부서 초임 또는 주니어 담당자들이 수행해 주던 파트너 역할을 집중적을 대체할 수 있게 될 것이다. 이는 AI와 경쟁자가 관계가 아니라 함께 일할 파트너 관계임을 명확하게 보여준다고 하겠다. 실제로 AI 기술을 활용하여 구매 전문가는 비판적, 종합적 사고를 바탕으로 그야말로 "전략적 사고와 합리적 의사결정"이라는 전문가의 역할을 계속해서 수행해 나간다면 AI로도 대체할 수 없는 구매 전문가로 우뚝 서 있는 자신을 보게 될 것이다.

그렇다고 모든 것을 AI에게 맡겨 놓고 최종 결정만 하는 구매 전문가는 존재할 수도 없고 그런 자리에 있는 전문가라면 진정으로 AI 시대의 구매 전문가로서 인정 받기 어려울 것이다. 따라서 이 책의 독자 여러분들은 새로운 AI 기술에 관심을 가지고 가능하면 이를 배우고 익혀서 구매혁신의 현장에서 사용할 수 있어야 할 것이다.

내가 생각하는 AI 시대에 구매 전문가로서의 핵심역량은 두 가지로 요약할 수 있다. 첫 번째는 AI를 활용해서 대용량의 구매 Data를 가공하고 분석할 수 있는 역량이다. 그리고 두 번째 역량은 이렇게 AI를 통해 생성한 Data를 종합적으로 이해하고 그야말로 "전략적 구매혁신"에 적용하는 역량이라고 하겠다. 그럼 AI 시대의 구매 전문가의 필수 역량에 대해서 좀 더 자세하게 알아보자.

1) AI 기술 및 머신러닝에 대한 기본적 이해와 습득

늘 바쁘고 시간에 쫓기는 구매 담당자들이 지금도 쏟아져 나오는 새로운 AI 기술들을 모두 배우고 익힐 수는 없는 것이 현실이다. 이러한 어려운 상황 속에서도 기본적으로 대용량 Data 분석에 도움을 주는 AI 기술들에 대해서는 관심을 가지고 기본적인 분석 역량을 배워두는 것은 기업 구매 현장에서 언제나 큰 도움이 될 수 있다. 모든 구매팀에는 엑셀을 기가 막히게 사용하는 구매 부서의 전문가 1명 정도는 쉽게 목격된다. 그러한 능력자는 구매 부서에서 주목받고 여러 선후배들과 협업하는 위치를 차지하고 있으며 언제나 가장 유능한 직원으로 평가되는 경우가 많이 목격될 것이다. 이와 같이 구매 Data를 자신이 목적한 바에 따라서 가공하고 이를 시각화하는 기술들에 대해서는 지속적으로 관심을 가지고 익혀보기를 추천하다. 그리고 이제 엑셀은 그만 괴롭히도록 하자.

Open AI의 ChatGPT, Google의 Gemini 등의 기능을 활용해서 Data를 분석하고, 전 세계의 다양한 새로운 정보들을 연결하는 연습을 해보는 과정은 누구에게나 도움이 될 것이라고 생각한다. 여기서 더 나아가 자신이 속해 있는 기업의 구매 Data를 더 많은 사람들과 공유하기 위해서 보다 전문적인 기술을 사용 가능하다면 좋을 것이므로

Power BI, Python, Tableau 등과 같은 대용량 Data 처리 및 Data 시각화 도구를 배워둔다면 AI 시대에 진정한 구매 Data 분석 전문가로 누구에게나 인정을 넘어 사랑을 받을 것이다.

2) 구매 Data 품질 평가 및 통합적 Data 연계 능력 강화

AI를 활용한 대용량 Data 분석 결과는 늘 정확하고 올바른 것이라고 무조건 믿어서는 안 된다. 이미 많은 사람들이 알고 있는 것처럼 AI는 우리가 생각하는 것보다 거짓말 또는 틀린 말을 많이 한다. 이는 AI 기술의 취약점 중에 하나인 환각(Hallucination) 현상 때문에 발생하는 것이다. 따라서 구매 전문가는 AI를 활용하는 과정에 반드시 AI의 분석 결과를 의심하고 확인하는 과정을 중요시하고 꼼꼼하게 점검해야 한다.

또 하나, 기업 내에 구매와 관련된 Data는 하나의 시스템, 하나의 엑셀 시트에 정리되어 있지 않다. 대부분 ERP, MRP, MES, SRM과 같은 다양한 시스템에 분산되어 있으며 Silo화(고립화)되어 있기 마련이다. 따라서 깊이 있는 Data 분석을 위해서는 각 Data들의 상호 연관 관계를 이해하고 함께 통합적으로 연계하여 결과 값을 만들어 내는 역량을 익혀야 한다. 적어도 효과적인 납기관리와 불용재고를 최소화 하려면 생산계획에서부터 완제품의 팔림세와 관련된 S&OP 정보는 함께 분석해야 하는 것이 기본이다.

3) 종합적, 윤리적 사고에 의한 비판적 활용

AI는 방대한 데이터를 처리하고 예측하는 데 탁월하지만, 복잡한 시장 변수, 윤리적 판단, 예상치 못한 공급망 Risk 대응 등과 같은 종합적인 고려가 필요한 부문에서는 이해가 부족할 수 있다. 따라서 진정한 구매 전문가는 AI가 생성한 데이터 및 분석에서 잠재적인 편향, 오류 또는 누락을 식별하고, Data 분석 결과에 대한 맥락을 적용하며, 인간이 가지는 가장 우월한 기능에 해당하는 의문을 제기하고 비판적 사고를 통해 그 활용 범위 등을 명확히 구분해야 한다. 특히 최종적으로 전략적인 구매 의사결정을 하게 되는 순간에 그러한 의사 결정이 기업의 내부 사규 기준에 위배 또는 반하게 되거나 사회적, 도덕적 해이를 부추기는 의사결정이라면 그 적용과 활용에 있어서 보다 조심스러운 접근이 필요하다. AI에게는 당연히 철학과 윤리적 감정이 없으니까 말이다.

Data 분석과 의사결정에 AI가 관여는 하게 하지만 실제로 그 결과를 바탕으로 전략을 수행할 때의 투명성, 책임 범위, 윤리적 책임은 구매 전문가 바로 독자 여러분의 손과 머리에 달려 있음을 잊어서는 안 된다.

끝으로 아무리 AI 기술이 고도화되어 구매혁신과 공급망 관리 업무영역의 대부분을 차지하게 된다고 하더라도 궁극적으로 "강력한 협업 능력"과 업무 담당자들과의 "소통 능력", 즉 소프트 스킬(Soft Skill)은 영원히 사람의 기술로 남을 것이다.

독자 여러분들께 AI 시대에 구매 전문가로 살아남을 수 있는 최고의 조언을 한 가지 드릴 수 있다면, 나는 주저 없이 "협업과 소통"을 이야기할 것이다. 전략적 구매혁신 전문가는 기업 내부에서 좁게는 구매 부서의 팀원, 넓게는 생산, 연구 부서 및 임원들 과의 진심 어린 소통, 그것을 바탕으로 한 설득과 협상을 해나가는 것이 업의 본질이고 이러한 업의 본질은 AI 시대에도 변하지 않기 때문이다.

참고 문헌 및 관련 자료

1. 2025년 주목해야 할 공급망 전략 5가지
   - AT Kearney 공급망 보고서. 2025. 02
2. 트럼프 2.0시대 한국의 경제안보 리스크와 대응방안
   - INSS 전략보고 저자 김경숙
3. 트럼프 2시 행정부 출범 후 북미교역 불확실성 대응 전략
   - 딜로이트 주간 글로벌 리뷰. 김사헌. 2025. 02
4. 글로벌 공급망 재편이 가져올 변화
   - 삼일 PWC 경영연구원. 2023. 05
5. 트럼프 2.0 시대 도래에 따른 영향점검
   - 삼일 PWC 경영연구원. 2024. 11
6. 트럼프 2기, 미국과 중국의 수출통제에 따른 우리 기업의 공급망 리스크 인식과 시사점 - 한국무역협회 진 실, 박소영 연구원. 2025년 8호
7. 공급망 위기, 재편의 4대 핵심 드라이버 및 2단계 대응전략
   - AT Kearney 공급망 보고서. 2023. 08
8. 트럼프 2기, 아시아 지역내 글로벌 공급망의 변화
   - 서울대 아시아연구소. 아시아 브리프 권현지, 이준구. 2025. 03
9. 물류경쟁력의 핵심, Cello를 통한 물류운영의 디지털 전환
   - Cello Square Conference 2025. 삼성SDS 김찬용 팀장. 2025. 03
10. 구매비용 절감 AI기반 디지털 구매 혁신
    - Cello Square Conference 2025. 엠로 영업팀장 김기현 전무. 2025. 03
11. 머니투데이 <한국 GM 높은 원가 구조> 2019. 07
12. 매일경제 <기업 구매혁신이 필요한 이유> 2009. 09
13. 동아비즈니스 리뷰 <불확실성 시대, 구매혁신이 살길> 2008. 10

14. 전자신문 <현대차 '바츠' 세계최대 e마켓으로 육성> 2007. 12
15. 현대차 VAATZ 구성 및 개발관리 체계 - 엠로. 2010. 06
16. 전자신문 <LG전자 글로벌 구매혁신 성공의 비결> 2010. 10
17. 전자신문 <기업 경영 효율화 구매혁신에서 찾아라> 2014. 10
18. 이코노미 조선 <삼성전자 33배 폭풍 성장> 2013. 05
19. 중앙일보 <삼성 신경영 20주년 특집기사> 2013. 06
20. 연합뉴스 < LG전자, 글로벌 구매혁신 경쟁력 공인> 2016. 11
21. LG 경제연구원 <신제품 개발과 구매> 2001. 05
22. 전자신문 <구매혁신의 핵 "개발구매"> - 이혜영 CEO. 2010. 12
23. 신제품 개발과 구매 - LG 경제연구소 2001. 김경태 연구원
24. 제조기업 개발구매추진실무 - 엠티컨설팅, 목진환 박사
25. 개발구매에 대한 이해 및 적용 - 엠로 사내 교육자료
26. 삼성전자, 반도체 '개발구매팀' 신설 - 전자신문. 2008. 07
27. 불확실성의 시대, 구매혁신이 살길 - 동아비즈니스 리뷰. 2008. 10
28. 개발구매 '전략을 넘어 엔지니어링 영역으로 - IBM. 소윤창. 2006. 07
29. 구매혁신 CASE: 삼성전자 - 동아비즈니스리뷰. 2010. 04
30. 개발구매 개요 및 체계구축을 위한 선결과제 - 엠로. 2011. 07
31. [구매란 무엇인가] 정경식 지음. 도서출판 봉명. 1999
32. [기업경쟁력 창출을 위한 구매관리] 최정욱. 박영사. 2009
33. [팀 쿡] 린더 카니 지음. 안진환 옮김. 다산북스. 2019
34. [공급망관리 성공전략] 주재호 지음. 성안당. 2022
35. [공급망 붕괴의 시대] 피터S 굿맨 지음. 장용원 번역. 세종서적. 2025
36. [디커플링과 공급망 전쟁] 이철 지음. 처음북스. 2023
37. [알기쉬운 구매실무 첫걸음] 목진환 박사. 중앙경제평론사. 2023
38. [구매혁신의 기술] 액센추어코리아 엮음. 매일경제신문사. 2008

39. [구매관리] 박경종, 윤재홍, 한동철 공저. 이프레스. 2014
40. [간접구매혁신] 이교원. 도서출판 피그마리온. 2017
41. [당신의 SCM이 실패한 이유] 설창민 지음. ㈜씨엘오. 2020
42. [미친SCM이 성공한다] 민정웅. 영진닷컴. 2014
43. [현장중심의 원가관리] 임병선. 한국생산성본부. 2010
44. [왜 다시 도요타인가] 최원석. 도서출판 길벗. 2016
45. [도요타의 원가] 호리키리 도시오. 매일경제신문사. 2017
46. [매직 컨베이어 벨트] 요시 세피 지음. 김효석 외 번역. 씨아이알. 2024
47. [Supply Chain Cost Management] Jimmy Anklesaria 지음. ANA. 2008
48. [The Purchasing Chessboard] Christian Schuh 지음. Springer. 2012
49. GEP Web Site: www.gep.com/knowledge-bank
50. CPO Strategy Web Site: www.cpostrategy.com
51. CPO Rising Web Site: www.cporising.com
52. Strategic Sourceror Web Site: www.strategicsourceror.com
53. Supply Chain Brain Web Site: www.supplychainbrain.com
54. ZYCUS Web Site: www.zycus.com/knowledge-hub.html
55. Skilldynamics: www.skilldynamics.com
56. 바이블 Buyble: www.buyble.ai
57. VATTZ Web Site: www.vattz.com
58. 2013, 2014 엠로 구매혁신 세미나 발표 자료
59. 삼성전자 지속가능경영 보고서(2018)
60. LG전자 지속가능경영 보고서(2018)
61. 현대차 지속가능경영 보고서(2018)
62. 공급망 관리에서 AI란?
   - SAP Web Site: www.sap.com/korea/resources/ai-in-supply-chain-management

63. 물류, A.I가 문제를 해결하고 로봇이 작업하는 시대가 되었다.
- 물류신문 김필립. 2025. 02

64. 바이블: AI는 구매직무를 대체할 것인가? - 이재엽 칼럼리스트. 2025. 01

65. AI, 공급망 혁신의 열쇠…인간의 전략적 잠재력까지 깨운다.
- AI라이프경제 유한나. 2025. 04

66. 공급망 관리 분야의 AI는 이미 활약 중
- CIO 코리아 Pat Brans. 2023. 09

67. 기업 생존을 좌우하는 수요예측, 이젠 AI로…
- 월간 AI와 경영. 브런치 정호훈. 2025. 04

68. 생성형 AI가 가져올 물류혁신
- 물류신문 이준호 LGCNS 스마트물류 사업부장/상무. 2024. 08

69. 2025년 SCM 혁신, AI가 바꾸는 공급망 최적화 전략
- SK AX 웹사이트: www.skax.co.kr/insight/trend/317

70. 진정한 의미의 공급망 가시성과 스마트 물류 경쟁력 강화 전략
- 전자신문 윤지현 월로그 대표. 2025. 04

71. 삼성SDS·LG CNS·SK C&C, AI로 물류 지능화 '레벨업'
- 데일리한국 이학림. 2025.05

72. 공급망의 AI란 무엇인가요?
- IBM Web Site: www.ibm.com/kr-ko/think/topics/ai-supply-chain

73. SDS 인사이트 리포트: 신기술 기반의 지능형 구매 혁신
- SDS 인사이트 리포트 김형범 엠로 그룹장. 2025. 06

74. Revolutionizing Supply Chain Agility for the Frosty | Wendy's QSCC
- AIPCon 6. www.youtube.com/watch?v=8wX9YjrR_1k

75. AI-Driven Supply Chain Transformation | Heineken
- AIPCon 6. www.youtube.com/watch?v=uo6y_0DG29I

색인

ㄴ

ㄷ

ㅁ

ㅂ

ㅅ

ㅇ

ㅈ

ㅊ

ㅍ

ㅎ

R

S

T

V

임성민 컨설턴트가 자세히 알려주는

전략적 구매혁신 가이드

초판발행 2020년 8월 10일
개정판발행 2025년 9월 25일

지은이 임성민
펴낸이 안종만·안상준

편 집 이혜미
기획/마케팅 박부하
표지디자인 BEN STORY
제 작 고철민·김원표

펴낸곳 (주) 박영사
서울특별시 금천구 가산디지털2로 53, 210호(가산동, 한라시그마밸리)
등록 1959.3.11. 제300-1959-1호(倫)
전 화 02)733-6771
f a x 02)736-4818
e-mail pys@pybook.co.kr
homepage www.pybook.co.kr
ISBN 979-11-303-2390-9 93320

정 가 19,000원